20세기 初

동아시아 국제정세와 코민테른의 공산주의혁명

본 저서는 2022년 대한민국 교육부와 한국연구재단의 지원을 받아 수행된 연구임
(NRF-과제번호)(NRF-2022S1A5B5A17038393)

머리말

1. 연구에 들어가면서(시대 변화에 따른 세계정세의 변화)

새천년이 시작된 지도 20년이 훨씬 넘었지만 지난 천년의 마지막 100년인 1900년부터 100여 년간에 세계는 어떻게 변화 발전되어 갔는가?

창밖에 보이는 산과 나무 등 자연은 큰 변화가 없는 듯한데 인간 세상은 많은 변화와 발전 그리고 복잡다단한 관계가 이리저리 얽히고설키며 이 100년이 흘러갔다고 보인다.

새천년의 첫 백년 初는 그 前천년의 마지막 백년 初와는 많이 다른 양상이다. 물론 강대국 간의 경제·무역 전쟁은 심화되었지만 노골적으로 즉 아무런 주저나 숨김없이 힘이 있는 나라가 그렇지 못한 나라를 강제로 침략, 병합 식민지화 하던 때와는 사뭇 다르며 前천년의 백년간은 세계대전을 두 번이나 치렀고 그 후 공산주의와 자본주의 국가 간의 이념전쟁 즉 냉전이라고 불린 체제가 1990년 초까지 지속되었다.

지금까지 이전 천년의 마지막 100년 초반인 20세기 초에 강대국의 식민지 개척과 제국주의 침략의 무대가 된 동아시아의 국제정세와 이 시대의 새로운 전쟁인 이념전쟁을 유발한 공산주의혁명을 중심으로 당시의 상황을 분석해보는 것은 어떤 의미가 있을까? 또한 이 시대에는 두 차례 대규모 국제전쟁으로 엄청난 인명이 죽어갔는데 왜 이들은 큰 죄지음도 없이 전쟁의 희생물이 되었는가? 아직 생존해 있는 인간의 목숨과 그들의 모습은 무엇이 어떻게 다르기에 그들은 이렇듯 무참히 영문도 모르고 죽어갔는가?

국가는 무엇이고 국가 간의 조약이나 국제연맹, 국제연합 등 국제기구는 왜 창설되었으며 국가 간의 전쟁이나 세계대전과 같은 국제전쟁시 어떤 역할을 해 왔는가?

갖가지 인간과 조직 그리고 국가의 욕망은 어디까지가 허용되어야 하는가?

전제 왕권국가 시대의 왕과 같은 국가의 통치자는 이 국민들의 목숨이 희생되는 전쟁시에는 무슨 역할을 해야 했으며 왜 이들의 역할이 중요했고, 평상시에 또 이들의 통치 대상이 되는 국민들은 어느 정도 권한과 권리가 보장되어야 했는가?

2. 근대 산업혁명과 유럽 각국의 인권혁명(영국, 미국, 프랑스 등)이 이러한 정치 및 경제 제도와 이념을 변화시키는 중요한 역할을 했다는 것은 미루어 짐작이 가능하다.

다시 말하면, 근대 세계역사에서 이러한 두 혁명이 갖는 의미는 농업 및 수공업 중심의 중세 봉건사회를 과학기술의 발전에 따른 기계공업 위주의 자본주의 경제가 시작되는 근대사회로 전환하게 한 가장 중요한 역사적 대변혁의 쌍두마차와 같은 역할을 했다고 볼 수 있다.

그러나 이 두 가지 혁명의 본질과 실체는 마차를 끄는 두 마리 말과 같이 단기간에 목적지에 도달한 것이 아니고 오랜 기간 역사 발전과 더불어 수십 수백 년간 계속 이어져 왔으며 냉전이 종식되었다고 하는 지금 현재의 시대에도 계속 진행되고 있다고 보아야 할 것이다.(피와 땀의 산물)

세계역사 발전에 따른 각 국가의 정치제도, 체제를 결정하는 또 다른 중요 척도, 가늠자와 같은 요소로서의 이념(영어: Ideology)은 근대 이후 전제 군주체제의 왕조국가에서 민주주의 국가로 변화하는 과정에서 국가 정치체제 구분의 또 다른 하나의 중요한 가늠자가 되었다.

3. 이러한 과정에서 19세기 후반에 칼 마르크스 등에 의해 등장한 공산주의 이념과 이론은 경제적 관점에서 자본주의 이론과 대비되는 개념으로서 20세기 이후 국제정치 질서 재편에 많은 영향을 미치면서 세계를 동서의 양대진영으로 갈라놓았다.

이 세상 현재 사회의 많고 많은 각종 단면을 구분하는 정치, 경제, 사회, 문화 등 각 부문별 장르에서도 이러한 이데올로기와 유사한 개념으로서의 기준이 되는 잣대인 관념과 제도 및 체제를 구분하는 용어는 많이 생겨났으며 현재에도 보수주의와 진보주의 혹은 좌익과 우익 또는 민주주의와 사회주의, 자본주의와 공산주의와 같이 나누는 방식으로 과거 동서 兩 진영을 구분하듯이 각 국가의 정치체제를 구분하고 있지만, 아직도 가장 가시적인 국제질서의 현상은 소위 중국을 비롯한 공산주의 국가와 미국, 영국, 프랑스 등 자본주의 진영의 민주주의 국가가 대립하는 모습이다.

세상이 근대 왕조국가에서 산업혁명과 인권혁명을 거치면서 主權在民의 민주주의 자본주의 사회로 변화하는 과정에서 공산주의 이론이 등장한 것은 세계사적으로 볼 때 강대국들이 치열한 식민지 확보경쟁을 추진하던 시기에 나타난 또 다른 큰 전쟁을 예고하는 불씨였다.

즉 산업혁명에 따른 국력신장으로 식민지 확보를 위해 저개발 국가를 침략한 강대국의 제국주의 정책은 아메리카, 아프리카, 아시아 지역으로 진출 이들 지역을 식민지화하였으며, 인도, 아시아 지역은 영국, 프랑스, 독일 등이 진출하였다. 러시아는 10월 혁명 후 적백내전을 치른 뒤 "전세계 공산화"라는 목표달성을 위해 시베리아, 연해주, 그리고 동아시아 지역으로 동진 및 남하하기 시작했다. 미국 등에 의해 개항된 일본도 좀 늦게 제국주의 국가 대열에 동참, 조선과 만주지역을 침략하기 시작했다. 중국과 한국 등은 산업화가 지연되어 미국 및 유럽 열강과 일본의 식민지 침략의 대상지가 되어 중국은 광동 및 상해지역이 영국, 프랑스, 독일 등의 각축장이 되어 많은 이권과 租借地를 빼앗기고 반식민지로 전락했다. 조선은 일본의 식민지로서 완전한 합방까지 되었으며, 이와 같이 중국과 한국 등 동아시아 지역은 유럽과 일본의 먹이가 된 것이다.

4. 20세기 초의 주요 이슈(제국주의, 동맹과 전쟁, 공산주의혁명)

이와 같은 前 천년의 초기인 1900년대 즉 20세기 초는 각 대륙별 제국주의 침략전쟁과 구분되는 새로운 차원의 전쟁인 마르크스 이론에 기반한 공산주의와 자본주의 간의 이념전쟁 즉 이념전쟁은 그전의 국가 간의 무력전쟁과는 달리 은밀하게 비교적 조용히 시작된 것이다.

지금에 와서 되돌아볼 때 이 시대는 지금과는 달리 국가 간의 영토나 종교, 이념 등의 문제가 확고하게 설정되어 있지 않은 시대상황 때문에 이때는 강한 힘을 가진 국가가 무력으로 혹은 종교나 이념으로 그렇지 못한 국가나 저개발국 또는 전근대적 국가에 강제통합이나 식민지화 등 큰 영향력 행사가 가능했다는 말이 될 수가 있는 것이다.

이러한 결과물로 나타난 것이 영국, 프랑스, 미국 등 강대국들의 이해와 식민지 확보 경쟁, 이 과정에서 이해를 같이한 나라들의 합종연횡식 동맹 체결과 이 동맹들간의 전쟁 즉 세계대전이다.

또 이 와중에 러시아에서 "로마노프 왕조"를 무너뜨리고 태어난 「소비에트 사회주의 공화국 연방」은 이 전쟁의 와중에서 '세계공산화'를 추진하게 되었으니 이것이 바로 그 2차 세계대전 이후 1990년 초 소련이 해체될 때까지 이념전쟁 즉 냉전이라는 오랜 기간의 자본주의 국가와 대립 및 갈등, 분쟁을 지속시킨 또 하나의 새로운 세계전쟁이라고 볼 수 있다.

이와 같이 20세기 초에 국제질서 재편 및 이념전쟁의 무대가 형성되어온 유럽과 동아시아 지역 그중에서도 중국과 한반도 및 시베리아 지역은 강대국들이나 공산주의 종주국이라고 볼 수 있던 소련에게는 좋은 먹잇감이었다.

이 지역에서도 일본은 중국, 조선과 달리 상대적으로 조기 근대화 추진 성공으로 제국주의 반열에 올라 조선과 만주지역을 침략 병합할려는 야망을 실행에 옮겼으나, 결국 태평양전쟁 패전으로 이러한 일본 제국주의 및 군국주의자들의 욱일 승천계획은 성공하지 못하고 중지되었다. 그러나 당시 일본의 강력한 군사력과 제국주의 기도는 1945년 이전까지는 중국이나 북한과 같이 소련 공산주의의 동진과 동아시아 지역 공산화 추진계획에 강력한 제동력으로 작용했다고 판단할 수 있다.

즉 이 동아시아 지역은 유럽 열강들의 제국주의 침략의 주요 무대가 되었을 뿐만 아니라 강력한 정치 지도력이 발휘되거나 종교적 이념으로 다른 세력이나 이념들이 쉽게 침투해 올 수 없었던 일부 지역을 제외한 시베리아, 연해주 그리고 중국 등 동아시아 지역은 "프롤레타리아 해방 및 지상 낙원"이라는 구호를 앞세운 볼셰비키 공산주의자들에 의해 붉은 깃발이 날리게 시작한 것이다.

5. 본서 연구주제 "20세기 초 동아시아 국제정세와 코민테른의 공산주의혁명"은 유럽 열강의 제국주의 추진과정에서 촉발된 1차 세계대전 등 강대국 간의 무력충돌을 최대 이슈로 보던 종전의 일반적인 역사관점에서 벗어나 기존의 제국주의 세력과 다른 또 하나의 세력인 공산주의 세력과의 대립과 갈등, 투쟁과 전쟁의 관점에서 20세기 초·중반의 역사를 분석하는 새로운 방향의 연구주제를 설정하게 되었다. 즉 지금까지의 유럽 등 세계 분쟁과 전쟁의 원인이자 목적인 영토나 자원 등

경제적인 이익추구의 관점이 아닌, 새로운 관점에서의 분쟁, 즉 자본주의와 공산주의의 대결 즉 이념전쟁이라는 명확한 관점에서 연구를 해본다는 새로운 관점에서의 연구이다.

또한 일반적인 강대국이나 약소국 상호간의 전쟁에서는 전쟁의 승리는 전쟁준비나 전쟁 이전의 교전 상대방과의 병력, 장비 등 전력의 비교에서 그 우열이 드러나고 초전의 승패나 작전계획의 성공이 전쟁의 결과를 결정짓게 되나, 공산주의의자들의 전술은 전쟁전의 전력 열세나 초전의 승패는 최종적인 전쟁의 결과로 반드시 귀결되지 않는다는 것이 특징이다.

러시아 혁명이나 중국의 공산화 과정에서 잘 나타났듯이 이 공산주의자들의 특유한 전술인 '통일전선전술'이 불리한 전황에서도 포기하지 않고 끝내는 승리를 쟁취하는 원동력이 되었는바 이러한 관점에서의 공산주의자들과의 대립과 투쟁의 역사를 연구해 본다는 것은 새로운 시도이다.

본 저서의 성격 및 발간 목적

첫째, 20세기 초 중국 등 동아시아 지역에서 요동친 국제정세를 고찰하되 19세기부터 시작된 유럽 열강들의 중국, 일본, 한국 등에 대한 개항 요구 및 이와 관련된 동아시아 지역의 대응, 특히 19세기 아편전쟁 이후 시작된 유럽열강들의 중국 남동지역에 대한 침략과 이권 확보 등 제국주의 세력들의 동아시아 지역 진출 및 이로 인해 요동친 국제정세 특히 극동지역에서의 상황을 보다 체계적으로 명확하게 정리 및 제시하고자 한다. 그리고 중국의 신해혁명 이후 성립된 중국의 혁명정부, 북경정부 및 장개석의 국민당 정부 그리고 군벌과 지방호족들의 군웅할거 등 혼란한 중국의 상황 그리고 조선합병 및 만주침략 등 일본의 중국진출과 관련된 극동지역은 어떤 상황이었으며 이 시기에 발생된 이 지역 각국의 국민봉기와 혁명 등 국내 상황은 어떠하였는지 등을 각종 사료와 연구자료들을 조사 연구하여 종합적이고 체계적으로 정리

둘째, 공산주의는 무엇이며 그 이론은 어떻게 구성되어 있으며 어떤 문제가 내재되어 있는지를 확인하되 공산주의 이론의 주요 내용을 제시해 보고 이 이론의 허구성을 검토 및 비판해 보고자 하며 또한 이론의 어떠한 부분이 공산주의혁명의 기초 및 행동 강령이 되었는지를 검토 및 분석해 보고자 함

그리고 이 공산주의 이론을 기초로 공산혁명을 추진한 결과가 어떠한 결과로 나타났는가 즉 공산주의 이론에 기초하여 공산화된 국가들의 실태를 파악하여 이 국가들이 어떠한 경제적 인권적 상황에 놓여 있는지를 자본주의 국가들의 상황을 비교 분석하여 이론의 허구성과 문제점을 파악 제시

셋째, 러시아 공산주의의 동아시아 적화전략은 어떤 것이며 어떻게 추진되었는가?

레닌의 볼셰비키가 이끄는 공산당이 소위 10월 혁명(11월 혁명)을 통해 러시아와 유사한 상황의 인접 국가들을 통합, 소련연방(USSR)으로 탄생시킨 후, 세계적화 전략추진을 위해 코민테른을 결성하고 유럽지역에서의 혁명봉기를 기대하였으나 성공하지 못하자 세계 공산화 혁명을 곧바로 실행한다는 목표를 포기하고 세계혁명 추진방향을 새롭게 수정하였음. 코민테른 제3차 대회 이후 수정된 세계혁명 추진방향 설정에 따른 추진개념에 따라 그 혁명의 마수를 시베리아 및 중국, 한국, 일본 등 동아시아 지역으로 돌리기 시작한 것인 바 이 지역의 공산당 결성 등 공산화 추진상황 즉 "코민테른 극동서기국"의 보호아래 추진된 동아시아 지역 각국의 공산당의 창당 준비 및 창당 과정을 자세히 파악, 그 성공 및 실패 등 추진결과를 분석

넷째, 1917년 10월 혁명 이후 러시아 볼셰비키 공산당은 적백내전을 치루면서 전세계 공산화를 위한 코민테른 설치와 국제공산주의 운동을 추진하였는 바, 각국 사회민주주의 노동운동이 프롤레타리아 국제주의 정신을 배반하고 '민족 이기주의'로 전락하면서 국제노동운동의 중심 조류가 된 맑스 레닌주의와 국제공산주의 운동의 형성 과정을 파악해 보고자 한다. 또한 레닌의 혁명적 사회민주주의 이념 구현을 위한 코민테른 창립의 역사적 전제조건 즉 1차 세계대전 중 노동운동의 변화와 유럽 등 전세계의 혁명적 위기속에서 대두된 프롤레타리아의 반대파적 반전운동 즉 찜머발트 운동 추진과정에서 혁명적 사상과 분위기 고조되는 가운데 국제공산주의혁명운동을 강화하기 위한 레닌의 사상적 투쟁 활동을 코민테른 창립준비 과정과 제1차 창립대회 추진상황을 중심으로 확인해 보고자 함

다섯째, 20세기 전반 극동지역에서 진행된 침략과 항쟁, 혁명의 역사와 교훈을 대관 소찰 즉 유럽열강의 동아시아 침략과 이에 따른 이 지역에서의 역사적 사건(즉 제국주의의 침략, 일본의 개항과 명치유신, 중국의 신해혁명, 1차 세계대전, 볼셰비키 혁명과 적백내전 등)들이 동아시아 지역에 미친 전반적인 정세 변화를 총괄적으로 정리 및 분석하되 볼셰비키 혁명 및 2차대전 이후 소련에 의해 공산화된 국가들의 현황 및 상황을 파악하여 공산주의 체제의 공산당 중심 일당 독재국가의 모습으로 변질된 이들 국가 상황과 이 공산주의 이론의 허구성과 체제의 문제점 들을 정리해 봄으로써 자본주의 체제의 우월성을 볼셰비키 혁명 이후 공산화되었던 국가상황과 비교 분석을 통해 입증 및 확인

이에 따른 본서의 연구 목표 및 연구 중점

本書의 연구주제 "20세기 초 동아시아 국제정세와 코민테른의 공산주의혁명"의 주요 연구목표 및 연구 중점은 다음과 같은 내용으로 요약 제시할 수가 있다.

1. 20세기 초 유럽 열강 등 제국주의의 중국 등 동아시아 지역 침략과 1차 세계대전 그리고 손문의 신해혁명 이후 성립된 중국의 혁명정부, 북경정부 및 장개석의 국민당 정부 그리고 군벌과 지방호족들의 군웅할거 등 혼란한 중국의 상황 그리고 일본의 조선합병 및 만주침략 등 극동지역의 복잡했던 국제정세는 어떤 상황이었으며 이 시기에 발생된 각국의 국민봉기와 혁명 등 국내상황은 어떠하였는지 등을 각종 사료와 연구자료들을 조사 연구하여 종합적이고 체계적으로 정리

2. 20세기 초의 극동지역에서 유럽 강대국의 아시아침략 즉 제국주의 정책, 중국의 청조멸망과 신해혁명, 러시아 공산주의의 동아시아 적화전략, 일본의 조선 및 중국침략 등 복잡했던 동아시아 지역에서의 열강의 이해 대립과 약육강식, 합종연횡 즉 동맹과 연합, 내전과 세계대전 등 복잡한 양상을 보였던 바, 이 지역에 진출한 유럽 각국과 일본의 기도를 분석하고 무력하게 침략을 허용한 중국, 조선 등의 국내상황을 보다 명확하게 분석 정리

3. 이들은 마르크스의 공산주의 이론을 바탕으로 독일 등 유럽 각국에서 공산당(사회당)을 결성하고 노동자 농민들을 봉기시켜 러시아 볼쉐비키 혁명과 같은 공산주의혁명을 통해 舊소련 및 현 中共과 같은 전 세계의 공산화를 추진하고자 했는바, 이 공산주의 이론은 어떤 것이며, 어떤 문제점이 있으며, 이 공산주의 이론을 추진한 결과 이렇게 공산화된 국가들은 어떻게 되었으며, 프롤레티리아 해방 및 그들이 꿈꾸던 프롤레타리아 지상낙원은 실현되었는지에 대한 확인 및 분석

4. 1917년 러시아 2월과 10월 혁명 이후 소비에트 정권을 수립한 레닌 등 소련 공산주의 지도자들이 적백내전과 1차 세계대전과 같은 어려운 국내외 상황 속에서 세계 각국의 공산주의혁명을 통일적으로 지도할 수 있는 국제적인 조직체, 즉 코민테른을 창건하였는 바, 이 코민테른의 창설을 위한 투쟁 및 창립과정, 그리고 공산화 전략 등을 집중적으로 연구, 창립이후 코민테른의 지원과 지도하에 구체적으로 어떠한 활동을 추진하였는지를 역사자료 조사를 통해 파악 및 체계적인 정리

5. 소련 공산당 지도부와 코민테른이 극동지역의 시베리아, 연해주 지역, 그리고 중국, 한국 및 베트남 등 동아시아 지역의 공산화를 위해 조직책 파견, 지역 전당대회 개최 등 공산당을 어떻게 창당되도록 지원하고, 공산화를 추진해 나간 것인지를 자세히 연구조사해 보고자 한다. 또한 이 소련과 원동지역의 공산당 조직이 언제 어떻게 중국과 한국 등으로 전파되며 공산주의가 확산되어 갔

는지를 심층연구 분석

    6. 20세기 전반 극동지역에서 진행된 침략과 항쟁, 혁명의 역사를 종합적 분석을 통해 이를 통해 도출할 수 있는 역사적 교훈을 종합적으로 대관 소찰하되, 특히 1917년 러시아 볼셰비키 혁명 이후 공산화되었던 국가들의 현황 및 실태를 파악, 자유민주주의 국가들과 비교하여 자본주의 체제의 우월성을 입증 및 확인

2025년 4월
저자 서정교 씀.

목 차

* 머리말 ··· iii

Ⅰ 개론 ··· 3
   1. 동아시아 지역이 왜 제국주의 침략의 중요 무대가 되었는가? ················ 5
   2. 20세기 초 동아시아 지역과 유럽 제국주의 및 공산주의의 전략 ············ 10
   3. 공산주의는 도대체 무엇인가? ··· 12

Ⅱ. 20세기 초 극동지역 국제정세 변화 ··· 17
   : 유럽열강의 침략 및 공산주의혁명
   1. 근대 산업혁명과 제국주의 세력의 팽창 ··· 19
   2. 유럽지역 열강들의 충돌 ··· 23
   3. 공산주의 이론의 성립과 전 세계 공산화 추진 ·· 33
   4. 국제공산주의 운동과 코민테른 창립 ·· 46

Ⅲ. 동아시아 각국의 국내 상황 및 극동지역의 공산주의혁명 추진 ············ 87
   1. 극동 시베리아 지역의 공산화 추진 ·· 89
   2. 중국 지역의 공산화 추진 ·· 99
   3. 한국 지역의 공산화 추진 ·· 108
   4. 몽골, 일본 및 동남아시아 지역의 공산화 추진 ····································· 112

Ⅳ. 러시아혁명 이후 극동지역 코민테른 설치와 본격적인 공산화혁명 추진 ·············· 131

    1. 코민테른의 설립과 한·중·일 공산당 형성 ································· 133

    2. 동아시아 각국에 대한 창당지원 활동 및 극동지역 공산화 혁명 추진 ··········· 134

    3. 동남아 지역 및 이슬람 사회주의, 아랍 사회주의 ···························· 148

Ⅴ. 결론: 20세기 전반 극동지역에서 진행된 침략과 항쟁, 혁명의 역사와 교훈 ·········· 161

    1. 20세기 전반 동아시아 국제정세 및 공산화 추진 결과 ························ 163

    2. 1917년 볼세비키 혁명이후 공산화되었던 국가들의 이후 상황 ················· 167

    3. 자본주의(민주주의) 체제의 우월성 ·· 170

Ⅵ. 부록 ·· 173

Ⅶ. 참고문헌 ··· 261

에듀컨텐츠·휴피아
ECH Educontents Huepia

20세기 初

동아시아 국제정세와 코민테른의 공산주의혁명

— 지상 낙원을 꿈꾸는 사람들에게 —

서점교 지음

Ⅰ. 개론

1. 동아시아 지역이 왜 제국주의 침략의 중요 무대가 되었는가?

2. 20세기 초 동아시아 지역과 유럽제국주의 및 공산주의의 전략

3. 공산주의는 도대체 무엇인가?

에듀컨텐츠·휴피아
Educontents Huepia

1. 동아시아 지역이 왜 제국주의 침략의 중요 무대가 되었는가?

가. 청나라의 국력 쇠퇴로 인한 유럽 열강의 침략

청나라 제8대 황제 도광제[1])의 임기 중 서방의 침입인 제1차 아편전쟁[2])이 일어난 데 이어 함풍제[3]) 시기 일어난 태평천국의 난[4])과 제2차 아편전쟁을 계기로 세계에 청의 약함이 만천하에 드러남과 동시에 열강의 식민지 취급을 받게 되었으며 1860년 이후에도 서구의 청나라 침탈은 계속되었는데, 1860~1881년까지 계속되었던 러시아와의 이리분쟁[5])이 있었고, 1884년 청불전쟁을 통해 베트남을 비롯한 인도차이나 반도의 종주권 상실, 1899년 교주만을 독일에게 25년 조차, 동북지방의 여순, 대련 지역을 러시아에게 조차,

---

1) 청나라의 8대 황제이자 유일한 적장자 출신 황제, 1782년 9월 16일 가친왕 영염과 효숙예황후 히타라씨 사이에서 태어났다.
2) 제1차 아편 전쟁, 1840년에 일어난 제1차 아편 전쟁은 중국의 아편 단속을 원인으로 하여 영국이 일으킨 전쟁이다. 전쟁 발발 당시 영국에 대한 중국의 최대 수출품은 차(茶)였고, 영국의 주요수출품은 모직물과 인도산 면화였다. 양국의 무역수지는 중국의 수출초과 상태가 지속되었기 때문에, 영국으로서는 차 수입을 결제할 은(銀)이 부족했다. 이에 따라 영국은 중국에 아편을 수출해 무역적자를 해소하려 하였다. 이에 청나라는 임칙서를 내세워 강력한 아편 단속 정책을 펼치고 마약상들을 홍콩으로 쫓아냈다. 영국은 청나라의 아편 단속에 반발하며 '무역항을 확대한다'는 명분을 내세워 제1차 아편전쟁을 일으켰다. 이 전쟁은 1842년에 영국의 승리로 끝났고, 난징 조약이 체결되었고 영국은 홍콩섬을 할양받고, 광저우, 샤먼, 푸저우, 닝보, 상하이 등 다섯 개 항구를 강제적으로 개항시켰다.
3) 청나라의 9대 황제로서 도광제의 넷째 아들이며, 생모는 효전성황후 뉴호록씨이다. 강제 퇴위를 당한 종손자 선통제를 제외하면 실질적으로 가장 재위가 짧은 청 황제이며, 중국 역사상 자기 아들에게 황위를 물려준 마지막 황제이기도 하다. 얼마 되지도 않는 재위 11년간도 평안치 못하여 온갖 종류의 재난이라는 재난은 모두 일어나 이때부터 청나라는 본격적인 내리막길을 타게 된다.
4) 태평천국의 난(太平天國의 亂)은 장모의 난(長毛의 亂)과 장발의 난(長髮의 亂)으로 불리며, 1850년에서 1864년까지 중국 대륙에서 벌어진 대규모 내전이다. 교전 상대는 만주족 황실의 청나라 조정과 기독교 구세주 사상을 기반으로 한 종교국가 태평천국이었다. 태평천국의 난의 주요 무대는 강소성, 절강성, 안휘성, 호북성이었으나, 14년간의 전쟁기간 동안 북서쪽 끝의 감숙성을 제외한 모든 중국의 성을 최소 한번 이상 태평천국군이 지나갔다. 태평천국의 난은 명청전쟁 이래로 중국 역사상 가장 큰 전쟁이었으며, 19세기 최대의 군사분쟁이었던 태평천국의 난으로 인해 죽은 사람은 2천만~7천만 명 정도로 추산되며, 난민 신세가 된 사람도 수백만 명에 달한다.
5) 이 분쟁이후 1881년에 제정 러시아의 상트페테르부르크에서 제정 러시아와 청나라가 일리 조약(伊犁條約)을 체결. 1871년부터 제정 러시아는 이슬람교도의 반란을 진압한다는 구실로 일리 지방을 점령하고 있었는데, 이 지방을 청나라에 돌려주는 대신 신장(新疆) 지방에서의 상업권을 인정받았다.

홍콩섬 위쪽의 신계(新界)지6)를 영국에게 조차, 광주만을 프랑스에게 조차, 그리고 푸순(撫順)지방을 일본에게 租借당하는 수모를 겪게 되고 1900년 무렵에는 완전히 서구열강의 반식민지 상태로 전락하게 된다.

1894년 청일전쟁을 통하여 청나라가 '종이 호랑이'라는 것을 파악한 일본은 갖가지 구실로 만주지역부터 침략의 마수를 뻗치기 시작했다. 이미 중국 광동 등 남부지역에는 프랑스, 영국 등 유럽 국가들이 租借地를 설치하는 등 갖은 이권을 요구하며 중앙정부의 힘이 미치지 못하는 점을 이용하여 이 지역을 잠식하고 있었다. 청일 및 러일전쟁에서 승리한 일본은 청나라와 간도협약을 체결하여, 남만주 철도부설권7)과 무순 탄광개발권을 획득했으며, 자국민 보호를 이유로 일본군 부대 대병력을 이 지역에 주둔시켰다.

청일전쟁에서 승리한 일본은 '메이지유신' 이후 근대화에 성공하였다는 징후로 받아들였고 열강으로 진입하면서 5년 후 '의화단운동'8)에 개입하였다. 정부는 물론 국민들까지 본격적으로 팽창주의로 나아가는 계기가 되었다. 전쟁=돈 사고방식도 이때 정립되었다. 하지만 이 과정에서 삼국간섭을 벌인 러시아와 서구 열강에 대한 불만이 커지기 시작했으며, 러시아도 부동항9)을 얻기 위해 한반도에 영향력을 행사하려 하면서 훗날 러일전쟁이 벌어지는 계기가 된다.

1900년 서구 국가들을 몰아내기 위해 농민들의 주도로 '의화단 운동'이 발생하고 청의 서태후는 이를 지원하나, 이 또한 서구 국가들에 의해서 무참히 진압당하고 베이징의정서(신축조약)10)를 통해 배상금을 물게 된다. 러시아는 이

---

6) 홍콩의 지역 구분 중 하나로, 홍콩섬, 구룡반도와 함께 홍콩특별행정구를 구성한다. 영어로는 뉴테리터리즈(New Territories)라고 하는데 이는 홍콩섬과 구룡반도를 제외하고 영국이 나중에 새로 얻은 땅이라는 뜻이다.
7) 청일전쟁에서 승리한 일본의 요동반도점령을 막아준 댓가로 러시아가 동청철도 부설권과 관동주 조차권을 청으로부터 획득했으나 러일전쟁 패배이후 장춘이남의 남만주 철도부설권을 일본이 차지했음.
8) 의화단 운동(義和團運動)은 1899년~1901년 약 2년에 걸쳐 청나라와 의화단(義和團)이 일본 제국과 영국, 프랑스, 독일 제국, 러시아 제국, 오스트리아-헝가리 제국, 이탈리아 왕국, 미국의 열강 8개국 연합군과 벌인 국제전쟁이다. 청나라와 의화단은 8개국 연합군에 패배하였고 1901년 신축조약을 통해 종결되었다. 이를 통해 외국 군대가 중국에 주둔하게 허가하는 빌미를 제공하였고 수도 베이징까지 유린당했다.
9) 러시아가 부동항을 얻기 위해 노력한 것은 크림전쟁(1853~1856)에서 극대화되었으나 실패하였다. ☞ 부록# 크림전쟁 참조
10) 신축조약(辛丑條約)은 1900년 8월에 8개국 열강 연합군이 의화단 운동을 진압하고, 청나라 베이징을 점령한 다음 이듬해 1901년 9월 7일 열강 세력이 청나라 정부를 압박하여 체결한 불평등 조약을 말한다. 베이징 의정서라고도 한다. 이 조약으로 거액의 배상금을 지불하고, 수도 베이징에 열강 군대가 주둔한 것을 허락하였다.

사건 이후에 만주지방에 군대를 주둔하게 되고, 서구국가들의 압력에도 불구하고 군대를 철수하지 않는다. 러시아의 남진을 저지하는 중이었던 영국은 일본과 뜻이 통하여 1902년 1차 영일동맹을 수립하게 된다. 그 후 마지막 직계황제인 동치제가 즉위하여 함풍제의 부인이었던 동태후와 서태후의 섭정으로 '중체서용'11)이라는 양무운동을 전개하였으나 실패하였다. 동치제 이후에도 광서제가 변법자강운동을 전개했으나 서태후에 의해 중지되었고, 그는 자금성에 유폐 중 독살당했다. 이후 서태후가 선통제를 옹립했으나 얼마 후 서태후가 사망하였다.

이와 같이 청 황실의 몰락과 추락으로 선통제 때의 우창봉기로 시작된 '신해혁명(辛亥革命)'으로 본격적인 청의 멸망이 시작되었다. 그 무렵 지방에서는 군벌들이 따로 세력을 키우고 만주족으로부터 독립을 요망하던 한족들의 봉기가 청의 멸망을 앞당기게 했다.

결국 1912년 철도 국유령에 반대함을 원동력으로 한 신해혁명이 일어나 청 왕조는 멸망했다.

나. 일본의 명치유신12)과 조기 근대화 성공

일본의 정치, 경제, 문화 전 분야에 걸쳐 근대화를 성공시킨 일련의 대사건으로서 막부의 대로 '이이 나오스케'13)의 주도로 '미일통상수호조약'을 체결(1858년)하였는데 이때 고메이 천황의 재가도 받지 못하고 다이묘14)도 반대

---

11) 중체서용(中體西用)는 19세기 후반 청나라 말기에 전개된 양무운동의 슬로건이다. 중체(中體)는 중국의 몸통(中體)으로, 서양을 이용한다(西用)를 의미한다. 즉, 부국강병을 위해 중국의 전통체제를 유지한 채, 서양의 기술만을 받아들이자는 것으로, 변법자강운동과 비교된다.
12) 메이지 유신(明めい治じ維い新しん, Meiji Restoration)은 19세기 일본이 막부를 타도하고 중앙집권 체제를 복구하여 정치·경제·문화 전 분야에 걸쳐 근대화를 성공시킨 일련의 개혁을 의미한다. 이를 통해 일본은 제국주의 열강의 지배를 피해가고 오히려 아시아의 새로운 강대국으로 성장하기에 이른다.
13) 생몰년도: 1815년~1860년(향년 45세) 일본에도 막부 말기의 정치가, 1867년 도쿠가와 바쿠후[德川幕府]가 붕괴하기 직전 바쿠후의 전통적인 정치권력을 다시 한번 강화하고자 했으며, 1858년 미일수통상조약에 서명함으로써 일본이 서구열강에 문호를 개방하는 계기를 마련했다.
14) 다이묘(大名だいみょう)는 중세 일본의 각 지방을 다스리는 영주를 가리키는 말이다. 11세기 이후 일본 국토가 분할될 때 사유지에 지배권을 행사하던 무사의 우두머리들을 다이묘라고 부른다. 14, 15세기에는 슈고 다이묘가 등장했는데 쇼군의 부하로 지방 장관에 임명되어 법률적인 관할권을 행사했다.

하는 조약에 서명하고 이후 영국 등 다른 서양국가들이 몰려왔으며, 막부가 천황의 칙허 없이 굴욕적인 외교 조약을 처리했다는 사실에 대해 강경파들이 분통을 터뜨렸다. 예전부터 막부와 불편한 관계에 있던 웅번들이 막부와 대립각을 드러냈고, 젊은 하급 무사들 사이에서 천황을 받들고 외세를 물리치자는 존황양이 사상이 열광적인 지지를 받았다.

고메이 천황이 양이 토벌의 명령을 내리면서, 존황양이 사상이 일본 내에 퍼지게 된다. 그러면서 존황파와 양이파의 세력도 불어나는데, 그중에는 '사츠마'와 '조슈'가 대표적이었다. 그러나 조슈는 시모노세키 전쟁과 8.18 정변, 그리고 뒤따른 '이케다야 사건'15)까지 겹치면서 권력의 중심에서 완전히 밀려난 상태였고16), 이 상황을 타개하기 위하여 정변을 일으켜 쇼군의 권력을 천황에게 되돌리려는 계획을 세운다. 이른바 금문의 변17)을 일으켰으나 사츠마와 아이즈가 교토의 황궁을 방어하는데 성공하면서 이내 패배하게 된다. 조슈번의 토막파는 1864년의 패배로 힘을 잃었지만 완전히 뿌리뽑힌 것은 아니었다.

1865년에 벌어진 조슈번의 내전에서 토막파의 무사와 농민 혼성 부대는 보수파를 격파하고 번의 지배권을 탈환했다. 토막파는 번의 풍부한 재정을 쏟아부어 영국으로부터 무기와 함선을 구입해 막부에 대항해 싸울 군비를 갖추었다. 하지만 조슈번 혼자만의 힘으로는 막부와 친막부 다이묘들에게 대항할 수 없었다.

한편 사쓰마번은 조슈번처럼 토막파 사족들의 세력이 크고 수십 년 전부터 진행된 개혁을 통해 막부에 대항할 만한 풍부한 재정을 가지고 있었지만, 지

---

15) 에도막부 말기의 주요 사건으로서 이케다야 사건은 1864년 7월 8일, 조슈 번과 도사 번의 존황양이 지사(志士)들이 아이즈 번의 다이묘이자 교토수호직인 마츠다이라 카타모리를 암살하고 고메이 덴노를 하기로 납치하려는 모의를 하다가 막부 측 신선조에게 체포된 사건이다.
16) 조슈 정벌(長州征討)은 막부가 군사를 동원하여 조슈 번을 토벌하려던 사건을 말한다. 각각 1864년과 1866년에 일어난 제1차 조슈 정벌과 제2차 조슈 정벌로 구분한다. 제1차 조슈 정벌: 시모노세키 전쟁, 이케다야 사건, 그리고 금문의 변까지 조슈는 여러 차례 막부의 전복을 시도하다가 실패하고 만다. 이런 여러 차례의 막부 전복 시도에 막부는 더 이상 방관할 수 없는 상황에 이르게 된다. 그리하여 1864년, 막부는 금문의 변 때 교토 황궁을 공격한 조적(朝敵)인 조슈 번을 토벌할 것을 명령한다.
17) 금문의 변(禁門の変). 하마구리어문의 변(蛤御門の変)이라고도 불린다. 8.18 정변으로 교토에서 쫓겨난 조슈가 하마구리 문 전투를 시작으로 교토에서 일으킨 반란. 처음엔 조슈가 우세를 점하는 듯 보였으나, 사츠마와 아이즈가 교토의 황궁을 방어하는데 성공하면서 이내 패배하게 된다. 이는 제1차 조슈 정벌의 원인이 된다. 조슈번은 1864년 8월 20일 교토의 하마구리 문을 공격하며 반란을 일으켰다. 처음에는 막부군을 상대로도 우위를 점하는 것처럼 보였으나 이내 사츠마와 아이즈가 연합하여 교토의 황궁을 성공적으로 방어하면서 수세에 몰리기 시작한다.

금까지 막부의 편에 서 있었고 지난 1차 조슈 정벌에서는 막부 진영으로 조슈와 싸우기도 하였다. 그렇기 때문에 조슈와 사쓰마가 막부에 맞서 동맹18)을 맺기에는 외부인의 설득이 필요했다.

막부로서는 조슈에 토막파가 복권한 것을 용납할 수 없었기 때문에 1866년 여름 조슈를 응징하기 위해 군사 행동에 나섰으며 여러 친번에 병력 파견을 요청하였다(제2차 조슈 정벌). 하지만 조슈와 동맹을 맺은 사쓰마는 병력 파견을 거부했고, 사기가 낮았던 막부군은 참패를 당했다. 이제 일본인들은 막부 체제의 붕괴가 현실로 다가왔다고 여기기 시작했다.

1865년부터 막부는 본격적으로 일본의 근대화를 진행시켰다. 프랑스의 지원을 받아 군대에 서양 무기와 서구식 훈련을 도입했고, 서양의 과학기술과 학문을 배우고자 하였다. 그러나 막부 내에서 기득권을 유지하려는 세력의 반대에 부딪혀 개혁의 속도는 미진했다. 또 막부 뿐 아니라 몇몇 웅번에서는 광범위한 사회·정치 개혁이 벌어졌는데, 특히 조슈번에서는 출신 계급에 구애받지 않고 인재를 등용하고 정치 구조를 간소화시키는 개혁이 시행되었다.

1866년에도 막부의 마지막 쇼군19)인 도쿠가와 요시노부가 등극했다. 도쿠가와 요시노부는 지난 100여 년간 지속된 무능한 쇼군들과는 달리 상당히 유능한 인물로 평가받는데, 도사 번주인 야마우치 요도는 고토 쇼지로, 사카모토 료마 등의 조언에 따라 막부에 중재안을 제시하였는데, 막부 대신에 다이묘 회의가 담당하는 상원 및 사족들과 서민들로 구성된 하원이 천황을 정점으로 하는 정부를 구성하는 영국식 입헌군주제를 실시하자는 것이었다.

1867년 쇼군 도쿠가와 요시노부는 이 제안에 응해서 막부를 폐지하고 권력을 천황에게 봉환한다는 대정봉환(大政奉還)20)을 승인하였다.

이후 1867년 11월 죠슈와 샤쓰마의 동맹 교토로 진군, 도쿠가와 가문 축출하고 왕정복고를 단행하였는데 이는 샤쓰마번과 죠슈번의 쿠데타 성격으로

---

18) 그리하여 사쓰마번의 가로(家老)[17]인 고마쓰 다테와키와 사쓰마 번사 사이고 다카모리 그리고 조슈번 정사[18] 기도 다카요시가 한자리에서 모여 밀약을 논의하고 도사번 출신의 사카모토 료마가 조슈와 사쓰마 사이에 중간적 합의를 도출하는 역할로 입회하여, 1866년 비밀리에 삿초 동맹이 맺어졌다.
19) 원래 쇼군은 장군의 일본어 발음일 뿐이지만 일본사에서는 명목상 천황 다음가는 실질적 최고 권력자인 정이대장군(征夷大将軍せいいたいしょうぐん)을 뜻하는 단어로 사용한다. 서양에서도 대부분 쇼군(Shogun)으로 표기한다.
20) 대정봉환(大政奉還)은 막말인 게이오 3년 10월 14일(1867년 11월 9일)에 막부 제15대 쇼군 도쿠가와 요시노부가 국가 통치권을 메이지 천황에게 반납하고 이튿날 15일에 천황이 이를 칙허한 정치적 사건을 말한다.

서 일본 개항과는 무관하다.

2. 20세기 초 동아시아 지역과 유럽 제국주의 및 공산주의의 전략

가. 서구열강의 동아시아 지역 침략 및 공산주의혁명의 추진

유럽 열강의 먹잇감 1순위로 판단된 세계의 호구, 중국의 광동, 상해, 만주, 연해주 등지에는 영국과 프랑스, 그리고 독일 등 유럽 강대국들의 주요 활동 무대가 되었다. 이것은 일찌감치 산업화에 성공한 제국주의 국가 반열에 오른 강대국들의 해외 식민지 개척과 연장선 상에 있다. 강대국의 식민지가 되는 국가들은 대부분 산업이 근대화되지 못하고 그에 따라 신식무기와 군대를 보유하지 못한 농업위주의 가난한 힘없는 국가 즉 아시아, 아프리카 남미지역의 전근대적 정치 경제체제를 유지하던 나라이거나 또한 청나라 같이 산업 근대화가 지연되고 덩치는 크나 국력이 분산되고 부정부패 등으로 국가 통치 체제가 굳건하지 못했던 나라가 바로 그 대상이었다.

인도나 캐나다 등과 같이 영국 영연방의 일원으로 편입되었거나 중국과 같이 국가의 중요한 일부 지역을 조차지로 내주는 방식 즉 홍콩, 싱가포르, 광주, 상해 등지와 같은 형태의 조차지와 같이 한국가의 외교권이나 영부권 무역권들이 강제로 피탈되는 경우이었다.

이런 유럽 열강들이 왜 동아시아 지역에서 이 중국 청나라를 선택했을까?

전술한 대로 청나라의 국력이 분열, 쇄진하고 덩치는 크나, 주요 항로상에 근접한 광주, 상해, 홍콩 싱가포르 등은 그만큼 중요했으며, 이러한 산업화에 따라 자국에서 다량 생산된 상품을 이 후진국의 원자재나 금, 은 등의 귀금속으로 교환할 수 있는 시장도 형성될 수 있었을 것이다.

제국주의 열강들이 식민지를 확장하려 경쟁하다 보니 이들끼리의 충돌도 불가피했다. 이러한 이유로 제국주의는 제1차 세계대전의 주요한 원인이 되었다. 세계대전을 거치며 유럽의 영토는 황폐화되었고 군사력의 상당 부분이 소실됐다. 이렇게 유럽이 식민지를 유지할 역량을 잃어버린 가운데 새롭게 세계의 주도권을 쥔 미국은 민주주의 전도사를 자칭하고 소련은 공산주의를 내세우며 제국주의로부터의 탈출을 부르짖었다. 유럽 안에서도 확장주의 정책에 대한 반발의 목소리가 커졌다. 결국 1900년대 초반부터 식민지들의 독립이 시작되어 1950~60년대까지 아프리카와 아시아의 국가들 중 대부분이 독립했고 제3세계 담론21)이 활발하게 들끓었다. 그러나 유럽이 식민지에 강제로 구축했던 억압적 체제와 그 잔재들은 제대로 청산되지 못한 경우가 많았다. 따라서 적잖은 독립국가들이 정치적 공백으로 인해 내전 등 내홍을 겪거나 독재체제로 이행하는 등의 비극을 겪었다.

이것이 러시아가 1905년에 이어 1917년 볼셰비키 혁명으로 공산화되기 이전까지의 상황이며 이러한 강대국의 식민지 쟁탈전의 국가 패거리 즉 동맹 들 간의 전쟁 즉 "1차 세계대전"이다.

이러한 1차 세계대전의 와중에 소위 말하는 이 세상의 "공산주의혁명"이 시작이 된 러시아에서의 2월 및 10월 혁명은 동맹들 간의 식민지 이권 쟁탈전의 양상에서 세계를 자본주의와 공산주의와의 대립 및 전쟁으로 전환하기 시작하여 2차 세계대전 이후 세계를 서방 및 공산 양진영의 냉전체제로 접어들게 한 것이다.

나. 소련 공산주의의 동진과 코민테른의 전략 수정

19세기 이후 동아시아 지역이 유럽 열강의 침략 무대가 된 이후 청국이 멸망하고, 청일·러일전쟁에서 승리하여 아시아의 새로운 강국으로 등장한 일본에 의해 조선이 합병되었다. 또한 중국과 그 동북지역은 군벌들이 세력 다툼과 내전으로 혼란한 가운데 동유럽 러시아에서는 볼셰비키 혁명이 일어나 적백내전을 성공적으로 치른 레닌 등 공산주의자들은 유럽지역의 공산혁명 봉기를 기대하였으나 모두 실패하였다.

---

21) 제3세계를 규정하는 기준은 정치적으로는 제2차 세계대전 이전에 식민지배를 경험했으며 종전 후에는 냉전체제의 동·서 어느 진영에도 가담하지 않은 국가들이다. 경제적으로는 구미 자본주의와 일본이 속하는 제1세계, 소련과 그 영향권하의 동유럽 제국이 포함된 제2세계로부터 자본·기술·이데올로기 등을 도입한 개발도상국을 가리킨다. 제3세계는 제2차 세계대전 이후부터 1960년대까지는 비동맹운동과 개발도상국들의 그룹화 등을 통해 미·소 지배의 세계질서에 대항해왔으며 국제사회의 여론 형성에 영향을 끼쳤다. 1970년대에는 선진국에 대한 경제적 종속에서 탈피하기 위해 서로 유대를 강화하기도 했다. 제3세계는 냉전이라는 특수한 국제정치 환경에서 출현했기 때문에 1990년대 초 공산제국의 붕괴 이후 그 의미가 퇴색되었다.

코민테른은 제1 인터내셔널의 국제주의 정신, 세계노동자들에게는 국가가 없다는 마르크스의 정신을 계승을 자처하고 제2 인터내셔널의 민족주의 편성에 이의를 제기하면서 창설된 이 코민테른 즉 제3 인터내셔널의 프롤레타리아 국제주의 실현이라는 신념이 중심에 있었으나 제3차 대회 때부터 그 이념이 현실적 동력을 상실하면서 소비에트 러시아의 국익 우선적 조직으로 변화하고 '프롤레타리아 국제주의'가 퇴색하기 시작하였던 것이다. 즉, 코민테른은 2,3차 대회를 치르면서 프롤레타리아 국제주의가 퇴색하고 소련 공산당의 강력한 통제하의 코민테른 중앙집행위원회 중심의 "중앙집권적 조직원칙"으로 방향을 전환하면서 프롤레타리아 혁명의 국제주의 원칙과 소비에트 러시아의 국가이익이 병존할 수 없음을 인식하고 제3차 대회를 기점으로 프롤레타리아 국제주의 원칙을 포기하고 코민테른을 통한 소련 중심의 중앙집권적 권력 구조를 강화해 나갔다.

이러한 코민테른의 조직원칙의 변화는 유럽지역에서의 혁명 봉기의 실패에 따라 수정된 세계 프롤레타리아 혁명을 곧바로 실행한다는 목표를 포기하고 새롭게 수정된 세계혁명 추진 방향 설정에 따른 추진 개념에 따라 코민테른 제3차 대회이후 코민테른 극동서기국의 보호아래 1921년 5월 탄생된 이르쿠츠크의 고려공산당 그리고 동년 7월 상해에서 탄생된 중국공산당 등 시베리아 및 중국 일본 등 동아시아 지역 공산당들이 창설되기 시작한 것이다.

3. 공산주의는 도대체 무엇인가?

공산주의(共産主義, Communism)는 폭력을 동반한 혁명을 통해 생산수단의 사적 소유를 철폐하여 노동자들의 자가해방을 실현함으로써 마침내 국가와 지배와 피지배를 나누는 사회적 계급이 소멸한 평등한 사회를 추구하는 사상을 말한다.

이 공산주의는 신약성경에 등장하는 유대교 분파이자 '쿰란 공동체'로 더 잘 알려진 에세네파(Essenes)[22], 플라톤의 《국가론》, 초대 기독교의 교리, 중세 말 토머스 모어의 《유토피아 Utopia》, 근세 초 톰마소 캄파넬라[23]의 《태

---

22) 에세네파(히브리어: אסיים 이시임, 고대 그리스어: Ἐσσηνοί, Ἐσσαῖοι, Ὀσσαῖοι)는 제2성전기에 사두가이파, 바리사이파와 함께 형성된 유대교 유파이다. 기원전 2세기에 형성되어 기원후 1세기에 사라졌다.
23) 톰마소 캄파넬라(Tommaso Campanella, 1568년~1639년)는 이탈리아의 투쟁가, 철학자이다. 1599~1626)에 쓴 사회주의적 저술 유토피아 이야기인 〈태양의 나라 La cittàdel sole〉의

양의 나라 Civitassolis》 등에서도 기원한다.

　　공산주의라는 용어가 최초로 사용된 것은 16세기경 개신교의 소수파인 재세례파(再浸禮派 / anabaptist.)24)가 초기 기독교적인 공동생활을 추구하면서 주장한 것이다. 사유재산을 부정하고 평등을 추구하며 속세적 가치를 부정하는 등의 특징을 띤다. 그러나 주류 기독교인들에 의해 소수 재세례파가 이단으로 박해당하면서 이러한 의미의 공산주의 용어는 역사의 뒤안길로 사라진다.

　　18세기 들어서 공산주의라는 용어가 부활하는데, 이때의 공산주의는 인클로저 운동25)에 대한 반발로 촌락 내 공동체적 소유를 지향하고 사적 소유관계를 배척하던 사람들을 지칭한다.

　　19세기 초에는 사회주의와 혼용되면서 사적 소유관계를 배척한다는 기본적인 의미로 쓰이지만 중반에 들어서는 사회주의와 구분지어 사용하게 되는데, 소수의 엘리트가 봉기를 통해 국가권력을 직접 타도하고 국가기구를 장악하여 사회·경제적 변혁을 추구하는 사상을 뜻한다. 파리 코뮌에 가담했던 루이 오귀스트 블랑키(Louis Auguste Blanqui)가 대표적인데 그의 사상인 블랑키주의가 19세기적 의미의 공산주의라 할 수 있다.

　　그러나 오늘날 공산주의라고 할 때는 19세기 중반 이전의 문헌에만 남아 있는 죽은 공산주의가 아니라, 19세기 후반 이후로 하나의 정치세력으로서 활동하고 있는 현대 공산주의, 즉 마르크스-레닌주의와 그 이후의 공산주의를 가리킨다. 마르크스-레닌주의는 1840년대 이후 서유럽에서 카를 마르크스와 프리드리히 엥겔스에 의하여 창시된 마르크스주의를, 레닌이 20세기 초 러시아 제국(러시아 공화국)의 특수한 조건에서 발전시킨 사상 및 이론의 체계와 실천과 운동을 스탈린이 최종적으로 종합한 이론으로서 마르크스-레닌

(1623)로 유명하다. 1583년 도미니쿠스 수도회에 들어가면서 톰마소라는 이름을 얻었으며, 스콜라 철학의 아리스토텔레스주의에 반대한 이탈리아 철학자 베르나르디노 텔레시오(1509~88)의 저작에 영향을 받았다.

24) 再浸禮派 / anabaptist.: 기독교의 한 종파로, 종교개혁 시대에 나타난 급진 종교개혁의 한 부류이며 현재까지도 남아 이어지고 있다.

25) 한국어로 풀어쓰면 울타리 치기 운동으로, 소유 개념이 모호한 공유지(共有地)나, 서로 간의 경계가 모호했던 사유지 간에 양이나 가축이 도망가지 못하게, 혹은 자신의 소유권을 명확히 하기 위해 울타리를 쳐서 자신의 영역을 확인하고 자산으로 만들었다.
기원을 찾자면 13세기까지 거슬러 올라가지만, 대개는 16~17세기 튜더 왕조 시대 인클로저를 1차, 의회에 의해 주도된 18~19세기 인클로저를 2차로 구분한다.

주의 정당, 즉 공산당이 수립한 과거 소련·동유럽·중국·북한·인도차이나 반도 등지의 정치체제를 가리키는 말이었다.

블라디미르 레닌이 이끄는 볼셰비키가 율리 마르토프의 멘셰비키와 전략적 입장을 달리함으로써 19세기의 공산주의가 의미하는 엘리트(혁명전위)의 봉기를 중시하면서 공산주의라는 용어를 차용하게 된다. 레닌은 후일 사회주의와 공산주의를 구분되는 개념으로 사용하기 시작했는데 사회주의는 '각자로부터는 능력에 따라, 각자에게도 능력에 따라' 분배하는 낮은 단계의 공산주의를, 공산주의는 '각자로부터는 능력에 따라, 각자에게는 필요에 따라' 분배하는 높은 단계의 공산주의를 의미한다고 정리하였다.

러시아 제국의 마지막 황제인 니콜라이 2세는 정치에 관심이 없었고, 사실상의 실권을 쥔 그리고리 라스푸틴이 나라를 너무나 막장으로 다스린 탓에 민중들의 불만이 점차 고조되기 시작하였다. 초기의 시위는 평화적으로 진행되었으나, 무력을 동원한 진압과 제1차 세계대전에서의 전황 악화가 겹치면서 분노는 걷잡을 수 없이 가속화된다. 결국 1917년 러시아 혁명으로 러시아 제국은 멸망하고 레닌이 이끄는 볼셰비키가 정권을 장악, 적백내전을 거쳐 마침내 1922년 세계 최초의 공인된 공산주의 국가인 소비에트 사회주의 공화국 연방이 탄생한다.

공산주의는 마르크스, 엥겔스, 레닌 등이 말한 "프롤레타리아가 완전히 해방되고 그들이 주인이 되는 지상낙원"을 안겨다 주는 그런 인류 역사상 가장 선한 지고지선(至高至善)의 이념과 이론으로 완전 충만되어 있는 무결점의 정치이념인가? 공산주의만 실현되면 이들이 주장한 대로 지상낙원이 조성되어 "능력만큼 일하고 필요한 만큼 분배받는 프롤레타리아들의 천국이 실현되는가?

1917년 러시아 "2월 혁명"에 이은 "10월 혁명"으로 러시아가 볼셰비키 혁명에 성공하고 적백내전을 거쳐 "소비에트 연방"이 탄생할 때만 해도 그런 세상이 도래하는 줄 알고 목숨 걸고 이 혁명에 동참한 유럽 각국의 공산당원과 이에 동참한 농민, 노동자, 군인, 좌경화된 지식인들 가슴 벅찬 희망을 안고 부모 형제도 내팽개치고 혁명 성공을 위해서 붉은 깃발을 들었던 그들 앞에 다가온 세상은 어떤 것이었는가?

물론 전제정권 하의 지주, 공장주들에게 착취당하던 농민, 노동자들이 억압하던 그 주인을 몰아낸 후 일시적으로 그들이 주인같이 행세를 할 수 있었는지는 모르지만, 얼마 가지 않아 前주인보다 더 극심한 새로운 주인인 강력한 지배계급이 나타났던 것이다. 이들이 바로 일당독재만 허용되는 공산주의 이론에 의한 "공산당"이라는 무시무시한 계급정당이 바로 그것이다. 노동자, 농민들이 주인이 되는 줄 알았는데, 웬걸 자신들을 착취한다고 몰아낸 그 옛날 주인의 다정한 모습이 생각나는 것은 무슨 이유일까? 그래도 옛날에는 좋은 주인도 있었고, 열심히 일만 잘하면 장가도 보내주고 좋은 옷과 음식도 하사해 주는 때도 있지 않았던가? 그전에는 아주 잘못했을 때 욕과 매질 정도로만 끝났지만, 별거 아닌 공산당과 공산주의 체제비판 등의 사상교양 부실사유만으로 심한 구타나 수용소 같은 곳에 가두고 밥도 굶기면서, 공산당에 비협조적이던 舊시대 관료, 지주, 기업인들은 인민재판으로 총살 집행을 하는 아주 "엄중하고 가혹한 세상" 이것이 바로 그들이 프롤레타리아 지상낙원'으로 고대하던 새로운 세상으로 나타난 모습이었다.

　이것이 바로 겉으로 외치던 구호와는 다른 공산주의의 내면적 본질이며 실체가 아니겠는가?

　그렇다면 공산주의는 왜 좋지 않은 결과를 초래하게 되는가? 공산주의 이론을 창시한 마르크스 등의 철학, 정치, 경제 이론의 허구성에 대한 검토 및 비판이 요구되었는 바, 공산주의 정치이론에서 말하는 일당 독재는 올바른 민주주의의 모습이 아니며 고인물이 썩는 것과 같이 반드시 부패26)하게 되어 있다. 즉 공산주의 경제이론은 노동의욕을 상실케 하여 노동 생산성을 저하시키는 비현실적 이론으로서 인간의 창의성, 성실성, 노력을 말살·사장시키는 이론이다. 이 이론의 근본적 오류는 똑같이 일하고 똑같이 분배받는데 누가 더 열심히 일하려고 하겠는가? 따라서 러시아혁명 이후 공산화된 국가의 실태로서 북한은 1970년 중반부터 경제상황이 악화되어 국가 배급제도가 불가하게 되고, 국경지역의 꽃제비, 인구감소 현상이 나타났으며 게다가 공산주의 체제의 변질27)로 악독한 일인 독재체제, 반체제 인사를 탄압 및 숙청하였으며, 여타 공산주의 국가들도 일당독재에 따른 부패 우려28)와 노동생산성 저하로 인한 국가적 빈곤과 경제적으로 낙후하게 되어 빈곤의 평등과 국민기본권(자유권, 평등권, 참정권, 사회권, 청구권 등) 말살에 따른 국민적 저항이 확대되어 종주국인 소련연방의 해체(1991) 및 15개 연방으로 분리 독립된

---

26) 필자가 캄보디아 앙쿠르와트 여행시 공항 직원들의 행태를 보고 놀랐다. "아직도 이런 자들이 있는 나라가 있는가?" 하는 의구심이 들 정도였다. 공산화된 캄보디아 씨엠립 공항검색대를 통과할시 "One dallor, One dallor"를 외치며 요구하는 공항직원들을 목격한 바 있음.
27) 김일성 일인 독재 및 우상화를 위한 주체사상 즉 김일성주의를 이론화하여 김일성 세습 독재체제를 구축하기 위해 이를 반대하는 인사들에 대한 탄압과 숙청을 감행한 바 있음.
28) 자본주의 국가도 일당 일인 독재는 부패: 필리핀 마르코스, 아르헨티나 퍼주기 선심정책 등의 결과

바 있으며, 중공도 등소평29)에 의해 자본주의 경제정책을 도입한 이후 경제가 발전하기 시작하였다.

---

29) 중국공산당의 국공내전에서 마오쩌둥과 중화인민공화국 건국을 함께한 인물이다. 초공작전에 의해 대장정을 할때에는 정치국 회의에서 서기를 맡는 등 마오쩌둥과 함께 동고공락을 하였다. 중국공산당 2세대 지도부를 대표하는 인물로 1978년 화궈평을 실각시킨 후 1989년까지 중국의 제3대 최고지도자로서 군림했고 이후 일선에서 물러나긴 했으나 1997년 사망할 때까지 정계에 간접적으로 영향력을 행사했으며 후계자인 장쩌민과 후진타오를 직접 지명했다는 점을 생각하면 사실상 2010년대 초반까지 그 영향력이 살아있었다고 보아도 무리가 아니다. 유일하게 중화인민공화국에서 최고지도자가 되고 당 총서기직과 국가주석직을 맡지 않고 중앙고문위원회 주임 겸 중국공산당 중앙군사위원회의 주석직을 통해 실권을 휘둘렀다. 20세기 후반 중국의 개혁·개방 정책을 진두지휘했으며 현재 중국 언론에서는 그를 개혁·개방의 총설계사로 칭한다. 흑묘백묘론으로 대표되는 실용주의적 태도를 취하며 사회주의와 자본주의의 융합을 시도했고, 그가 정립한 중국특색 사회주의는 중국이 세계 2위 강대국으로 올라서는 데 많은 기여를 했다고 평가받는다. 중국공산당에선 덩샤오핑을 20세기 중국을 살려낸 거인, 일명 백년소평(百年小平)으로 칭송한다. 마오쩌둥이 사회주의 중국을 건설한 창업자라고 한다면, 덩샤오핑은 마오쩌둥이 이룩한 국가 토대 위에서 과감한 개혁을 단행해 중국을 부강의 길로 이끈 번영의 지도자가 된다. 명나라의 영락제나 청나라의 강희제에 비견되는 경우가 많으며, 대한민국의 박정희 대통령과도 자주 비교된다.

II.
20세기 극동지역 국제정세 변화 : 유럽 열강의 침략과 공산주의혁명

1. 근대 산업혁명과 제국주의 세력의 팽창

2. 유럽지역 열강들의 충돌

3. 공산주의 이론의 성립과 전 세계 공산화 추진

4. 국제공산주의 운동과 코민테른의 창립

예듀컨텐츠·휴피아
CH Educontents Huepia

1. 근대 산업혁명과 제국주의 세력의 팽창

가. 제국주의(帝國主義)30)의 개념

제국주의는 열강들이 강한 경제력과 군사력을 앞세워 다른 나라에 대해 정치, 경제 및 문화적 지배력을 확대하려는 사상과 그러한 사상을 바탕으로 한 정책을 의미한다.

다시 말하면 강대국이 약소국을 갖은 목적으로 무력으로 굴복시켜 약소국을 식민지 또한 속국으로 만드는 직간접적인 침력행위로 볼 수 있다. 이러한 노골적인 침략행위는 현대에는 용납이 잘되지 않으나, 중세 이전이나 이후 및 근세에는 빈번한 일이었다.

나. 특징

제국주의의 태동에 대해서는 다양한 학설이 존재한다. 일반적으로 산업혁명 이후 열강들의 국력이 크게 팽창, 해외시장 및 자원 확보 등 식민지 확보의 일환으로 시작되었다고 보지만 넓게는 신항로 개척31)과 콜롬부스가 아메리카를 발견한 1492년에 제국주의가 시작됐다고 보는 학설도 있다.

15~18세기에 유럽이 아메리카를 식민지화한 것을 '중상주의적 제국주의'라 부르며, 산업혁명 이후의 유럽 열강과 미국 등이 추진한 제국주의를 '자본주의적 제국주의'로 구분할 수 있다.

유럽과 미국이 아시아·아프리카권을 대상으로 실행한 제국주의는 사회진화론, 인종차별, 우생학 등을 정당화하는 이론으로 사용했으며 심지어 유럽에서도 주변 국들을 식민지로 흡수 통합한 독일 제국, 오스트리아-헝가리 제국, 러시아 제국같

---

30) 전형적인 형태의 제국주의는 강압과 무력을 통해 종족적/문화적으로 전혀 다른 공동체(나라, 민족 등)를 병합. 이렇게 식민지가 구성됨. 병합 과정에서 고유의 정치 체계를 파괴하거나 꼭두각시 형태로만 남겨놓고, 정치적/외교적 기능을 무력화시킴. 해당 지역의 지배권을 탈취하고 나면 지배 국가의 통치체계를 이식. 피지배민족이 지배민족보다 열등하다는 주장을 넘어 지배민족의 지도와 교화를 통해서만 피지배민족이 발전할 수 있다는 이데올로기를 설파.
31) 신항로 개척 시대 또는 대항해시대(大航海時代)란 유럽인들이 항해술을 발전시켜 아메리카로 가는 항로와, 아프리카를 돌아 인도와 동남아시아, 동아시아로 가는 항로를 발견하고 최초로 세계를 일주하는 등 다양한 지리상의 발견을 이룩한 시대를 말한다.

이 동유럽 식민지-제국이 형성되었다.

호주, 뉴질랜드, 미국, 캐나다, 중국 등에서 원주민이 소수민족으로 전락한 것도 넓은 의미의 제국주의로 볼 수 있지만 전형적인 제국주의의 형태에는 해당하지 않는다[32].

다. 역사(식민주의에서 제국주의까지)

항해기술 발달에 따른 콜롬부스의 아메리카 신대륙 발견과 바스코 다가마가 아프리카 남단을 통한 인도 항로를 개척한 이후 대항해 시대에는 식민지 개척의 선두주자로서 스페인과 포르투갈은 남아메리카 지역에 많이 진출하여 원주민의 정치체제를 전복 후 약탈 및 노예무역을 했다. 유럽지역의 강대국으로 볼 수 있는 영국과 프랑스는 각기 다른 방식으로 식민지를 운영했는데 프랑스는 식민지를 직접 통치하면서 농업 이민을 주로 실시한 반면 영국은 간접통치를 하면서 원료 수탈과 자국시장에서의 소비 쪽으로 나아갔다.

콩고나 인도네시아처럼 자원을 위해 식민지배 즉 경제적 목적으로 식민지배를 한 것으로 인식하고 있었지만, 정치적 목적에 따른 식민지배가 더 많았으며 실제로 식민지화의 목적은 국민들의 정치적, 사회적 불만을 해외로 투사하거나 '문명화'를 명분으로 기독교 전파를 원하는 보수세력과 문명화의 전파를 원하는 자유주의자들을 모두 만족시키기 위해 행한 경우가 많았다. 일례로 프랑스의 경우 알제리 식민지화는 해안의 해적 문제 때문이라는 이유 이외에 알제리 내륙과 나머지 식민지화는 경제적 이유와는 전혀 무관하게 진행된 것이 대다수이다. 일본의 조선 식민지배 역시 경제적으로는 파국이었으며 정치적 이유로 인한 것이었다.

유럽내의 대표적 해외식민지 확보 경쟁은 영국과 프랑스가 가장 치열했으며 그리고 네덜란드, 덴마크 등도 영국과 식민지 확보 경쟁을 벌였으나 모두 영국에 미치지는 못하였다.

독일은 식민지 경쟁의 후발주자이나 아프리카의 탄자니아, 토고, 카메룬 중국의 칭따오 등을 식민지로 두었으며 영국, 네덜란드와 뉴기니에 분할경쟁을 벌이기도 했다.

---

[32] 이 사례들은 원주민 집단을 파괴한 뒤 지배민족(나라)의 지배체제를 제외한 하부구조를 거의 남겨 놓지 않기 때문이다. 그러므로 본국과 식민지를 분명히 구분하고 크기만으로는 식민지가 본국 이상인 경우도 있던 전형적인 제국주의 국가들의 구조와 다르다.

독일33)과 같이 이탈리아도 1861년 이탈리아 왕국으로 통일34)을 이룬 이후 아프리카의 소말리아, 리비아, 에리트레아를 식민지로 가진 제국주의 국가였다.

오형제국35)은 19세기 중반부터 20세기 초반까지 존재했던 유럽의 제국으로, 오스트리아 제국과 헝가리인들의 대타협으로 만들어진 나라다. 오늘날의 오스트리아, 헝가리, 슬로바키아, 슬로베니아, 체코, 크로아티아 등의 중부유럽 국가들이 당시 모두 한 영토였던 대형 국가였지만 먼저 진출한 식민제국들의 방해로 해외 진출에서 크게 성과를 보지 못했고, 주로 유럽 내에서 영토를 넓혔다.

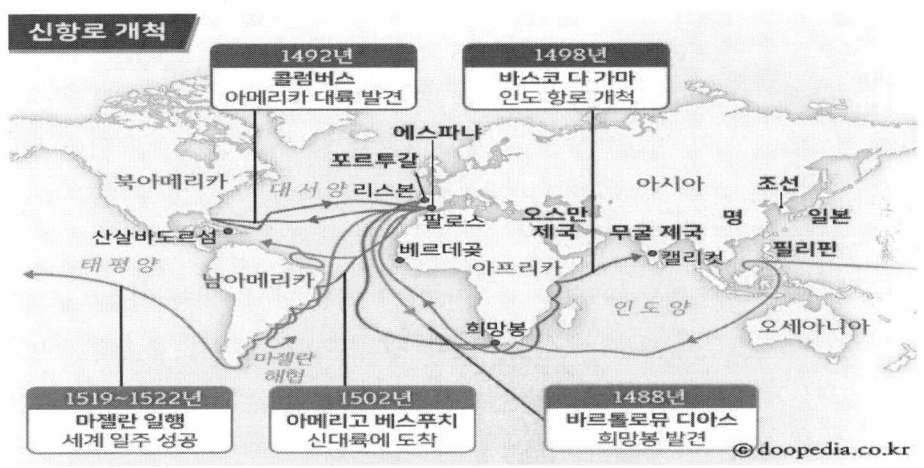

〈그림. 1〉 신대륙 발견과 신항로 개척

---

33) 이후 1864년 덴마크 위기로 잠시 오스트리아와 프로이센이 연합했지만 전후 점령지의 처분을 두고 다시 갈라섰다. 결국 1866년 프로이센-오스트리아 전쟁으로 프로이센 왕국과 이탈리아 왕국, 북독일 국가들과 오스트리아 제국, 남독일 국가들이 정면충돌했다. 프로이센의 승리로 기존의 독일 연방이 해체되고 마인강 이북 22개 국가들이 따로 모여 북독일 연방이 수립됐다. 프로이센은 이후 독일 통일을 가로막던 최후의 장애물 프랑스마저도 프로이센-프랑스 전쟁의 승리를 통해 꺾어내고 1870년 11월 마인강 남부 4개 국가를 합병함으로써 마침내 독일 통일에 성공했다.

34) 이탈리아 반도와 사르데냐, 시칠리아에 존재했던 왕국이다. 고대 로마 이후 이탈리아 반도를 처음으로 통일한 국가였다. 이탈리아 왕국(Regno d'Italia)이라는 이름하에 통일된 엄연한 제국주의 열강이었지만 근대 내내 열강치고는 불운의 국가였다. 최대 영역은 이탈리아 본토와 리비아와 동아프리카 일부, 발칸 반도까지였으며, 이는 열강 중 독일 다음으로 작은 영토이다. 그리스 왕국과 마찬가지로 로마 제국의 직계 후신이고 가톨릭이 국교여서 유럽 기준으로 제국이라고 칭해도 될 자격을 갖추었지만 제국(Impero)이라고 칭하지 않았다.
이탈리아 왕국의 국력은 4대 메이저 열강과 미국보다 밑이였고, 그보다 아래였던 오스트리아-헝가리제국, 일본 제국과 국력이 비슷하였다.

35) 19세기 중반부터 20세기 초반까지 존재했던 유럽의 제국으로, 오스트리아 제국과 헝가리인들의 대타협(독일어: Ausgleich·아우스글라이히, 헝가리어: Kiegyezés·키에제시)으로 만들어진 나라다. 후술되어 있듯이 오늘날의 오스트리아, 헝가리, 슬로바키아, 슬로베니아, 체코, 크로아티아 등의 중부유럽 국가들이 당시 모두 한 영토였던 대형 국가였다.

이외에도 영국으로부터 독립된 미국은 영국으로부터 독립하자마자 사법체계를 무시하면서까지 개척의 이름으로 아메리카 원주민 공동체들을 침략했는데, 심지어는 옛 주인인 영국 땅에도 눈을 돌려, 나폴레옹 전쟁 이후 당시의 초강대국 영국이 버티는 캐나다는 포기하고, 그 대신 혁명으로 어수선한 멕시코 땅에 눈독을 들여 현재의 텍사스, 뉴멕시코, 유타, 캘리포니아, 콜로라도에 이르는 방대한 영토를 멕시코와의 전쟁으로 빼앗았다. 태평양까지 진출한 미국은 매튜 페리제독36)의 흑선내항과 시모노세키 전쟁으로 적극적으로 일본을 식민지화하려 했으나 남북전쟁과 역량 부족으로 인하여 실패했고 이어 스페인으로부터 쿠바나 괌, 필리핀 등을 빼앗았으며 하와이를 무력으로 병합하는 제국주의적인 면모를 보였다.

또한 오스만제국37)은 발칸반도와 아나톨리아를 중심으로 서아시아, 북아프리카, 남동유럽 세 대륙에 걸쳐 광대한 영역을 지배하며 중세부터 근대까지 유럽을 위협하던 국가이며, 동시에 모든 이슬람 국가 역사상 가장 강력한 군사력과 국력을 가진 국가였다.

이외에도 미국의 함포외교로 개항, 메이지 유신 이후 아시아의 강자로 떠오른 일본을 제국주의 열강으로 분류하는 시기는 대략 청일전쟁 전후이다. 청일전쟁 이전에도 메이지 유신 무렵 아이누족이 살고 있는 북부 홋카이도 일대를 흡수하고 실질적 독립국이던 류큐 왕국(현 오키나와현)을 병합하며 가까운 일본열도 부근에서는 제국주의 정책을 폈다. 그리고 청일전쟁으로 본격적으로 열도를 넘어 대륙으로 진출, 중국의 영토였던 대만을 빼앗고 이후 유럽 열강과 더불어 의화단운동에도 개입했다. 또한 러일전쟁을 일으켜 러시아로부터 사할린섬 남부지역을 차지하고 대한제국을 침탈하는 작업에 착수했다. 1차대전 이후 독일령 칭다오와 남양제도를 점령하고 1931년에는 만주사변38)을 일으켜 만주국이라는 괴뢰국을 세우는 등 제국주의 후발 주자의

---

36) 매슈 캘브레이스 페리(영어: Matthew Calbraith Perry, 1794년 4월 10일~1858년 3월 4일)는 미국의 함대사령관이며 그의 형은 올리버 페리이다. 쇄국정책을 펼치던 일본의 에도 시대에 함대를 이끌고 무력시위를 하여 가나가와 조약을 체결하여 일본을 개항시킨 인물이다.
37) 1299년 아나톨리아 내륙의 작은 나라에서 시작했으며, 정복전쟁을 통해 룸 셀주크 멸망 이후 난립했던 여러 소국들을 병합하며 성장, 아나톨리아 일대를 장악했다. 마침내 1453년에는 건국 이래 2,200년을 이어온 로마 제국을 정복하며 교통과 무역의 요지인 콘스탄티노폴리스를 장악, 수도로 삼고 이를 중심으로 사방으로 진출하는 데 성공했다. 이후 북으로는 러시아와 폴란드, 서로는 오스트리아와 모로코, 남으로는 에티오피아, 동으로는 이란과 접하는, 전 세계적 영향력을 미치는 강력한 패권국가가 되었다. 하지만 산업혁명 즉 과학기술의 전파가 늦어 위세가 수축되다가 제1차 세계대전시 동맹국에 참가하여 협상국에 패배했다. 이후, 소수민족 대다수가 독립하고, 그리스에게 아나톨리아의 해안가까지 점령당하며 열강들의 식민지가 될 뻔했으나, 무스타파 케말 아타튀르크의 지휘 아래 기사회생하여 아나톨리아를 중심으로 하는 튀르크족의 국민 국가, 튀르키예 공화국이 건국되면서 1922년 11월 1일에 역사의 뒤안길로 사라졌다.

광기는 이후 태평양전쟁으로 이어졌으나 패전하고 미국에 점령당하게 되었다.

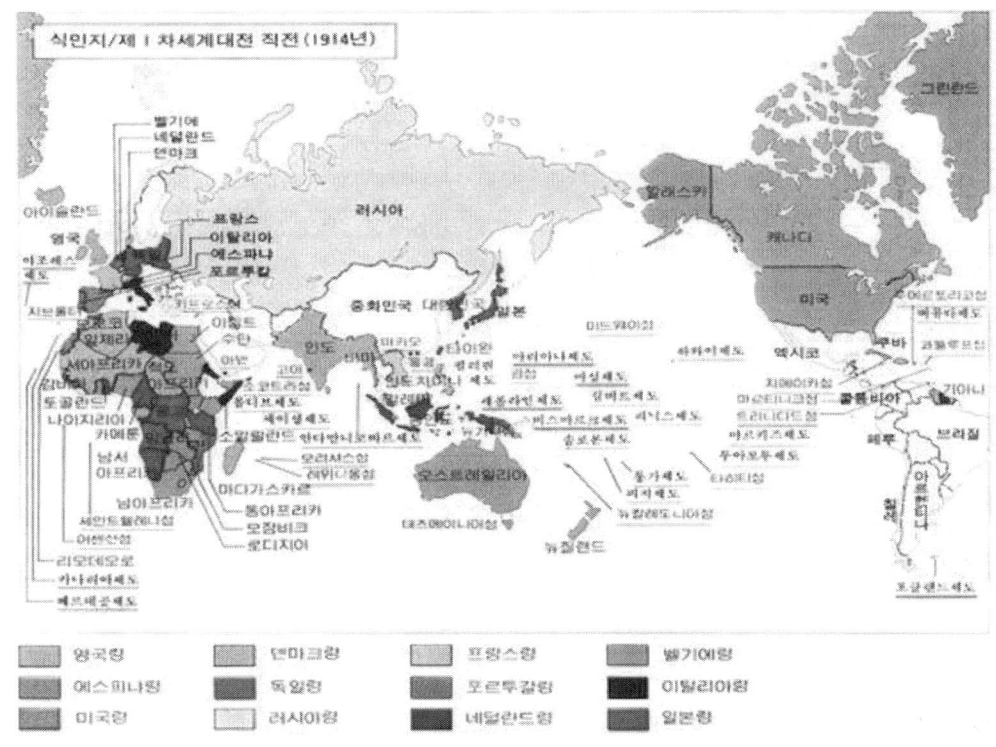

<그림. 2> 세계 식민지 분포 현황

2. 유럽지역 열강들의 충돌

가. 20세기 초반의 유럽 상황[39]

19세기 유럽 강대국들은 유럽 전역에서 힘의 균형을 유지하기 위해 많은 노력을 했다. 그 결과 1900년에는 복잡한 정치, 군사적 동맹 네트워크를 형성하게 되

---

[38] 만주사변(滿洲事變) / 9.18 사변(구일팔사변)은 천연자원이 풍부한 만주를 병참기지로 만들고 식민화하기 위한 목적으로 1931년 9월 18일, 일본 제국의 관동군이 본국의 승인없이 독단적으로 류탸오후 사건을 조작하여 일으킨 침략전쟁이다. 만주를 점령하고 난 후 일본 제국은 청나라의 마지막 황제인 아이신기오로 푸이를 옹립하여 괴뢰국인 만주국을 건국했으며, 이후 소련과 몽골 인민 공화국의 만주 전략 공세 작전이 성공할 때까지 존속했다.
[39] 위키백과: https://ko.wikipedia.org/wiki/위키백과

었다. 이 동맹은 1815년 프로이센, 오스트리아, 러시아의 '신성동맹'으로부터 시작했다. 1873년 10월에는 독일총리 비스마르크가 독일, 오스트리아-헝가리, 러시아 사이 삼제동맹(Dreikaiserbund)을 체결했다. 이 동맹은 오스트리아-헝가리와 러시아 간에 발칸반도에 대한 정책에 동의할 수 없었기 때문에 1879년 독일과 오스트리아-헝가리는 삼제동맹에 탈퇴하여 독오동맹을 따로 만들었다. 한편, 오스만 제국의 발칸반도에 대한 영향력이 지속적으로 약화되면서 발칸반도에 대한 러시아의 영향력은 반대로 증가하게 되었다. 이 독오동맹은 1882년 이탈리아 왕국이 가입하면서 삼국동맹으로 변화했다.

군비 경쟁

1871년 보불전쟁에서 독일이 승리하여 독일이 통일한 이후, 산업 및 경제력이 급상승하게 되었다. 1890년대 중반부터 빌헬름 2세는 중요한 경제 자원을 알프레트 폰 티르피츠가 지휘하는 독일 제국해군에 투자하여 영국 해군과 해군 군비경쟁을 하게 되었다. 그 결과, 각 국가들은 주력함을 더욱 많이 건조하기 위해 노력했다. 1906년 'HMS 드레드노트[40]'의 건조 이후 대영제국은 독일제국과의 경쟁에서 중요한 위치를 선점하게 되었다. 영국과 독일 사이의 군비경쟁은 모든 유럽 주요국이 유럽 전역의 분쟁에 필요한 장비와 무기를 생산하는 데 산업 기반을 기울이면서 유럽 전역으로 경쟁이 확장되었다. 1908년부터 1913년까지 유럽 국가의 군비 지출은 50% 상승했다.

발칸반도의 분쟁

오스트리아-헝가리 제국은 과거 오스만 제국의 영토였던 1878년 이후 보스니아 헤르체고비나를 점령한 이후 1908년부터 1909년까지 보스니아 위기가 도래하

---

40) HMS 드레드노트(HMS Dreadnought)는 1906년 영국 해군이 건조한 최초의 드레드노트급 전함이다. 20세기 초 영국 해군의 기함이었다. 통일된 크기의 거대한 함포를 장착한 최초의 전함으로 이러한 전함 설계가 매우 강력함이 드러나 이후 군함 건조의 혁신을 일으키며 '드레드노트'는 같은 통일된 거대 주포 등을 갖춘 전함의 보편적인 대명사로 쓰인다. 드레드노트 전함들은 그 이전의 전함들에 비해 외형적 모습이 빼어나 대중의 관심과 사랑을 받아 국가의 상징적인 존재가 되었고 제1차 세계대전까지의 해군 군비 경쟁을 촉발시켰다. 드레드노트함은 1차 세계대전 기간중에 있었던 유틀란트 해전에서 영국 전함 가운데 유일하게 독일의 유보트 잠수함을 격침한 전함이기도 하다.

게 되었다. 이 점령으로 세르비아 왕국 및 그 국가의 후원자인 범슬라브주의 동방 정교회의 러시아 제국을 화나게 했다. 이 지역에서 러시아의 행보는 이미 "유럽의 화약고"로 널리 알려진 발칸반도의 균형을 붕괴시켜 평화협정을 불안정하게 만들었다. 1912년부터 1913년까지 발칸 동맹과 오스만 제국 사이의 전쟁인 제1차 발칸전쟁이 발발했다. 이 전쟁 결과 체결된 런던조약에서 알바니아는 독립했으며, 불가리아, 세르비아, 몬테네그로, 그리스는 영토를 확대하면서 오스만 제국의 영토가 감소했다. 1913년 6월 16일, 불가리아가 세르비아 및 그리스를 침공하면서 발발한 33일간의 제2차 발칸전쟁에서는 불가리아가 패배하여 세르비아와 그리스에게 마케도니아 대부분을, 루마니아에게 남도브루자[41]를 빼앗기게 되었으며 발칸반도를 불안정하게 만들었다.

사라예보 사건으로 터진 제1차 세계대전

1914년 6월 28일, 오스트리아의 페르디난트 황태자 부부가 보스니아의 수도 사라예보를 방문했다. 보스니아는 1908년 이후로 오스트리아-헝가리 제국의 영토가 된 곳이지만, 그 지역 대부분을 차지하고 있는 세르비아인들은 오스트리아로부터 벗어나 세르비아에 속하길 원하고 있었다.

황태자 부부가 방문한 날은 세르비아에서 민족 행사가 있는 날인데 그날 지배국인 오스트리아 황태자가 보스니아를 방문한 것이 세르비아인들을 자극하는 계기가 되었다. 결국 황태자 부부는 세르비아계 민족주의자 대학생이 쏜 총에 맞아 숨지고 말았다.

황태자가 암살당했다는 소식을 들은 오스트리아는 1914년 7월 28일, 세르비아에 전쟁을 선포했다. 결국 유럽 전체를 전쟁터로 만든 제1차 세계대전이 터진 것이다. 선전포고 소식을 접한 유럽의 여러 나라는 자국과의 이해관계를 계산하느라 서로 눈치를 보면서도 전쟁이 확산되는 것을 막아 보려고 노력했다. 그러나 전쟁

---

41) 도브루자(불가리아어: Добруджа, 루마니아어: Dobrogea 도브로제아)는 다뉴브강과 흑해 사이에 있는 역사적 지방으로, 루마니아 남동부와 불가리아 북동부에 걸쳐 있다. 루마니아 쪽을 북도브루자(루마니아어: Dobrogea 도브로제아), 불가리아 쪽을 남도브루자(루마니아어: Cadrilater 카드릴라테르)라 부른다. 부쿠레슈티 강화 조약 당시에는 옛 루마니아 왕국이 불가리아 왕국에 이 땅을 할양하기도 하였다. 불가리아에서는 이 지명과 관련 있는 민속 음악이자 군가로서 오, 도브루잔스끼 끄라이(О, Добруджански край)라는 곡이 있다.

의 불길은 끝내 잡을 수 없었다.

오스트리아는 7월 29일, 세르비아의 수도 베오그라드를 공격했다. 러시아가 바로 군대를 동원해 세르비아를 지원하고 나섰다. 이에 독일은 오스트리아를 지원하면서 8월 1일, 러시아에 대해 선전포고를 했다. 8월 3일에는 프랑스가 군대를 동원해 독일을 공격하면서 러시아를 지지하고 나섰다. 그동안 전쟁을 막아 보려고 애쓰던 영국은 더 이상 수습할 수 없다고 판단하고, 독일이 주도권을 쥐는 것을 막기 위해 8월 4일 전쟁에 뛰어들었다.

이 전쟁이 일어나기 전, 1905년에 당시 독일군 참모총장 슐리펜 백작은 만약 전쟁이 일어나 러시아와 프랑스가 손을 잡으면 상황이 힘들어질 것이라는 것을 이미 예상했다. 그는 러시아군이 독일 동부 지역까지 도착하는 데는 시간이 걸릴 것이라 여겼다. 그래서 동부에서는 최소한의 방어전으로 러시아 군의 속도를 늦추게 하는 대신, 프랑스와 대치하고 있는 서부 전선에서 신속하게 전투를 마감해야 한다는 작전을 세워 두었다. 그의 계획42)대로 전쟁은 러시아를 상대로 하는 동부 전선과 프랑스를 상대로 하는 서부 전선, 두 지역에서 집중적으로 진행되었다.

나. 제1차 세계대전의 발발

참호전으로 맞서는 영·프 연합군과 독일군

슐리펜에 이어 독일 참모 본부를 지휘하던 몰트케는 슐리펜의 작전대로, 8월 1일 룩셈부르크의 국경을 넘어 빠른 속도로 진격하여 사흘 만에 벨기에까지 공격하였다. 7개 군병력이나 투입한 독일의 계획대로라면 6주 안에 프랑스를 점령해야 했다. 그러나 벨기에가 워낙 강력하게 방어를 하는 바람에 벨기에를 통과하기까지 무려 12일이나 걸리고 말았다.

---

42) 슐리펜 계획(Schlieffen-Plan)은 프로이센군 총참모장 알프레트 폰 슐리펜 원수가 1905년 12월 작성한 독일 제국의 전쟁 계획이다. 작성자인 슐리펜 원수의 이름에서 따왔다. 프랑스의 강력한 방어선을 회피하기 위해 벨기에와 네덜란드를 통과하여 프랑스를 침공하는 것을 골자로 한다.

〈그림. 3〉 1차 세계대전의 발발

　프랑스 군 총사령관 조프르 장군은 5개 군을 독일과의 전투에 투입했다. 독일군을 충분히 막아 낼 수 있을 거라고 생각한 그는 적에 정면으로 맞섰지만, 막강하게 밀려오는 독일군의 진격을 막지 못한 채 후퇴하기에 이르렀다. 독일군이 파리 근처 마른 강까지 진격해 오자, 더 이상 물러설 수 없었던 조프르 장군은 영국군과 함께 반격하기 시작했다.

　마른강까지 오는 동안 계속되는 전투에 지친 독일군은 프랑스와 영국 연합군의 공격을 받아, 1군과 2군사이의 연락이 끊어졌다. 게다가 예상보다 러시아의 진군 속도가 빨라 1개 군만 투입했던 동부전선 상황이 불안해지자, 독일의 몰트케는 탄넨베르크로 일부 병력을 이동시켰다. 그러나 힘든 상황을 견디지 못한 독일군은 9월 11일, 엔 강(프랑스 북동부 샹파뉴아르덴 지방 아르덴 주에 있는 강)으로 물러나고 말았다. 짧은 기간에 프랑스를 점령하겠다는 독일의 계획은 무산되었다. 이때부터 독일군은 참호를 파고 영국·프랑스 연합군과 5년 동안 대치하였다. 이로써 양측 모두 전력 손실이 너무 커 정면승부는 어려워졌다. 이제 전쟁은 장기전으로 들어섰다.

〈그림. 4〉 1차 세계대전의 전개

동부전선 탄넨베르크 전투

독일의 예상과는 달리 러시아 군은 선전포고를 한 지 2주 만에 동프로이센의 국경 지역에 집결했다. 제1군과 2군, 총 9개 군단과 7개 기병 사단으로 구성된 러시아 군은 탄넨베르크에서 독일군과 전투를 벌이게 되었다. 당시 독일은 처음 슐리펜 작전대로 제8군과 예비군병력만을 배치하고 있었다. 전력상 우위에 있던 러시아 군참모 본부는 1군과 2군의 합동 작전으로 독일 8군을 쉽게 격파할 수 있었다. 그 뒤 러시아 군은 빠른 속도로 서프로이센과 슐레지엔 지역으로 진격할 수 있을 것이라 확신하고 있었다. 처음에는 러시아군이 승세를 잡아 독일 국경을 넘었다. 그러나 지휘 본부의 소극적인 태도로 러시아 군의 전력이 점점 약화되었다. 1, 2군은 합동 작전을 펴지 못한 채 따로 움직였고, 병력의 일부를 발트 해 연안으로 배치하는 바람에 공격력도 약해진 것이다.

그 사이 독일군은 당초 예상보다 러시아 군이 강세를 보이는데 놀라 퇴역한 힌덴부르크 장군을 사령관으로 불러들이고, 서부 전선에 투입됐던 병력을 일부 이동시켰다. 힌덴부르크는 이미 전투를 지휘하고 있던 호프만 중령이 세운 계획을 그대로 수행하여 러시아 군을 격파하였다. 호프만은 당시 러시아의 1군과 2군의 간

격이 벌어져 서로 지원이 불가능하다는 것을 파악하였다. 이에 병력이 이동할 때에는 충돌을 최대한 피하다가 기회를 봐서 러시아 2군을 총공략한다는 작전을 세웠다. 이에 따라 독일군은 9월 중순까지 러시아군을 동프로이센에서 쫓아내는데 성공했다.

동프로이센에서 러시아군의 위협이 사라지자, 독일은 러시아에 밀려 퇴각하던 오스트리아군을 지원하기 위해 병력을 폴란드 서부로 보냈다. 그곳에서 만난 독일과 러시아군은 다시 치열한 전투를 벌였고, 양측 모두 엄청난 피해를 입었다. 그 때 오스트리아는 세르비아에게도 밀리고 있었다. 처음에 세르비아의 수도 베오그라드 침공에 성공했던 오스트리아 군은 강력하게 대항하는 세르비아 군의 반격을 막아내지 못해 결국 후퇴하고 말았다.

러시아와 오스만 튀르크의 참전

전쟁이 시작된 뒤 오스만 제국은 독일이 러시아 군대를 막아 줄 거라고 판단하고, 독일의 동맹국에 합류했다. 독일 전함이 다르다넬스 해협(흑해와 에게 해를 연결하는 통로로, 보스포루스 해협과 함께 아시아와 유럽에 경계를 이루는 해협)에 도착하자, 독일과 투르크 연합군은 영국 선박들을 억류하면서 러시아 항구들에 대한 포격을 시작하였다. 이를 본 러시아는 11월 1일 투르크에 대해 전쟁을 선포하였고, 연합국들도 오스만 제국에 선전포고를 하고 나섰다.

러시아는 아르메니아(동부 유럽 카프카스 지역에 있는 내륙 국가)와 아제르바이잔(카프카스 동부, 카스피 해 서부 연안에 있는 국가)에서 투르크 군과 전투를 벌였다. 이때 러시아는 사라카미스 전투에서 크게 패해 잠시 진격을 멈췄다. 그러나 다시 반격하여 투르크 령 아르메니아에 대한 총공격에 성공하여 인근 지역까지 점령하였다.

영국은 페르시아 만으로 들어가는 투르크의 항구 바스라를 점령하고, 바그다드로 향했다. 그렇지만 투르크 군의 포위 공격에 밀려 후퇴 하고 말았다. 이집트 전선에서도 대규모 공세로 투르크군의 전초 기지를 점령했지만 역시 철수하고 말았다.

서부 전선에서의 치열한 싸움

전쟁이 계속되는 동안 프랑스·영국·벨기에·이탈리아 연합군은 독일 동맹군에 대해 총공격을 개시한다는 계획에 합의했다. 그러나 독일의 방해로 영국만이 그 작전을 제대로 수행했다. 이를 본 독일은 서부 전선 전체에 병력을 쏟아 부을 것이 아니라, 몇몇 중요한 지점에 집중 공략하기로 결정했다. 그래서 베르됭(프랑스 북동부 로렌에 있는 도시) 주변에 있는 참호에 집중적으로 포격을 가했다. 독일군은 약 6개월에 걸쳐 프랑스군의 참호를 공격한 끝에 초토화시켰다. 전력을 보강한 프랑스군은 그해 10월 다시 반격을 시작하여 12월에는 베르됭을 탈환하였다. 이것이 제1차 세계대전에서 가장 길고 격렬하며, 피비린내 나는 전투로 유명한 베르됭 전투이다.

독일군의 진격이 계속되자, 영·프 연합군은 솜 강 부근에서 반격하기 시작했다. 연합군은 신무기인 탱크를 동원했지만, 독일군은 참호속에 들어가 기관총만 쏘아 댔다. 여기에 엄청난 폭우가 쏟아지자 연합군은 더 이상 전진하지 못했다. 결국 솜 강 전투에서는 양측 모두 60만이 넘는 군인이 사상하는 엄청난 피해를 입고 말았다. 연합군측은 비록 이 전투에서 승리하지는 못했지만, 독일군 주력 부대를 서부 전선에 묶어 놓는 데는 성공하였다.

독일 동맹 이탈리아, 연합군 참전

이탈리아는 독일의 동맹국이었지만, 처음에는 전쟁에 참전하지는 않았다. 이에 오스트리아는 영토 일부를 줄 테니 참전하라고 이탈리아를 설득했다. 이에 비해 연합국에서 전쟁이 끝나면 북부 이탈리아 지방과 독일·오스트리아의 해외 식민지까지 주겠다고 제안했다. 결국 이탈리아는 이 제안에 넘어가 연합군으로 전쟁에 참전하게 된 것이다.

미국의 참전

전쟁 당시 독일은 영국에 비해 해군력이 뒤떨어졌기 때문에 해전에서 크게 싸우는 일은 많지 않았다. 1914년 8월, 영국은 독일의 헬골란트 섬 부근에서 독일 함선들을 파괴시킨 뒤 북해를 봉쇄하였다. 이로써 독일은 해상 보급로를 차단당했다. 독일군 함대가 12월에 영국의 해안에 포격을 가하여 큰 피해를 입혔다. 다음해 1월 독일은 다시 공격하기 위해 함대를 움직였지만, 무선 통신 암호를 해독한 영국 해군에 의해 도거뱅크에서 저지당하고 말았다. 이에 독일 황제는 더 이상 영국을 상대로 해상에서 싸우는 것은 무리라 여기고, 독일 해군을 모두 불러들였다.

1916년 5월 31일, 마침내 영국과 독일의 해군은 덴마크 유틀란트 반도 앞바다에서 한판 승부를 벌이게 되었다. 독일 함대가 포격을 퍼붓자, 타격을 입은 영국군 정찰함대는 주력 함대 쪽으로 후퇴했다. 독일 함대가 계속해서 영국군을 추격하였고, 두 나라의 주력 함대가 맞붙어 치열한 전투를 벌였다(유틀란트 해전). 독일은 상대적으로 피해가 작았고, 영국은 북해의 제해권을 장악하였기 때문에 양국은 서로 승리하였다고 주장하였다. 어찌 되었든 유틀란트 해전은 제1차 세계대전 기간 중 양측이 전면전을 벌인 유일한 해전이다.

유틀란트 해전에서 제해권을 확보하지 못한 독일은 1917년 2월, 무제한 잠수함 작전에 들어갔다. 북해에서 지중해에 이르기까지 그 해역을 지나는 모든 선박에 대해 경고 없이 무차별로 공격한 것이다. 그해 3월, 독일의 공격으로 미국의 상선(대가를 받고 사람이나 짐을 나르는데 쓰는 배)이 침몰당해, 많은 미국인들이 희생되었다. 그러자 4월 6일, 그동안 경제적인 원조만 하면서 중립을 지키던 미국이 독일에 선전포고를 하고 전쟁에 뛰어들었다. 이로써 전쟁은 독일에게 불리하게 전개되기 시작했다.

제1차 세계대전의 종결과 영향

미국이 참전하자 연합군은 영국을 중심으로 다시 반격을 펼쳤고, 독일은 서부 전선에서 밀리기 시작했다. 그 무렵 러시아는 1917년 3월에 혁명이 일어나 황제가 물러나고, 레닌 중심의 혁명 정부(볼셰비키 정부)가 들어서면서 전쟁에서 빠졌다.[43]

---

43) 1918년 3월 3일, 제1차 세계대전 당시 동맹국과 신생 소비에트 러시아 정부가 브레스트 리토브스크 조약을 체결하면서 소비에트 정부는 전쟁을 종결하였다.

쉽지는 않았지만 그래도 연합군측은 계속 승세를 몰아가고 있었다. 1918년 9월, 마케도니아 전투에서 패한 불가리아가 항복하면서, 동맹군은 무너지기 시작했다. 불가리아가 항복한 지 한 달 뒤 투르크도 항복했고, 11월 3일에는 오스트리아마저 항복하고 말았다.

같은 날 독일에서는 군항인 킬에서 수병들이 출항을 거부하고 반란을 일으켰다. 그 여파가 커지면서 베를린에서도 혁명이 일어났다. 그 결과 빌헬름 2세가 물러나고, 더 이상 전쟁을 치르기 어려워진 독일은 11월 11일에 연합군에게 항복을 하였다.

이로써 1914년부터 1918년까지 4년여 동안 벌어진 제1차 세계대전이 막을 내렸다. 이 전쟁에서 처음 등장한 잠수함, 항공기, 탱크, 대공포, 독가스, 기관총 등 각종 신무기들로 인해 전사자만 9백만 명이 넘었다.

전쟁 후 연합군 측은 파리 강화 회의를 열어 참전국들의 이해관계를 정리하였다. 이때 미국의 윌슨 대통령은 전후 세계 질서의 기본 원칙에 관한 14개 조항을 주장했다. 그 결과 1920년 1월에 평화유지를 위한 국제연맹이 창설되었다.

전쟁에 패한 독일은 베르사유 조약으로 인해 모든 해외 식민지를 잃었고, 알자스·로렌 지방을 다시 프랑스에게 양도해야만 했다. 또 패전국으로서는 도저히 감당할 수 없는 엄청난 배상금까지 물어야 했다.
오스트리아-헝가리 제국은 생제르맹 조약으로 인해 헝가리와 체코슬로바키아가 독립하면서 해체되었고, 영토가 예전의 10분의 1로 줄었다.
오스만 제국은 세브르 조약으로 인해 영토의 반 이상을 내놓아야 했다. 결국 1922년 오스만 제국이 해체되고, 1923년에 지금의 터키공화국이 들어섰다
그러나 패전국 독일에 대한 가혹한 책임을 물린 것과 승전국에 속하면서도 보상을 챙기지 못한 이탈리아 문제는 더 큰 전쟁의 불씨를 남기는 결과를 낳았다.

3. 공산주의 이론의 성립과 전 세계 공산화 추진

가. 공산주의 이론 : 주요 내용 및 비판[44]

공산주의 이데올로기는 이론, 조직, 강령으로 구성되어 있으며 이 공산주의 이데올로기는 마르크스에 의해 체계화되었기 때문에 마르크스주의가 중심이 되며, 그 이론체계는 철학이론, 정치학이론, 경제학이론으로 구성되어 있다.

철학이론은 변증법적 유물론, 사적 유물론, 모사반영론으로 구성되며, 정치학이론은 계급투쟁론, 국가사멸론, 프롤레타리아 독재론으로 구성된다. 그리고 경제학이론은 노동가치설과 잉여가치설, 자본주의 필망론으로 이루어져 있다.

1) 공산주의 철학

마르크스의 모든 이론에는 변증법적 유물론의 원리가 담겨져 있다고 볼 수 있으며 공산주의이론에는 철학이론이 차지하는 비중이 매우 크다고 할 수 있다.

가) 변증법적 유물론

변증법적 유물론은 공산주의적 존재론에 관한 내용을 담고 있으며 헤겔의 (Georg Wilhelm Friedrich Hegel) 관념론적 변증법과 포이어 바흐(Ludqig A Feuerbach)의 인간학적 유물론을 마르크스가 수용하여 정립시킨 이론이다.

변증법적 유물론은 영원히 운동·발전하는 물질·자연의 객관적 존재를 인정하는 데서부터 출발한다. 물질이 일차적이고 정신은 이차적이다. 정신 또는 의식은 사연의 발전 과정의 산물(産物)에 불과하다. 물질의 존재 양식(a form of the existence of matter)은 운동(motion)이다. 운동은 제거할

---

44) 김진만, 『북한학 : 북한체제의 운영과 원리와 메커니즘』, 서울, 良書閣, 2013

수 없는 물질의 성질이며 물질은 운동으로 인하여 존재한다. 물질적 사물은 유한하지만, 물질 자체는 무한하고 영원하며 무(無)에서 시작되거나 무(無)로 되는 일은 없다. 물질로 구성된 어떤 사물은 무한한 변화 속에 있지만 상대적으로 변화의 속도가 더디어 마치 정지되어 있는 것으로 우리에게 인식될 수 있다는 것이다. 이는 마치 달리는 기차 안에서 같은 방향과 속도로 달리는 자동차를 보는 것과도 같다.

그렇다면 이러한 변화에는 어떤 법칙이 작용하고 있는가? 마르크스는 이를 헤겔의 변증법의 원리를 도입하여 이를 유물변증법의 3대 법칙45) 으로 설명하고 있다. 즉 대립물 통일과 투쟁의 법칙, 양적 변화의 질적 변화에의 이행의 법칙, 부정의 부정의 법칙이다.

변증법적 유물론 비판

변증법적 유물론의 가장 큰 오류는 아직까지도 논란의 여지가 많아 진리로 단정하기 어려운 물질의 선차상에 관한 주장이나 기계론적 세계관이 절대

---

45) 1. 대립물 통일과 투쟁의 법칙'은 물질적 세계의 발전과 영원한 운동의 근원과 실제의 근거가 무엇인가를 설명해 준다. 모든 사물, 현상, 과정에는 투쟁 상태에 있는 측면이 본래 내재하고 있다. 대립물의 투쟁은 발전에의 내적 충동을 주고 모순에의 중대로 이끈다. 이 모순은 일정단계에서 낡은 것의 소멸과 새로운 것의 출현에 의해 해결된다. 예를 들면 현대 물리학에서의 빛(光)과 전자(電子)는 입자적 성질과 과동적 성질이라는 대립물의 동일이다. 어떤 사물의 내적 모순은 최초에 차이의 형태로 나타나지만 발전의 과정에서 차이가 대립물로 전화되고 이러한 모순은 투쟁에 의하여 해결된다.
2. '양적 변화의 질적 변화에의 이행의 법칙'은 어떤 대상의 발전·변화가 어떻게 어떤 방식으로 진행하는가, 이 과정의 메커니즘이 무엇인가를 설명하는 법칙이다. 어떤 대상(사물, 현상, 과정 등)은, 처음에는 눈에 띄지 않는 조그만 양적 변화가 점차 집적되어 어느 단계에 이르러 대상의 도량을 파기하고 근본적인 질적 변화를 불러일으켜 그 대상은 변화해서 낡은 질을 소멸하고 새로운 질이 출현한다. 여기에서 도량(度量)은 사물에 있어서 질과 양이 서로 관련되어 있고 의존하고 있다는 것이다. 양적 변화는 진화적 발전형태, 질적 변화는 혁명적 발전 형태이다. 질적 변화는 항상 비약의 형태로 이루어지지만 항상 순간적으로 일어나는 것은 아니고 상대적으로-비교적 급속한 대상의 변화-긴 기간의 비약도 있다.
3. 부정의 부정의 법칙'은 물질세계에서의 어떤 대상의 발전·변화의 방향이 어떤 객관적 경향을 갖고 있는가를 설명하는 법칙이다. 부정은 발전의 상이한 단계 사이의 부정되는 것과 부정하는 것 사이의 관련의 표현이며, 이들 사이의 관련은 새것이 무(無)로부터가 아니라 낡은 것으로부터만 나온다는 사실에 의해 존재한다. 관련은 낡은 것 가운데 포함되어 있던 긍정적인 것을 새 것이 보존함을 인정하는 것이다. 앞의 단계의 가치 있는 것을 종합 개작함으로써 새로 나오는 것은 항상 긍정적이고 바람직한 것이 된다. 결국 어떤 대상은 긍정(존재)의 단계, 부정의 단계, 그리고 부정의 부정의 단계를 경과하면서 나선(螺旋) 형태의 전진적 상향의 발전을 이루게 된다. 이 법칙 때문에 유물사관이 진보적 사관의 성격을 띨 수밖에 없게 된다.

적 진리로 간주되어 모든 이론 전개가 거기에서 출발하고 있다는 것이다.

변증법적 유물론의 논리대로라면 유물변증법의 법칙도 물질 존재의 파생물에 불과할 것이고 그렇기 때문에 그 법칙 자체도 부단한 물질의 변화 속에서 명멸하는 한 사물에 불과해야 한다.

변화하는 물질세계를 초월한 법칙이 물질의 파생물이 되어야 한다는 분명히 타당성이 결여되어 있다.

인간에 국한시켜 변증법적적 유물론을 관찰하더라도 문제는 있다. 또한 인간의 창조적 의지를 단순히 육체적 사회적 조건으로 돌릴 수는 없지 않은가? 항상 정신 혹은 의식에 대한 물질의 선차성을 주장하고 있지만 인간의 의식이 형성되는 과정에서 인식의 과정은 물질과 정신이 동시적이며, 창조의 과정은 의식(정신)이 손재(물질)에 앞선다.

1. 대립물 통일과 투쟁의 법칙은 어떤 사물내의 두가지 요소를 무조건 서로 모순되는 대립적요소로 간주하는 오류를 범하고 있는데 모순이라는 것은 원래 양립할 수 없는 관계를 의미하는데 이 법칙은 상보적 관계를 모순적 관계로 설명하고 있다.

어떤 사물 안에 서로 대립되는 두 요소가 있다고 보는 논리는 고대 희랍철학의 답보에 불과하다. 예를 들면 공산주의에서 대립물의 통일과 투쟁의 법칙의 예로 내세우는 입자와 파동 이라는 성질이 모순되는 대립적 요소라는 것은 어떤 이유 때문인가? 어떤 사물에 대립적인 것으로 비추어지는 요소는 처음부터 서로에게 없어서는 안될 존재였던 것이다.

2. 양적변화의 질적변화에의 이행의 법칙은 다분히 정치적 의도가 담긴 법칙으로서 그것은 다만 비약을 혁명으로 해석함으로써 인류사회 발전도 혁명을 통해서만 가능하다는 논리를 견강부회(牽强附會) 식으로 끌어내기 위한 법칙임에 불과하다. 물질 변화가 일어나는 방식을 설명하면서 양적변화가 누적되어 질적변화를 초래한다는 그 논리 자체 에서 논리적 비약이 일어났다.

3. 부정의 부정의 법칙은 부정되는 이전의 대상이 낡고 좋지 못한 것을 이 부정을 통하여 긍정적이고 가치있는 좋은 것으로 된다는 것인데, 부정에 대한 부정에 의하여 나타나는 것도 언제나 부정된 것보다 새 것이라고 할 수

는 있으나 더 높거나 가치 있는 것이라고 할 수는 없다.

인류 역사가 진보하고 있음을 입증시키기 위한 논리이지만 인간의 역사가 과거에 비해 물질적 풍요해졌다고 해서 총체적 관점에서 좋아졌다고 단정 짓기는 곤란하다. 보수성향 인사들은 더 이상의 변화를 원치 않을 수도 있고 심지어는 과거로의 회귀를 바라는 이들도 많이 볼 수 있다. 인간의 보잘 것 없는 지적 능력을 가지고 무엇을 진리로 규정한다는 것을 오만에 불과하다는 것이다.

나) 모사반영론(模寫反映論)

마르크스주의는 인식론(認識論)에 있어서 일체의 선험적(先驗的) 관념을 거부하고 감각과 경험에 의존했다. 이와 같은 유물론적 인식에 따르면 인간이란 온전히 자연의 일부이며 행위는 외부의 자극에 반응함으로써 이루어진다. 행위에는 물론 정신의 작용이 주요한 역할을 담당하지만, 1차적으로 정신을 좌우하는 것은 감각은 통한 외계(外界)의 인적이며 이러한 인식의 축적으로부터 더욱 복잡하고 추상적인 언표(言表)나 개념들이 형성된다.

여기에서 객관적인 물질세계는 사고(思考)의 유일한 근원이다. 의식은 뇌의 기능이며 산물이다. 인간의 의식에 나타나는 감각·표상·관념·개념·이론·사상 등은 객관적 세계에 대한 뇌의 반영이다. 여기서의 반영은 거울처럼 따라 물질세계와 똑같이 될 수 없다.

물질세계의 반영인 의식은 어느 단계에 이르면 물질세계에 대한 반작용을 하여 물질세계에 능동적으로 작용하기도 한다.

모사반영론의 비판

1. 인간의 사고와 의식 작용이 외부의 대상을 인식하면서 형성되는 것이 사실이기는 하지만 대상을 받아들여서 사고가 형성되는 우리의 인식능력의 과정을 감각적 경험에만 의존하여 설명하고 있다는 점이 마르크스주의 인식론의 한계이다. 굳이 베이컨(F. Bacon)의 우상론을 거론하지 않더라도 인간의 사고나 의식은 주관적 요인(개인의 역사적·사회적·성격적·지적 요인)에 의해 객관적 요소까지 왜곡될 수 있다. 어떤 사물이나 대상은 인간의 주체적 조건 또는 목적에 따라 각각 다른 각도로 포착되어 형성된다는 점에서 각기

상이한 모습으로 사람들에게 인식된다.

2. 정신이나 의식의 구조적 메커니즘이나 본질적 측면을 배제한 오로지 감관 기관의 투영을 통하여 사고나 의식이 형성된다는 논리는 편협할 수 있다. 칸트(I, Kart) 에 의하면 우리의 모든 지식은 경험과 더불어 시작하지만 모두 경험만으로 이루어 지는 것은 아니라는 것이다. 참다운 지식은 경험에 뿌리를 내림으로써 공허하지 않으면서도 우리의 오성의 사유능력에 의해 이루어짐으로서 필연성과 확실성을 보장받는다. 칸트에 의하면 우리의 인식 주관은 대상을 그대로 반영하는 수동적 존재가 아니라 보다 능동적으로 대상을 만들어가는 존재이다. 대상을 만들어간다는 의미는 아무렇게나 만들어가는 것을 의미하는 것이 아니라 우리에게 주어져 있는 주문의 선천적인 형식에 의해서 능동적으로 대상을 구성해 나간다는 것이다.

다) 사적유물론(史的唯物論)

마르크스와 엥겔스는 변증법적 유물론을 자연의 발전에서 뿐만 아니라 사회의 발전에서도 적용시켰는데, 사회발전에 대한 과학적 해명을 한 사적유물론(historical materialism)을 창안해냈다. 사적 유물론은 우리가 사는 사회구조를 하부구조(下部構造 혹은 土臺; basis)와 상부구조(上部構造, superstructure)로 이분화시키는 데서 시작한다. 사회 변혁의 중심 요인인 하부구조는 경제적 제 관계를 의미하는데, 여기에서 다시 생산력(prediction forces)과 생산관계(rotations 생산 of production), 그리고 생산양식(mode of production)이라는 매우 중요한 기본 개념이 등장한다. 사적 유불론의 기본 명제는 인간사회의 변화가 생산양식의 변화에 의하여 조건 지워진다는 것이다. 그런데 사회 변화를 주도하는 생산양식의 발전에서도 생산력이 주도적·규정적 측면이고 생산관계는 생산력의 발전에 따라 변화가 주어질 따름이다. 그러므로 생산력은 가장 기본 개념이 된다. 유물론답게 생산력 중에서도 물질적 요소가 더 강한 생산용구가 가장 먼저 변화하고 이어서 생산관계가 변화한다. 그런데 생산력 발전·변화의 원인은 생산력의 여러 요소간의 변증법적 상호작용이며 내적 모순이고 또한 생산력과 생산관계와의 상호작용이다. 주목할 점은 생 산관계가 생산력의 성격에 조응되면 발전되나 모순되면 그 발전을 억압하게 된다는 논리이다. 하부구조는 경제적 제 관계로서 생산수단의 소유관계, 사회 계급간의 경제적 관계, 분배 교환의 제 형태 등의 경제적 제 관계의 총체를 의미한다.

상부구조는 모든 사회사상과 이에 조응하는 국가·법·정당·정치사상·도덕·철학·종교·예술 등을 일컫는다. 하부구조는 인간의 의식에 독립해서 객관적으로 존재하는 물질적인 경제적 생산관계로서 모든 상부구조를 규정한다. 반면에 상부구조는 사회경제 체제라는 토대(하부구조) 위에 성장하고 조건 지워지며, 그 산물이고 반영에 불과하다.

정(正 These)·반(反 Antithese)·합(合 Synthese)의 변증법 도식은 혼돈과 투쟁의 기제인 동시에 발전의 기제이기도 한데 예컨대 '정의 내면에는 반을 싹트게 할 모순의 씨가 들어 있다. 어떤 사회의 생산력은 정지해 있는 것이 아니라 인간의 지능, 과학 기술의 진보에 따라 증가한다. 그때 새로운 생산력과 낡은 생산관계 사이에는 양립할 수 없는 모순이 일어나며 이 모순은 계급관계로 전이된다. 낡은 생산관계를 유지하려는 유산계급(지배계급. 자본가계급)과 새로운 생산관계의 정립을 요구하는 무산계급(피지배계급, 프롤레타리아트) 사이에는 투쟁이 불가피하다. 새로운 생산관계는 정치제도와 같은 상부구조의 변화를 이끌어 낸다. 비록 상부구조는 하부구조로부터 재료를 새로운 생산관계는 정치 파생된 것이지만 그 능동적 역할은 사회 발전의 변혁적 요인이 된다. 이는 레닌의 프롤레타리아 혁명이라는 마르크스의 예언과는 달리 당주도의 혁명의 당위성을 합리화하기 위해 더욱 지지하게 된 이론으로 사회주의 사회에서의 공산당의 역할을 강조하기 위한 논리이다.

사적 유물론의 결정체는 필연사관의 성격을 보이고 있는 역사발전 5단계설이다. 마르크스와 엥겔스는 「공산당 선언」에서 인류역사를 원시 공산주의 사회, 고대 노예제 사회, 중세 봉건사회, 근대 자본주의 사회로 설명한 뒤, 프롤레타리아 혁명과 공산주의 사회의 도래를 예언했다.

한편 자본가계급은 치열한 경쟁과 시장의 고갈로 인하여 점차 약화되어 간다.

결국 자본주의 사회의 내적 모순은 사회의 발전법칙을 알게 된 프롤레타리아의 사회주의 혁명에 의해서 해결된다. 사회주의 사회는 더욱 발전된 형태인 공산주의 사회를 지향하게 된다.

그들이 말하는 사회주의 사회는 한 개인이 능력대로 일하고 그가 이룬 업적 한도 내에서 분배를 받게 된다. 그러나 공산주의 사회에서는 능력대로 일하고 필요한 만큼 분배를 받을 수 있는 사회를 의미한다.

마르크스는 프롤레타리아 독재라는 과도기를 상정하고 그것을 공산사회의 제1단계라고 말했지만 대개 사회주의라는 용어를 구사하고 사회주의가 무르익어 사유재산과 계급 및 국가가 완전히 소멸된 보다 높은 단계를 공산주의라고 말했다.

사회주의의 제2단계, 즉 보다 높은 단계는 고도의 생산력을 기반으로 한다. 여기서는 분업체계에 노예처럼 예속되는 상태가 불식되며 육체노동과 정신노동의 차이가 없어지고 노동이 단지 생활의 방편이 아니라 생활의 제1욕구로 되어 개인은 능력에 따라 일하고 필요에 따라 분배받게 된다.

사적 유물론 비판

사적 유물론도 다른 철학 이론과 마찬가지로 이론적 모순을 내포하고 있다. 사회발전의 원인인 생산력은 그 요소들간의 내적 모순, 즉 변증법적 상호작용에 의하여 발전한다고 하는데 실제로 생산력의 발전 원인은 노동의 효율성을 제고시킨 과학자, 발명가, 기술자들의 아이디어와 창조력이다. 생산력과 생산관계가 일치되어 생산양식을 형성한다고 하였으나 동일한 생산력위에 상이한 생산관계가 성립할 수 있고, 상이한 생산력 위에 동일한 생산관계가 성립할 수 있다. 마르크스는 원래 토대의 일방적 규정성을 강조했으나 점차적으로 상부구조의 반작용 및 능동적 역할을 인정함으로써 원래 이론에 대폭 수정을 가하였으며 역사발전의 단계를 다섯 단계로 국한시킨 것에 대해서도 타당성 있는 논리가 제시되지 못하고 있다.

2) 공산주의 정치학

가) 계급투쟁론

계급투쟁론은 철학이론을 정치현상에 접목시킨 이론이다. 사적유물론에서 규명하였듯이 인류역사에서 계급분열이 일어난 원인은 생산수단의 소유 여부이다. 생산수단의 사유에 의하여 착취계급과 피착취계급의 형태로 계급분열이 나타난 것이다. 원시공동체가 무너진 이래 전체 역사를 통하여 끊임없는 계급 간의 투쟁이 이어져 왔다. 경제적 이해관계의 모순에 의한 계급사회의 발전은 오직 계급투쟁에 의해서이다. 그러므로 생산수단의 사적 소유가 없어지는 공산주의 사회에 도달하면 계급은 자연스럽게 소멸된다.

그러나 계급투쟁론에서 주장하는 것처럼 투쟁의 주체인 계급이 언제나 경제적 생산수단의 소유여부에 따라 결정되었다고 보기 어렵다. 이를테면 봉건사회의 귀족과 평민, 양반과 상민이 어느 정도 생산수단의 소유 여부와 관련이 있지만 전적인 보편화가 가능한 것은 아니다. 더욱이 계급이 없어진 사회라고 강조하던 현실의 공산주의 세계, 특히 북한의 경우는 생산수단을 사유하지 않음에도 조선 노동당으로 칭해지는 공산당이 절대 지배계급으로 군림하고 있다. 자본주의 발달로 계급은 중간계층이 증가되어 더욱 세분화 되었고 노사 관계의 조정과 같이 계급 간의 갈등보다는 계급협력의 방향을 제시하는 것이 현대 자본주의 사회의 일반적인 경향이다.

나) 국가소멸론(國家消滅論)

국가소멸론은 계급투쟁론의 연장선상에서 이해될 수 있다. 국가소멸론에 따르면, 국가는 생산수단의 사유에 따라(적대적 계급으로 분열·대립되면 자취계급이 피착취계급에 대한 그들 지배를 유지하기 위해 만들어낸 도구에 불과한 것으로 표현된다. 즉 국가는 특정계급 지배의 경제적 기초를 보호 강화하는 정치권력의 계급적 조직일 따름이라는 것이다. 국가내의 권력기관들 이를테면 군대, 경찰, 재판기관, 형무소 등은 지배계급의 정치적 지배를 보증하고 그들의 이익을 옹호하며 타 계급의 저항을 진압하기 위한 조직으로 설명된다. 한마디로 국가면 계급적 산물이고 계급투쟁의 도입을 계급이 없는 공산주의 사회에 이르면 국가는 자연히 소멸된다는 논리이다.

그런데 유물변증법의/대립물 통일과 투쟁의 법칙에 의하면 모든 대상은 처음에는 투쟁의 관계가 아니라 통일의 관계에 있어야 한다. 따라서 국가도 처음에 통일의 상태에 있는 사물로 이해되어야 하지만 국가소멸론에 따르면 국가는 아예 처음부터 계급투쟁의 산물이자 도구이다. 결국 변증법적 유물론의 논리에 위배되는 모순이 국가소멸론에 들어 있는 것이 된다. 말하자면 파생 이론이 근본 원리를 부정하는 셈이 된다. 또한 현대의 국가는 법과 질서의 유지라는 기능 이외에도 국민생활의 질적 향상을 위한 사회복지 정책을 수행함으로써 그 역할과 기능이 증대되고 있음을 볼 때 공산주의 이론은 분명히 현실을 도외시한 허구에 불과하다.

다) 프롤레타리아 독재론

1848년 12월 혁명이 실패로 끝나고 노동자계급이 마르크스가 예견한 역사발전 과정에 충심으로 참여하기를 망설이자 사회주의자들은 자신들의 입장을 재검토하게 되었다. 마르크스는 고타강령비판(Kritik des Gothaer Programms)」에서 혁명이 이상사회를 당장 가져다주지는 않는다고 전제한 뒤, 자본주의 사회로부터 공산사회가 잉태되려면 기나긴 진통이 수반되며 그 과도기에는 프롤레타리아 독재가 필요하다고 역설했다. 부르조아 계급을 타도한 프롤레타리아 계급은 사회주의 혁명이 완성될 때까지 부르조아에 대한 독재를 시행하여 부르조아를 완전히 도태시켜야 함을 강조하였다.

프롤레타리아 독재가 필요한 이유는, 첫째 경찰테러 등을 활용하여 부르조아의 역혁명을 방지하고, 둘째 행정장치를 통하여 혁명 이전까지 지배양식이 되었던 부르조아적 잔재를 일소하며, 셋째 군대를 양성하여 외부 자본주의 세력의 침략을 저지하기 위해서 국가의 형태가 필요하기 때문이라는 논리이다. 더불어 공산주의자들은 프롤레타리아들은 부르조아에 비하여 수적 다수이기 때문에 프롤레타리아의 지배가 참된 민주주의라고 강변한다.

그러나 생산수단의 국유화에 의해서 나타난 공산당 일당체제는 생산수단을 관리함으로써 타인의 노동을 수탈하는 새로운 지배계급으로 등장하였는데 이것이 이른바 노멘클라투라(nomenklatura)이다[46]. 지금까지 존재해 왔던 모든 공산주의 체제는 마르크스가 예언했던 무정부적인 공산주의체제에는 도달해 보지도 못한 채 이 프롤레타리아독재 단계만 영속화되고 있다.

---

46) 공산주의 정치학 이론에서 레닌주의를 빼놓을 수 없다. 레닌은 직업적 혁명가들로 이루어진 조직체로서 당의 중요성을 강조하였다. 또한 마르크스의 예언과는 달리 프롤레타리아 혁명은 요원한 과제로 남게되자 자본주의가 새롭게 발전하여 최종단계인 제국주의 단계에 도달했다는 이른바 제국주의론을 주장하기에 이른다. 사회혁명을 유리한 정치상황과 관련시켜 무장봉기의 형태를 띤 성공적인 폭력혁명을 주장하였으며 긴 과도기적 단계로서 프롤레마리아의 독재가 중요한 의미를 갖는데 기여하였다.

3) 공산주의 경제학

가) 노동가치설(勞動價値說)

마르크스 경제학은 노동가치설로부터 전개된다. 노동가지설은 영국의 고전게 새학파인 윌리엄 페티(W. Petty), 아담 스미스(A. Smith), 리카아도(David Ricardo) 등을 거쳐 형성된 학설이다. 노동가지설에 의하면 어떤 상품가치의 크기는 투입된 노동의 양, 즉 노동시간으로 결정된다. 상품의 교환현상은 투입된 노동량의 등치(等値)의 상품이 교환된다. 재화의 본질은 지불노동(인건비), 미불노동(잉여가치), 기불노동(생산시설)로서 결국 노동이다. 어떤 재화는 시설, 원료, 노동이 통합된 것이나, 자본가가 노동자의 생산가치 일부만 인건비로 지불하고 미불한 잉여부분으로 시설비와 원료비에 증대 투자하기 때문에 결국 시설비와 원료비도 기불노동이며 따라서 재화의 본질은 노동이다.

이 노동가치설은 그야말로 근대 경제이론의 한계를 벗어나지 못한 이론으로 상품의 효용가치를 무시하고 있다. 노동가치설은 수공업 이전의 생산단계에서나 적용되는 학설에 불과하며 기업경영술, 발명, 자본과 기계의 효율적 사용을 통한 가치의 증대가 간과 되었다는 점에서 현대 사회에는 맞지 않는 이론이라 하겠다.

나) 잉여가치설(剩餘價値說)

고전경제학의 여러 분야를 검토한 마르크스는 노동가치설에 기초하여 '잉여가치론(剩餘價値論)을 도출해 냈다. 사회적 약자인 노동자는 자기의 노동력을 재생산하는 데 필요한 시간 이상의 노동을 하게 되고 이 지불받지 못하는 잉여노동 시간에 창출된 가치, 곧 잉여가치는 자본가의 수중에 들어가 이윤(利潤)을 형성한다. 이윤은 곧 노동력 착취의 결과이다. 그런데 자본가들이 자유경쟁에서 살아남기 위해서는 노동자계급에 대한 착취를 강화해야만 하기 때문에 여기서 부르조아(자본가계급)와 프롤레타리아트는 이해의 근원적인 대립으로 말미암아 투쟁이 불가피해진다. 한편 자본가는 착취한 잉여가치를 시설이나 원료에 재투자하여 생산을 증대시키고 이윤을 극대화하려고 노력하게 된다. 생산비는 불변자본과 가변자본 모두에서 형성한다. 여기에서 불변자본은 시설비와 원료비이고 가변자본은 노동인건비이다.

▶ 잉여가치율 = 잉여노동 / 필요노동

그런데 노동가치설에서 언급되었듯이 가치를 창출하는 것은 오직 노동이므로 가변자본인 노동만이 재투자의 기회를 형성하게 된다. 자본가의 이윤은 오직 노동자로부터의 착취에 근거하게 된다. 잉여가치설은 절대잉여가치설과 상대잉여가치설로 구분된다. 절대잉여가치설은 노동시간 자체를 연장하여 잉여가치를 생산하는 것을 의미하며 상대잉여가치설은 필요노동시간을 단축하여 잉여가치를 생산하는 것을 말한다. 필요노동시간이란 노동자가 자신과 자신의 가족의 부양을 위한 생계유지를 위해 필요한 노동시간이다. 필요노동시간의 단축은 생산과정에서의 새로운 기술의 도입이 된다. 자본가는 잉여가치를 증대시키기 위해 잉여가치율을 높이려 하게 된다. 잉여가치율은 필요노동에 대한 잉여노동의 비율로서 자본에 의한 노동력의 착취정도를 나타내게 된다.

자본총액에 대한 불변자본의 비율을 자본의 유기적구성비라고 하는데 자본가는 시장경쟁에서 승리하기 위하여 착취한 이윤을 불변자본에만 재투자하여 자본의 유기적구성비는 높아질 수밖에 없다.

▶ 자본의 유기적구성비 = 불변자본 / 자본총액(불변자본 + 가변자본)

자본가들은 자본축적을 하지만 자본축적을 할수록 자본의 이윤율은 저하하게 된다. 왜냐하면 이윤율의 변동은 잉여가치율의 변동에 정비례하며 자본의 유기적 구성비의 변동에 반비례하기 때문이다. 이른바 '이윤율 저하 경향의 법칙'이 발생하게 되는 것이다.

자본가는 이윤을 추구하려고 시설에 투자할수록 이윤의 원천이 고갈된다는 모순이 내부적으로 전개될 수밖에 없다.

생산성이 노동에만 있다는 노동가치설에 타당성이 결여된 만큼 잉여가치가 곧 이윤착취라는 논리는 설득력이 부족하다. 기업의 이윤은 가변자본인 노동에서만 나오는 것이 아니라 아이디어나 기술 개발, 기회포착 등에서도 형성됨은 현대 기업에서 이미 입증되고 있는 사실이다.

다) 자본주의 필망론

공산주의 경제학 이론의 본질은 자본주의 필망론에서 발견된다. 자본주의 사회는 자체가 안고 있는 내적모순의 필연적 증대에 의해 반드시 붕괴와 멸망을 하게 된다는 내용이다. 물론 이 이론은 변증법적 유물론의 3대 법칙의 논리가 그대로 적용된다. 이 이론은 다시 세 가지의 법칙으로 설명되는데 그 내용은 다음과 같다.

① 자본 축적의 법칙
잉여가치설에서 주장하는 것처럼 자본가는 시장경쟁에서의 승리를 위하여 자본의 유기적구성비를 증대시킨다. 불변자본의 비례적 증대에 따라 실제 이윤의 원천인 가변자분은 상대적으로 감소하여
마침내 이윤도 없어지게 된다. 자본주의 경제파탄의 과정은 판로결핍설(販路缺乏說)로 설명된다. 즉 대량생산에 의하여 시장가격의 저렴화가 보장되지만 공급의 초과 현상을 가져와 노동임금의 감소로 시장에서의 유효수요는 감퇴하게 된다. 결국 체화의 증대가 초래되고 이는 공황의 원인이 된다.

② 자본 집중의 법칙
자본주의하의 자유경쟁은 대자본이 절대 유리하기 때문에 시장의 독점을 위한 원락한 중소자본가들은 산업예비군으로 전락한다. 자본은 크게 증대하나 그 소 기업집단이 출현하게 된다. 기업의 합병과 연합으로 자본가는 소수로 집중되고 유자는 급감소하는 현상을 빚게 되며, 프롤레타리아의 수는 급증하게 된다. 중소 자본가에 기생한 교수, 의사, 변호사도 프롤레타리아에 편입되어 프롤레타리아 의식화 작업이 강화된다.

③ 빈곤 증대의 법칙
자본의 급속한 증대와 프롤레타리아의 수의 급증에 따라 빈곤의 증대도 가속화되며 사회의 빈익빈부익부(貧益貧富益富) 양극화 현상 또한 현저해진다. 생존

의 마지막 단계에선 노동자는 계급의식과 혁명정신의 고취로 해방될 수밖에 없으며, 자본을 독점한 자본가는 단결된 프롤레타리아에게 타도된다.

그러나 현대 자본주의 사회에서 판로의 결핍은 적정생산량 연구와 사회적 협조, 그리고 노동자의 생활보장 정책 등의 입법조치로 극복되었다. 자본의 집중 현상도 중소기업 보호정책 등으로 억제되고 있고, 실업자의 증가 역시 고용증대 및 복지 정책 등으로 해결하려는 노력이 강화되고 있다. 오히려 자본주의하에서 정부의 복지국가 실현 노력과 사람들의 생활수준 향상으로 현재 지구상의 대부분의 국가에서 공산주의자들이 말하는 계급의식과 혁명의지는 거의 소멸된 상태이다.

나. 공산주의 이론의 추진결과

공산주의는 마르크스, 엥겔스, 레닌 등이 말한 "프롤레타리아가 완전히 해방되고 그들이 주인이 되는 지상낙원"을 안겨다 주는 그런 인류역사상 가장 선한 지고지선(至高至善)의 이념과 이론으로 완전 충만되어 있는 무결점의 정치이념인가? 공산주의만 실현되면 이들이 주장한 대로 지상낙원이 조성되어 "능력만큼 일하고 필요한 만큼 분배받는 프롤레타리아들의 천국"이 실현되는가?

1917년 러시아 "2월 혁명"에 이은 "10월 혁명"으로 러시아가 볼셰비키 혁명에 성공하고 적백내전을 거쳐 "소비에트 연방"이 탄생할 때만 해도 그런 세상이 도래하는 줄 알고 목숨 걸고 이 혁명에 동참한 유럽 각국의 공산당원과 이에 동참한 농민, 노동자, 군인, 좌경화된 지식인들 가슴 벅찬 희망을 안고 부모 형제도 내팽개치고 혁명 성공을 위해서 붉은 깃발을 들었던 그들 앞에 다가온 세상은 어떤 것이었는가?

물론 전제정권 하의 지주, 공장주들에게 착취당하던 농민, 노동자들이 억압하던 그 주인을 몰아낸 후 일시적으로 그들이 주인같이 행세를 할 수 있었는지는 모르지만, 얼마 가지 않아 前 주인보다 더 극심한 새로운 주인인 지배계급이 그들 앞에 나타났던 것이다.

이들이 바로 일당독재만 허용되는 공산주의 이론에 의한 "공산당"이라는 무시무시한 계급정당이 바로 그것이다. 노동자, 농민들이 주인이 되는 줄 알았는데, 웬걸 자신들을 착취한다고 몰아낸 그 옛날 주인의 다정한 모습이 생각나는 것은 무슨 이유일까? 그래도 옛날에는 좋은 주인도 있었고, 열심히 일만 잘하면 장가도 보내주고 좋은 옷과 음식도 하사해주는 때도 있지 않았던가? 그전에는 아주 잘못했을 때 욕과 매질 정도로만 끝났지만, 별거 아닌 공산당과 공산주의 체제비판 등의 사상교양 부실사유만으로 심한 구타나 수용소 같은 곳에 가두고 밥도 굶기면서, 공산당에 비협조적이던 舊시대 관료, 지주, 기업인들은 인민재판으로 총살 집행을 하는 아주 "엄중하고 가혹한 세상" 이것이 바로 그들이 프롤레타리아 지상낙원"으로 고대하던 새로운 세상으로 나타난 모습이었다. 이것이 바로 겉으로 외치던 구호와는 다른 공산주의의 내면적 본질이며 실체가 아니겠는가?

4. 국제공산주의 운동과 코민테른의 창립

가. 전 세계 공산화 추진

1) 공산주의 이론이 K.Marx 등에 의해 등장한 19세기 중·후반 이후 이를 현실 세계에 적용, 그들이 추구하는 "프롤레타리아(Proletariat)가 해방되는 그들의 지상낙원"을 만들겠다는 공산주의혁명을 추진한 초기 공산주의자들을 대표하는 많은 사람들 중에서 레닌과 트로츠키가 대표적인 인물이다.

2) 이들은 마르크스의 공산주의 이론을 바탕으로 독일 등 유럽 각국에서 공산당(사회당)을 결성하고 노동자 농민들을 봉기시켜 러시아 볼쉐비키 혁명과 같은 공산주의혁명을 통해 舊 소련(소비에트 사회주의 연방공화국) 및 현 中共과 같은 전세계의 공산화를 추진하고자 했다.

3) 그러나 공산주의의 시발지인 유럽의 독일, 프랑스 등지에서의 이 프롤레타리아 혁명은 성공하지 못하였고 1차 세계대전 중 독일에 항복하고 「브레스토 리토브스크 조약[47]」을 체결한 러시아는 레닌의 볼쉐비키가 이끄는 공산당이 소위 10월 혁명(11월 혁명)을 통해 유럽지역의 공산주의 종주국 소련(USSR)으로 탄생하였다.

---

[47] 1918년 3월 3일, 제1차 세계대전 당시 동맹국과 신생 소비에트 러시아 정부가 브레스트에서 맺은 조약으로서, 소비에트 러시아는 전쟁 종결의 대가로 독일 제국에게 다음과 같은 것을 약조하였다. 소비에트 러시아는 폴란드, 우크라이나, 핀란드, 캅카스, 발트 3국(정확히는 라트비아와 에스토니아) 등 약 70만 ㎢의 영토에 대한 지배를 완전히 포기할 것. 소비에트 러시아는 독일 제국에 60억 마르크의 배상금을 금으로 지불할 것. 소비에트 러시아는 적위대를 해체할 것

4) 칼막스와 엥겔스의 조국인 독일에서 공산주의혁명이 성공하지 못하고 인접 러시아에서 이 프롤레타리아 혁명이 성공한 이유는 무엇일까?

물론 러시아에는 레닌이라는 강력한 혁명가가 있었지만 당시 러시아의 상황 즉 농업 위주의 전제 군주국가, 많은 국민들이 가난과 기아에 허덕이던 농민들이 이 프롤레타리아의 해방과 그들이 주인이 되는 그들의 '프롤레타리아 지상낙원'을 강하게 희구한 결과가 아니었을까?

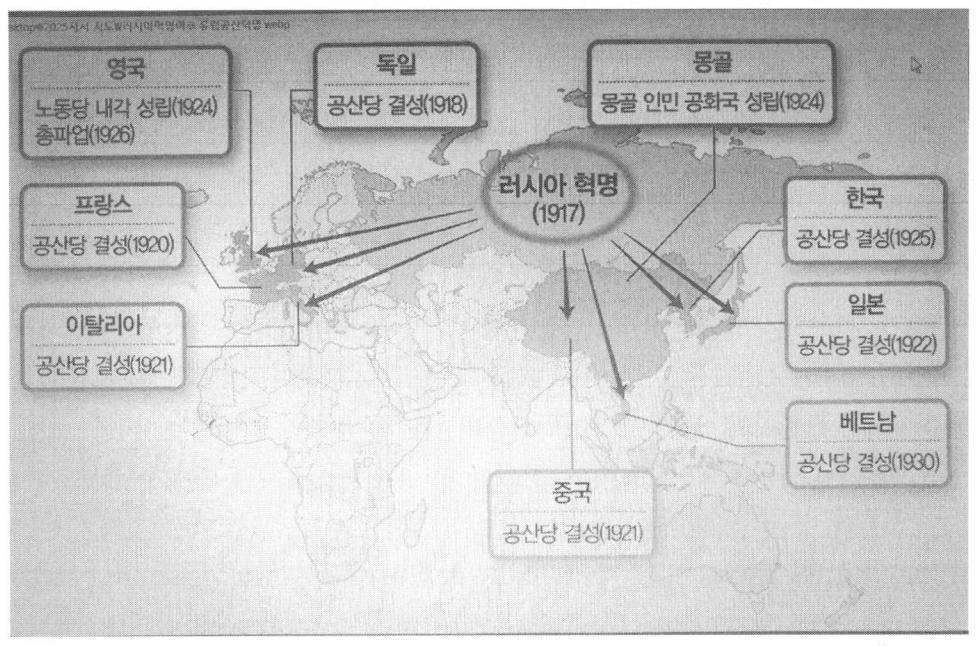

〈그림. 5〉 러시아 혁명과 세계 공산화 추진

5) 기타 유럽, 아시아, 아메리카 및 중동, 인도 등의 세계 전 지역을 둘러보아도 유럽의 러시아를 비롯하여 공산주의 국가가 된 지역은 공통의 분모가 있었다는 분석이 가능하다. 즉 영국, 미국 등 일찍이 산업화에 성공하여 신장된 국력으로 해외 식민지 개척에 나섰거나 프랑스 대혁명과 같은 인권 혁명을 통해 국민의 인권이 크게 향상되었던 나라 즉, 자유시장 경제 및 자본주의, 민주주의의 물결이 일찍이 굽이쳤던 이른바 선진제국 층에서는 이러한 프롤레타리아 해방과 그들의 지상낙원이라는 선전선동이 먹혀들기가 어려웠고 혁명 성공의 요체인 군중봉기 등이 성공할 수 있는 여지가 적었다는 얘기가 되는 것이다.

6) 아메리카 지역도 예외는 아니었다. 미국, 캐나다 등 영국으로부터 분리 독립되었거나 英聯邦으로서 국력과 국민의 인권이 신장되어 있던 나라에서도 사회주의자들의 당조직 확장과 공산화 혁명의 시도가 있었겠지만, 공산주의 혁명 추진으로 공산주의 정권을 수립하는 등 전 지역 즉 국가 공산화는 성공할 수가 없는 상황이었다.

물론 쿠바나 남미의 일부 국가에서 일시적으로 공산화된 적은 있으나 전반적으로 이러한 공산주의혁명은 확산되거나 성공하지 못하였다고 볼 수 있다.

7) 동아시아 지역은 일찍이 일본이 산업화에 성공한 강대국 즉 제국주의 국가의 반열에 올라 조선을 강제병합 후에 만주 및 연해주 지역을 침략하여 미국, 영국 등 선진 강대국과 같이 그 세력 판도를 키워 나가던 시절로서, 식민지 합방된 한국과 일본 본토에서의 공산당 조직 및 확장시도는 성공할 수 없었던데 반해, 중국 지역 청나라는 무능하고 부패한 황실의 통치가 한계를 드러내면서 광동, 상해 등 남중국 일대가 영국, 프랑스, 독일 등 유럽 열강의 租借地가 되는 등 수모를 겪고 있었으며, 청일, 러일전쟁에서 승리한 일본의 놀이터가 된 만주, 사할린 지역을 제외한 중국 등 동아시아 지역은 러시아 볼쉐비키들의 공산화 기도가 먹혀 들고 있었던 것이다.

8) 한편 동남아지역은 일찍이 프랑스의 지배를 벗어나려던 베트남 민주세력과 호치민 등에 의해 프랑스, 미국 등의 식민통치와 개입을 물리치고 공산주의 국가가 되었으며 인접 캄보디아와 라오스까지 공산화가 되고 말았다.

그러나 중동 이슬람지역 국가들과 태국 등은 선진산업국 대열에 끼이지는 못했으나 종교나 황실의 영향력이 절대적이었으므로 이들 국가에는 이 공산주의의 마수가 성공하지 못한 것으로 보인다.

9) 영국의 식민지이던 인도나 호주 지역도 마찬가지로 일본 치하의 조선과 비슷하게 붉은 공산 깃발이 나부끼기는 어려웠던 모양이며, 하지만 일본의 식민지이던 조선이 일본의 2차대전 및 태평양전쟁의 패전으로 공백이 된 한반도의 북방에는 소련을 등에 업은 김일성 공산정권이 들어서며 "조선민주주의인민공화국"을 수립하였고, 장개석 국민당 정부와 오랜 내전 끝에 승리한 중국공산당은 1949년 "중화인민공화국"을 수립, 1991년 냉전 종식 이후에 소련에 이은 공산주의 종주국의 지위를 차지하는 등 공산주의 국가의 명맥을 유지하고 있다.

10) 종합적으로 제3인터내셔날 즉 코민테른의 세계공산주의 혁명 추진은

성공하지 못하였다고 볼 수 있는 바 공산주의 종주국이라 할 수 있는 USSR(소련)마저 1990년을 기점으로 공산주의 국가를 포기하고 말았으며 이에 따라 소련연방의 일원으로 소련의 통제를 받던 우크라이나 등 15개 국가들은 분리 해방되었다.

이것은 무엇을 말하는가?

공산주의 이론과 혁명은 전제왕권 국가체제에서 귀족이나 지주 및 자본가 계급에 억압받던 가난하고 배고프던 농민이나 도시노동자들 그리고 볼쉐비키들에게 조차 꿈같은 희망으로 다가와 그야말로 이들의 혁명만 성공하면 해방과 그들의 낙원이 곧 펼쳐진다는 믿음을 주게 되고 이러한 소위 프롤레타리아가 다수를 차지하던 후진국 및 저개발국들에는 대단한 파급력을 보이면서 전세계로 뻗어 나갈 것으로 기대되면서 실제로 일부 지역은 공산화가 추진되어졌다.

그러나 일부 국가에서 이 공산화 혁명이 성공하여 공산주의 내지 사회주의 국가가 된 후의 모습은 어떠하였을까?

첫째, 새로운 계급의 출현: 10월 혁명이 성공했던 이 러시아에서는 혁명의 선봉에선 도시 노동자나 농민, 군인병사 등 소위 프롤레타리아들은 자신들 주인이 되는 세상을 기대하였으나 그와는 딴판으로 볼쉐비키 등 공산당 간부들이 모든 권한을 행사하는 세상 즉, 새로운 주인이 탄생하였으며 이들에게는 종전의 지주나 자본가들이 소지하지 못한 총칼로 무장한 군대까지 보유하게 된 것이다.

둘째, 그리고 이 볼쉐비키 지도자들은 10월 혁명 이후 발생한 적백내전을 극복하기 위해서 공산주의 이론상 숙청 및 타도 대상이던 전직 군장성[48]과 부르조아 자본가들까지 이용했다.

셋째, 이와 관련 레닌[49]은 혁명이 성공한 이후에 "이것은 진정한 공산

---

48) 브로실로프 장군, 주코프, 구로파트킨
49) 블라디미르 일리치 레닌(러시아어: Влади́мир Ильи́ч Ле́нин, 영어: Vladimir Ilyich Lenin/Ulyanov, 1870년 4월 22일(구력 4월 10일)~1924년 1월 21일)은 러시아 제국과 소비에트 연방의 혁명가, 정치경제학자, 정치철학자, 정치인, 노동운동가로 볼쉐비키의 지도자였다. 공산주의자이면서도 특별히 마르크스의 과학적 사회주의 사상을 발전시킨 레닌주의 이념의 창시자이다. '레닌(Ле́нин)'이라는 성씨는 혁명가로서 그가 사용하던 가명이다.
그는 1917년 3월 15일부터 1918년 3월 3일까지 러시아 임시정부 국가 원수로 재임하였고, 1918년 3월 3일부터 1922년 12월 30일까지 러시아 소비에트 사회주의 연방공화국 국가 원수를 지냈으며 1922년 12월 30일부터 1924년 1월 21일까지 소비에트 연방 국가 원수를 지내는 등 1917년 3월 15일부터 1923년 4월 30일까지는 6년간 레닌 시대를 펼치며 6년간의 최고 권

주의가 아니다"라고 했을 정도로 공산주의의 이론적 환상과는 거리가 먼 것이었다.

그렇다면 마르크스와 엥겔스 등이 주장한 공산주의가 실현되는 세상은 도대체 어떤 것인가? 공산주의 경제이론에서 주장하듯이 "노동자들이 능력에 따라 일하고 필요에 따라 분배받는다50)"라고 하는 그야말로 그들이 주장한 공산주의 세상이 다가오게 되어 있는가?

이러한 이론은 노동자들의 노동의욕을 저하시키는 요인으로 작용하게 되어 생산성의 저감으로 이어지면서 인민들에게 필요한 상품생산의 질과 양적 급감 현상을 초래하게 된 것이다. 즉 필요한 만큼 상품을 공급 받는 것이 아니라 가난과 빈곤의 평등만을 달성하는 결과를 초래하게 된 것이다.

나. 맑스 레닌주의와 국제공산주의 운동의 형성 : 제2인터내셔널의 파산과 코민테른의 창립

제1차 세계대전의 발발을 계기로 각국 사회민주주의 노동운동이 자국의 제국주의정부를 옹호함으로써 프롤레타리아 국제주의 정신을 배반하고 '민족 이기주의'로 전락해 버림에 따라 국제공산주의 운동이 국제 노동운동의 중심 조류로서 새롭게 형성되기 시작했다.

각국 사회민주주의 노동운동의 이러한 기회주의적 태도는 그들의 국제적 조직인 제2인터내셔널(국제사회주의자 협회)의 명백한 파산을 의미하는 것이었다. 그러나 이러한 파산은 예기치 못한 돌발적인 사태는 결코 아니었다51).

력자로 실권하였지만 잔병치레를 하면서 1923년 4월 30일을 기하여 스탈린에게 국정 관련 실권을 전격 부여하는 등 국정 관련 실권을 스스로 기권 후 상징적인 소련 국가원수 직책으로 전향하여 1923년 4월 30일부터 1924년 1월 21일을 기하여 향년 54세로 병사할 때까지 이오시프 스탈린이 1년간 국정 관련 실권을 잡았다. 1924년 1월 21일 블라디미르 레닌이 향년 54세로 병사 후 그의 실질적 성향 후계자인 이오시프 스탈린은 1924년부터 1941년까지 소련의 최고 국정 관련 실권자로, 그리고 1941년부터 1953년까지 소련의 국가원수 겸 최고 국정 관련 실권자가 되었으며 1923년 4월 30일(레닌이 사망하기 9개월 전)부터 1953년 3월 5일(스탈린이 사망한 일자)까지 어언 30년간을 스탈린 시대로 이어졌다.

50) "능력에 따라 일하고 필요에 따라 분배 받는다" 세상은 이론상 공산주의의 전단계인 사회주의의 단계로서 이 단계에서는 "능력에 따라 일하고 필요에 따라 분배받는 것"이 아니라 "능력에 따라 일하고 일한 것만큼 분배를 받는다"고 주장함.

51) 그것은 사회민주주의운동 그 자체에서 이미 싹트고 있었다. 레닌은 "제1차 세계대전은 사회민주주의 노동운동이 이념상으로는 맑스주의를 표방한다고는 하지만 그것은 한편에서는 기계론적 · 결정론적으로 도식화되고 다른 한편에서는 수정 · 개량된 맑스주의에 불과하였으며, 그들의

20세기를 전후로 한 사회민주주의 국제 노동운동은 크게 세 가지 조류가 있었다. 첫째는 비록 소수였지만 후에 공산주의 운동으로 전화하는 혁명적 사회민주주의 조류, 둘째는 베른슈타인으로 대표되는 명백한 수정주의·기회주의 조류, 셋째는 당시 정통 맑스주의자로 자처하면서 수정주의에는 반대했으나 현실적으로는 수정주의의 길을 걷고 있던 베벨·카우츠키 류의 소위 '중앙파' 기회주의적 조류였다.

우선 베른슈타인으로 대표되는 수정주의·기회주의 조류, 그들의 운동논리는 자본주의사회에 대한 특유의 수정주의적 파악에 기초한다.

그들이 주장한 논리의 핵심내용은

첫째로, 자본주의 생산력의 비약적 증대, 산업자본주의에서 독점 자본주의로의 발전, 국가의 경제개입 등은 체제의 모순과 위기에 대한 자본주의 체제 자체의 다양한 대응수단과 방법을 창출·발전시키고 자본주의 체제의 자기조직화을 강화시키기 때문에, 자본주의 사회의 모순과 정치적·경제적·사회적 위기는 극도로 완화되게 되어 결국 자본주의체제의 붕괴와 사회주의 혁명의 도래는 현실적으로나 앞으로도 불가능하게 되었다는 것이다.

둘째로, 자본주의에서의 사회적 생산은 그에 대응한 사회화된 생산관계를 필연적으로 창출하므로, 자본주의 사회는 생산력의 발전에 따라 점진적으로 그 내내에 사회주의적 관계를 실현시켜서 결국 사회주의 사회로 이행52)한다는 것이다.

실천은 겉으로는 혁명을 부르짖었지만 현실적 으로는 개혁만을 추구했다는 것을 여실히 보여주는 계기일 뿐이다"라고 했다.
52) 그들이 말하는 점진적인 사회주의의 실현이란 그들의 표현을 빌면 "개인의 권리와 국가와 사회의 개인에 대한 책임범위지속적인 확장, 노동자의 경영에로의 참가, 제반 경제활동에서의 노동조합의 감독권 신장, 국가의 경제통제, 시·군·주 등 서의 민주적 자치의 형성과 그 권리의 확대" 등의 개량적 정책의 수행을 뜻한다. 이러한 전제에 기초하고 있기 때문에 그들에게 있어서는 사회주의 혁명을 주장하고 이를 위해 투쟁하는 것은 아무런 현실적 근거를 가지지 못한 무의미한 것으로 인식되고, 보다 중요한 것은 '국가와 사회영역에서 당면한 일상적 요구되는 노동자계급의 생활과 권리의 향상 및 국가의 민주적 개혁을 위한 실천과 지속적인 사회개혁 작업을 수행 함으로써 점진적으로 사회주의의 실현을 도모하는 것'이었다. 따라서 그들에게 있어서 '노동조합'과 '의회'야말로 이러한 개혁을 위한 최선의 조직이자 도구였다. 노동조합을 통해 노동자의 정치적 조직화와 민주주의적 훈련 및 노동자계급이 당면한 일상적 요구를 달성하고 의회를 통해 국가의 민주적 개혁, 더 나아가 이를 통한 경제의 민주적 개혁을 달성함으로써 사회의 점진적인 사회주의로의 이행을 달성한다는 것이 그들의 실천방침이었다.

이러한 베른슈타인 류의 논리가 맑스주의에 대한 명백한 수정임은 두 말할 필요가 없다. 그들의 논리는 자본주의적 생산의 고유한 무정부성과 불균등발전에 따른 공황과 전쟁의 위기를 인식하지 못하고 있으며, 경제적으로 조건지어진 사회적 관계로서의 생산관계를 법률적 소유관계로 대치시켜 사회주의 실현을 자본주의 관계 내에서의 단순한 법률적 자본의 소유변화, 자본주의 질서의 개선으로 왜곡시킨 것이었다.

베른슈타인 류의 이러한 수정주의적 견해는 처음에는 거부되었지만 점차 사회민주주의 노동운동의 지배적인 조류로 성장하여 갔다. 그것은 뒤에 가서 살펴보겠지만 당시 반수정주의의 지배적인 조류를 형성하고 있던 베벨·카우츠키 류의 기회주의적 조류가 기계론적·결정론적 도식에만 얽매여 사회주의 혁명에 대한 피상적이고 개량적인 전술과 지침만을 갖고 있었기 때문에 운동과정에서 나름대로의 현실적 대안을 가진 베른슈타인 류의 수정주의·기회주의 조류 앞에 실질적으로 굴복할 수밖에 없었던 데서 기인한다.

다음으로 카우츠키로 대표되는 '중앙파'의 조류를 보자.

이들은 당시 소위 정통 맑스주의자로 자처했던 만큼 베른슈타인의 수정주의에 대한 비판의 주류를 이루고 있었고, 혁명적 내용-사회주의 혁명, 혁명을 위한 투쟁으로의 개혁을 위한 투쟁의 종속, 부르조아민주주의 혁명에서 노동자계급의 독자성과 헤게모니 확보, 혁명에 있어서 무장투쟁의 가능성 인정, 노동자계급의 국제연대 및 공동행동 등을 말하고 있었다.

그러나 그들의 이러한 언명은 그들이 딛고 있는 몇 가지 중대한 잘못된 인식에 의해서 전혀 의미 없는 공허한 문구로 전락하였다.53)

따라서 그들에게 있어서 사회주의 혁명에 대한 주체적 준비 즉 혁명적 노동자당의 건설과 혁명가 양성, 혁명적 전술과 지침 등에 대한 사고는 지극히 경시되어 있었다.

---

53) 우선 그들의 인식 저변에는 자본주의사회가 발전할수록 그 모순은 격화되고 계급대립이 첨예화되어 필연적으로 자본주의사회가 스스로 붕괴할 것이라는 강한 결정론적·기계론적 도식이 깊이 깔려 있어 이러한 사고는 사회주의 혁명은 자본주의사회가 발전한 나라에서나 가능하다는 인식으로 이어진다. 왜냐하면 자본주의 발전 그 자체가 자본주의 모순의 심화와 노동자계급의 사회적 성장과 정치적 조직화를 용이하게 하기 때문이다.

또한 그들은 국가권력을 장악하기 위한 혁명과정에서 폭력과 무장투쟁을 배제하지는 않았지만, 혁명이 성공한 후에도 국가기구 그 자체는 그대로 남게될 것이라고 예상했다.54)

카우츠키로 대표되는 '중앙파'의 기회주의적 성격은 평화적 시기에는 잘 나타나지 않았다. 그러나 자본주의의 위기, 전쟁과 혁명의 시기, 그리고 자본주의 사회의 모순이 전가되어 정치적 정세가 급진전하고 있던 후진 자본주의 국가들에 있어서는 이러한 기회주의적 성격은 곧 폭로될 수밖에 없는 것이었다.

이상에서 살펴보았듯이 혁명적 사회주의를 제외한 다른 모든 사회민주주의 국제 노동운동은 그들의 운동이념과 노선 그 자체가 이미 본질적인 사회주의 혁명과는 일정하게 괴리된 것이었다. 그리고 이러한 간극은 전쟁과 혁명의 시기가 가까와지면서 더욱 본질적인 것으로 굳어지게 되었다. 따라서 전쟁과 혁명의 시기가 도래하자마자 그들은 혁명이 아닌 개혁의 길로, 국제주의가 아닌 사회배외주의로 쉽게 표변하였다.

그러므로 혁명을 지향하는 노동자계급의 혁명적 세력은 이러한 사회 민주주의의 모든 조류와 사상적·이론적·정치적·조직적으로 철저하게 절연하고 새롭게 혁명운동을 전개하지 않으면 안되었다. 공산주의 운동은 이러한 상황적 요구의 필연적 산물이었다.

다. 레닌의 혁명적 사회민주주의와 제3 인터내셔널 창설

공산주의 운동의 이론과 원칙을 세운 사람은 주지하다시피 레닌이었다. 레닌은 사회민주주의 국제 노동운동의 국제적 조직으로서 제2 인터내셔널의 파산을 지켜보면서, 제2 인터내셔널과는 명백히 구분되는 국제 노동운동의 조직으로서 새로운 제3 인터내셔널 = 공산주의 인터내셔널 = 코민테른의 창설에 착수하였다. 그러나 이의 창설은 단지 그때까지의 러시아 볼셰비키의 경험,

---

54) 왜냐하면 그들은 국가기구는 가치중립적이며 현재는 부르조아지가 경제적·정치적·지식적으로 우세하기 때문에 그들에 의해 지배·소유되고 있을 뿐이라고 판단하였기 때문이 다. 따라서 그들에게 있어서 혁명은 국가의 소유를 변경시키는 것이며, 그 속에서의 당의 역할은 기존국가를 접수하고 지도인물을 바꾸고 그것을 재편하는 일로 상정되었다. 더 나아가 부르조아적 의회민주주의는 국가권력의 향방에 대한 노동자계급의 다수 참여로 노동자계급의 해방투쟁과 사회주의 실현에 가장 유리한 토대로 간주했다.

멘셰비키와의 투쟁경험, 그에 따른 무수한 이론적 통찰들만을 가지고는 이루어질 수 없었다. 그것은 보다 근본적으로 전반적인 맑스주의의 쇄신을 필요로 하였다.

따라서 레닌은 맑스주의의 기계론적·결정론적 해석을 만들어낸 사회민주주의를 분쇄하고 그의 이론적 기초를 논파할 수 있는 새로운 이론적 기초를 구축하였다. 레닌에 의해 새롭게 구축된 맑스주의의 이론적·정치적 원칙과 기초는 대체로 다음의 세 가지로 요약될 수 있다.

첫째는 현재의 자본주의 체제가 자본주의 최고·최후의 단계인 제국주의 체제이며, 세계적 규모로 사회주의 혁명의 객관적 기초가 형성된 제국주의에 대한 규정(제국구의론)이다. 레닌에 따르면 세계가 거대한 금융자본·독점체와 그들의 본국 정부에 의하여 정치적·경제적으로 분할 지배되고 있는 제국주의 단계에서는 사회의 모든 영역에서 불균등 발전이 심화되고 이에 대한 계급투쟁이 격화된다. 우선 자본주의 국가에서는 한편에서는 사회 내의 모든 영역을 독점적으로 지배하는 거대한 금융자본·독점체가 형성되고, 다른 한편에서는 노동자계급을 비롯한 피착취 근로대중의 소외와 몰락이 심화된다. 따라서 노동자계급뿐만 아니라 그 밖의 근로대중, 특히 농민과 독점자본·자본주의 체제와의 심각한 모순·대립 관계가 형성되어 계급투쟁이 급속히 확대된다. 또한 제국주의국가들의 세계의 정치적·경제적 지배와 자본수출에 기초한 초과이윤 착취는 세계적 차원에서 반제국주의 투쟁을 격화시킨다.

그런데 제국주의의 수탈과 지배가 금융자본·독점체에 기초한 것인 만큼 이에 반대하는 식민지·종속 국에서의 민족해방 투쟁은 반(反)자본주의적 성격을 갖는다.

마지막으로 제국주의 단계의 고유한 제국주의간의 불균등 발전 또한 극단적으로 심화되어 필연적으로 제국주의 각국 금융자본·독점체 간에 세계의 정치적·경제적 재분할을 둘러싼 전쟁이 촉발된다.

따라서 이러한 조건하에서 평화는 새로운 전쟁의 서곡일 뿐이다. 제국주의 전쟁은 제국주의를 약화시키고 반제국주의 투쟁을 강화시킨다. 이러한 모든 결과로 제국주의 단계에서는 전쟁과 금융자본 그리고 제국주의에 반대하는 투쟁이 격화되며 이것은 세계가 사회주의 혁명의 전야에 와 있다는 것을 웅변한다.

이상의 분석을 통해 레닌은

현재 사회주의 혁명의 객관적 기초는 단지 자본주의가 고도로 발전한 나라에서뿐만 아니라 전 세계 모든 국가·지역에서도 마련되었다는 결론을 내렸다.[55]

그러나 레닌의 제국주의의 분석은 여기서 끝나지 않는다.

그는 더 나아가 그렇다면 사회주의 혁명은 어떠한 방식으로 어디서부터 일어나며 어떻게 승리할 것인가에 대해서도 분석했다. 맑스 이래 기존의 이해는 사회주의 혁명은 주로 자본주의가 발전한 나라에서 발화하며, 그 승리는 모든 자본주의 국가 또는 주요한 자본주의 국가에서 동시에 일어나야 가능하다는 것이었다.[56] 이러한 레닌의 제국주의에 대한 분석과 그에 따른 결론은 공산주의 운동과 새로운 인터내셔널 창립의 객관적 기초를 확립시킨 것이었다.

둘째는 자본주의에서 사회주의로의 이행에 있어 사회주의 혁명과 프롤레타리아독재에 관한 명제이다. 레닌은 국가를 명백히 계급지배의 도구로서 계급대립의 비화해성의 산물이라고 규정했다.[57] 따라서 노동자계급은 단순히 기존의 국가권력을 유지한 채 그것을 자기의 목적을 위해 사용할 수

---

[55] 이러한 레닌의 이론은 카우츠키 류의 사회민주주의의 결정론적 주장과는 명백히 상반되는 것이었다. 카우츠키는 사회주의 혁명이 "자본주의체제가 어찌할 수 없을 정도로 발전했을 때" 따라서 "노동자계급이 사회의 다수를 차지하고 그들의 정치적·경제적 영향력이 강화되었을 때"에나 가능하다고 주장하였다.

[56] 그러나 레닌은 그의 분석을 통해 다음과 같이 주장했다. 즉 제국주의 단계의 고유한 불균등발전은 정치적 정세에도 관철되어 자본주의가 가장 발달한 몇몇 국가에서는 사회주의 혁명을 지향하는 세력의 성장이 극히 완만해진다. 그것은 금융자본이 식민지에 대한 초과이윤 착취를 기반으로 노동자계급의 상층부를 매수하여 노동귀족화시켰기 때문이다. 그러나 산업의 대부분이 선진 자본주의국 금융자본의 영향력과 지배하에 있고 봉건제가 온존되어 자본주의체제를 유지시키는 지주로 되어 있는 후진 자본주의국에서는 노동자계급과 인민대중이 이중삼중으로 억압받게 되어 자본주의체제에 반대하는 계급투쟁이 급격히 첨예화된다. 특히 인구의 대다수를 점하는 농민대중이 반(半)프롤레타리아로 전락하였기 때문에 이들은 자본주의체제·독점 부르조아지와 심각한 대립·모순관계를 형성하며 명백히 반(反)자본주의적 성격을 갖게 된다. 그 결과 이들 나라에서의 사회주의 혁명을 향한 객관적 정세는 더욱 급속하게 성장된다. 따라서 제국주의 단계에서의 혁명은 제국주의 세계체제의 모순의 결절점이 되는 나라에서 먼저 일어나며, 각국의 정치 정세가 극히 불균등하고, 반면에 인구의 다수를 점하는 농민대중이 금융자본에 반대하여 노동자계급 편에 서게 되었기 때문에 이 결과 몇몇 나라 또는 일국에서도 사회주의 혁명의 승리가 가능해졌다.

[57] 그는 "관료제도와 상비군에 의해 지지되는 부르조아 국가는 부르조아지의 계급지배의 도구로서 부르조아민주주의의 형태를 띠고 있더라도 부르조아지의 단일 계급 지배, 즉 부르조아 독재이며, 부르조아민주주의는 부르조아지를 위한 민주주의에 과하고 노동자계급과 광범한 근로대중에게는 독재적이다"고 했다.

없으며 노동자계급은 기존의 국가기구인 경찰·상비군·관료제도 등를 파괴하고 인민의 무장에 기초한 프롤레타리아독재를 수립해야 한다.

프롤레타리아독재에 관해 레닌은 프롤레타리아독재는 "승리를 거두고 권력을 그의 수중에 장악한 프롤레타리아트가 국가권력에서는 쫓겨났으나 아직 절멸되지 않고 자신의 정치적·경제적 지배권을 회복하기 위해 반항을 계속 강화하여가는 부르조아지에 대해 무력으로 수행하는 계급투쟁이며, 그것을 위한 프롤레타리아트와 비프롤레타리아 근로대중 간의 계급동맹의 특수한 형태로서, 사회주의사회 건설에 있어 프롤레타리아트의 모든 피착취 근로대중에 대한 완전한 지도를 실현시키는 것이다"라고 규정했다.

또한 "프롤레타리아독재는 소수인 부르조아지에 대해서는 억압적이고 독재적이지만 다수인 피착취 근로대중에게는 새로운 방식으로 민주적이다. 그러므로 프롤레타리아독재는 가장 철저한 민주주의 = 프롤레타리아민주주의를 의미하는 것이다. 따라서 프롤레타리아독재는 어떠한 다른 국가권력 형태보다 가장 민주적이며, 인류역사상 가장 최후의 가장 진보된 독재이다"라고 레닌은 결론지었다.

레닌에게 있어 사회주의 혁명은 기본적으로 프롤레타리아트가 권력을 획득하는 것, 프롤레타리아독재를 수립하는 것, 소비에트를 유일한 국가권력으로 대치시키는 것으로 규정되었다. 이렇게 보면 사회주의 혁명은 단지 사회주의적 변혁을 달성하는 것만이 아닌 가장 철저히 민주주의적 변혁 또한 달성하는 혁명이다. 왜냐하면 프롤레타리아독재의 수립은 노동자계급과 광범한 근로대중에게 가장 철저한 민주주의 = 프롤레타리아민주주의를 실현시키는 것이기 때문이다. 따라서 사회주의 혁명에서는 민주주의의를 위한 전면적이고 가장 철저한 투쟁이 전개된다.58)

---

58) 사회주의 혁명 이후 급격한 사회주의적 변혁이 수행되느냐 하는 것은 일률적으로 규정될 수 있는 것이 아니라 각국의 경제적·사회적 발전 정도와 계급 역관계에 규정된다. 경제적·사회적으로 낙후된 수준에 있는 국가와 부르조아지의 저항이 미약한 곳에서는 사회주의적 변혁은 제한된 범위에서 지극히 완만한 형태로 전개된다. 러시아의 경우 경제적으로도 낙후되어 있고 짜르 전제 지배의 유물 때문에 사회적으로도 극히 낙후되어 있었음에도 혁명 이후 몇 년 간 급격한 사회주의적 변혁이 수행된 것은 당시 부르조아지의 반혁명 저항이 극심했고 외국의 무력간섭이 있었기 때문이었다. 따라서 부르조아지의 저항과 무력 간섭이 종식되자 '네프'에서 보이듯이 다시 본래의 적정수준으로 되돌아갔다. 따라서 사회주의 혁명이 승리하고 프롤레타리아 독재가 수립됐다고 해서 곧바로 사회주의적 변혁이 급격수행될 것이라고 기계론적으로 연결짓는 것은 대단히 잘못된 이해이다. 일반적으로 사회주의 혁명이 승리한 초기에는 민주주의적 변혁에 더 많은 중점

그러므로 경제적 내용으로 볼 때 부르조아 민주주의 혁명 단계에 있는 후진 자본주의 국가에서도 사회주의 혁명은 결코 먼 미래의 것이 아닌 바로 현재의 노동자 계급의 투쟁의 중심으로 된다. 따라서 노동자계급의 투쟁은 단순히 민주주의적 변혁만이 아니라 철저한 민주주의적 변혁을 수행함과 동시에 사회주의적 변혁을 수행하는 프롤레타리아독재의 맹아, 즉 노동자·빈농의 권력인 '소비에트'를 구성하고 그에 모든 권력을 집중시켜 그를 유일한 권력으로 만드는 것이다. 바로 이 때문에 노동자 계급의 투쟁은 부르조아민주주의 혁명의 틀을 넘어서서 사회주의 혁명을 위한 투쟁으로 된다.59)

레닌에게 있어 부르조아민주주의 혁명은 하나의 전략적 단계가 아닌 사회주의 혁명에로의 과도적인 전술단계에 지나지 않았다. 그의 전략은 오직 사회주의 혁명과 프롤레타리아독재, 즉 소비에트권력의 수립이었다.60) 그러므로 "공산주의자는 사회주의 혁명을 위해 투쟁하여야 한다"는 그의 주장은 원론적

이 두어진다. 이런 의미에서 레닌은 부르조아민주주의적 개조는 (사회주의 혁명의 도상에서 달성되는) 사회주의 혁명의 부산물이라고 하였다. 이렇게 되면 부르조아 민주주의 혁명이나 사회주의 혁명이라는 단계 구분은 그 의미가 축소된다. 왜냐하면 민주주의적 과제달성을 목표로 한 부르조아 민주주의 혁명의 내용은 사회주의 혁명으로 더욱 철저하게 포괄될 수 있는 것이기 때문이다. 민주적 변혁을 위한 투쟁 역시 부르조아민주주의 혁명을 위한 것이 아닌 사회주의 혁명을 위한 것으로 된다. 바로 여기서 레닌이 사회주의 혁명에 대한 사회민주주의자들의 단계론적·결정론적 이해, 즉 "부르조아민주주의 혁명은 민주적 변혁 민주공화제 수립, 토지개혁, 8시간노동제 등을 달성하기 위한 혁명이며, 사회주의 혁명은 사회주의적 변혁-생산수단의 사회화(국유화), 농업의 집단화 등을 달성하기 위한 것이다. 따라서 사회주의 혁명은 그 전제로서 객관적 조건과 주체적 조건이 충족될 때야 가능하다"라는 도식을 명백히 극복한 것을 볼 수 있다. 부르조아민주주의혁명과 사회주의 혁명의 단계론이 극복되고, 부르조아민주주의혁명에서 사회주의 혁명으로의 전화는 막연한 추상적 미래가 아닌 프롤레타리아트의 혁명에 대한 준비, 즉 혁명적 노동자당의 대중적 정당으로의 성장과 노동자계급과 전 인구의 다수를 점하는 반(半)프롤레타리아적인 빈농으로 구성된 소비에트에서의 영향력의 확보, 그리고 노동자계급과 빈농과의 단결정도에 의해서 결 정됨이 명시되었다.

59) 여기서 1905년 혁명 당시에는 맹아적으로 존재했던 사회주의 혁명과 부르조아민주주의 혁명에서 사회주의 혁명으로의 성장·전화에 대한 레닌의 이 해가 완성된 것을 볼 수 있다. 그는 이미 1905년 혁명 당시에 부르조아 민주주의혁명과 사회주의 혁명은 서로 분리된 것이 아니라 노동자계급의 주 체적 투쟁에 의해 서로 긴밀히 연결될 수 있는 것이라는 점을 인식했다. 그러나 아직 사회주의 혁명의 객관적 기초에 대한 이해와 국가와 프롤레타리아독재에 대한 이해가 체계화되어 있지 못하였기 때문에 '혁명적 노농민주독재'라는 구상을 벗어나지 못했었다.
60) 이 점을 명백히 인식하는 것이 대단히 중요하다. 1917년에 레닌은 기본적으로 부르조아민주주의 혁명 단계를 민주주의변혁을 목표로 하는 단계가 아닌 이의 변혁과정을 통해 혁명적 노동자당이 노동자·농민대중 대다수에게 사회주의 혁명과 프롤레타리아독재 수립의 필요성을 자각시키고 그들의 지지를 획득하며 그들을 자신의 주변에 결합시키기 위한 사회주의 혁명의 과도기적 단계로 규정하였다. 따라서 그에게 있어서 부르조아민주주의혁명 단계란 전술적 의미 이상을 갖지 못하는 것이었다. 그렇다고 해서 그가 이를 무시하거나 과소평가한 것은 절대 아니었다. 오히려 그는 누구보다 이의 필요성을 역설하였다. 왜냐하면 사회주의 혁명은 소수의 선진적인 전위와 그의 무장에 의해 달성되는 것이 아닌 혁명적 노동자당에 의해 지도되는 노동자·농민대중 스스로의 대중권력투쟁을 통해 달성되는 것이기 때문이다.

인 주장이 아니라 현실의 모든 활동과 투쟁을 구속하는 살아 있는 명제이자 원칙이었다. 레닌의 사회주의 혁명과 프롤레타리아 독재에 관한 명제야말로 공산주의 운동이 사회민주주의와 구분되는 가장 기본적인 중심 명제였다61). 레닌은 이 명제를 수립함으로써 사회민주주의와 결정적으로 결별하였다.

셋째는 사회주의 혁명과 프롤레타리아독재의 수립에 있어서 혁명적 노동자당의 필요성과 그 지도에 관한 규정이다.

레닌에게 있어 사회주의 혁명은 본질상 부르조아 지배질서를 파괴하고 프롤레타리아독재를 수립하기 위한 대중 권력투쟁을 의미하였다. 따라서 이를 지도하는 노동자 당은 혁명적이지 않으면 안된다. 당 조직의 중점은 대중권력투쟁의 중심인 공장과 노동자조직 속에 두어져야 하고 투쟁을 지도하기 위한 각종 합법·비합법기구가 만들어져야 한다. 또한 대중의 무장력을 창출하기 위한 전투소조가 조직되어야 하며, 군대 내에도 당 그룹·세포가 조직되어야 한다.

더불어 당의 투쟁은 대중권력투쟁에 집중되어야 하며 대중권력투쟁의 선두에 서서 이를 지도하지 않으며 안된다. 따라서 당 조직은 대중권력투쟁에 의해서 강철같이 단련되고 훈련된 것이어야 하며 그러기 위해서는 엄격한 규율과 민주집중제에 따라 견고하게 조직되어야 한다. 바로 여기서 1903년 이래 멘셰비키와의 투쟁 속에서 확립된 러시아 볼셰비키 당 조직의 원칙62)이 새롭게 재해석되게 된다.

볼셰비키적 당 조직에 대한 재해석이 바로 코민테른이 제2인터내셔널과는 질적으로 다른 구성을 갖게 된 이론적 기초였다. 코민테른은 '21개조' 가입조건에서 보여지듯이 엄격한 자격규정을 내린다. 그것은 코민테른이 제2인터내

---

61) 레닌은 오로지 계급투쟁만을 인식하고 있는 사람은 아직 맑스주의자가 아니며, 계급투쟁을 프롤레타리아독재의 수용으로 확장시키는 사람만이 맑스주의자라고 하여 프롤레타리아독재의 절대적 의의를 강조했다.
62) 이제 레닌에게 있어 볼셰비키 당 조직원칙은 러시아 짜리즘의 전제지배 하에서 효율적으로 투쟁한다는 러시아의 특수상황에서 배태된 당 조직원칙이 아니었다. 그것은 부르조아 지배질서를 파괴하고 프롤레타리아 독재를 건설하기 위한 혁명세력의 조직원칙이었다. 그렇기 때문에 볼셰비키 조직원칙을 러시아 짜르 전제의 산물이라든가 후진 농업사회의 블랑키적 음모조직이라든가 하는 비난은 더 이상 일고의 가치도 없게 되었다. "볼셰비키 조직이야말로 세계의 혁명적 노동자당의 표본"이었던 것이다.

셔널과는 달리 세계의 부르조아 지배를 분쇄하고 프롤레타리아독재와 사회주의 혁명을 지향하는 혁명적 조직, 즉 국제공산당이기 때문이었다.

레닌은 혁명적 노동자당의 필요성과 함께 당의 지도가 가지는 중요성을 극히 강조하였다. 그는 혁명적 노동자당이 올바로 대중을 지도할 때야 비로소 사회주의 혁명과 프롤레타리아독재를 수립할 수 있다고 이해하였다. 그렇다고 해서 레닌이 당과 국가권력을 혼재시킨 것은 결코 아니었다. 노동자·농민 스스로의 권력인 소비에트를 국가권력으로 대치시킨다는 그의 명제야말로 명확히 당과 국가를 구분하는 것이었다. 왜냐하면 당은 노동자계급의 가장 선진적인 일부에 지나지 않기 때문이다. 그러나 사회주의 혁명이 객관적 정세가 아닌 주체적인 프롤레타리아트의 집중된 준비에 의해 그 승리가 판가름나는 만큼 당의 지도는 거의 절대적일 수밖에 없었다. 그리고 이러한 지도는 단지 사상·강령·슬로건 등의 정치적 지도뿐만 아니라 세포와 프랙션63) 조직을 통한 행동의 지도까지도 포함한 것이었다. 레닌에게 있어 혁명적 노동자당의 필요성과 그의 지도야말로 현실의 혁명투쟁과정에서 가장 시급하고 중요한 문제였다. 따라서 러시아 혁명에서 뿐만 아니라 국제공산주의 운동 또한 이러한 조직건설에서부터 출발하게 되었다.

이상에서 레닌이 기초한 공산주의 운동의 명제들을 살펴보았다. 이것들은 기존의 사회민주주의의 맑스주의와는 결정적으로 다른 실천적 결론이었다.
레닌은 이상의 실천적 결론에 기초하여, 그리고 이의 실천적 검증으로써 러시아 10월 혁명의 경험을 토대로 하여 새로운 국제 노동운동, 즉 국제공산주의 운동을 전개시키기 위한 국제조직으로서 코민테른을 1919년 3월에 창설하였다. 코민테른은 각국의 혁명적 노동자당을 건설하고 국제 노동운동을 지도하는 조직으로 설립되었다. 따라서 코민테른의 창설은 노동자계급의 국제 노동운동이 근본적으로 새롭게 전환하게 되었음을 의미하는 것이며 공산주의 운동의 본격적 출발을 알리는 것이었다.

---

63) 프랙션(fraction): 정당이 대중 단체의 내부에 조직하는 당원조직

라. 코민테른 창립의 역사적 전제와 배경

1) 1차 세계대전 중 노동운동의 변화

제국주의와 프롤레타리아혁명의 시대로 접어들면서 프롤레타리아 계급투쟁의 요구에 따라 새로운 형태의 혁명적 당을 창립하여 그것을 공산주의 인터내셔널로 결합시키는 것이 역사적 과제로 되었다. 새로운 혁명적인 인터내셔널을 창립하는 문제는 제1차 세계대전 초기 제2인터내셔널의 파산이 확인된 직후에 레닌과 볼셰비키에 의해 처음으로 제기되었다.

1914년 여름에 시작된 전쟁은 교전국 양측 모두에 있어서 제국주의적 침략전쟁이었으며 당시 존재하고 있었던 국제 노동운동 내부의 모든 조류에게는 엄격한 역사적 시험대였다. 그것은 제2인터내셔널의 사상적·정치적 파산을 가차없이 폭로했고, 대다수 사회민주당의 기회주의적 변질의 심도를 명백하게 드러내 보였다. 1914년 8월 4일, 제2인터내셔널의 가장 강력하고도 유력한 당인 독일 사회민주당의 전체 대의원은 제국 의회에서 부르조아지 및 융커(토지귀족)의 대표자와 함께 임시군사예산에 찬성표를 던졌다.[64]

제국주의 전쟁은 노동운동 내부의 위기를 명백하게 드러내어, 비교적 평화적인 자본주의 발전의 시대에 오래전부터 옮기 시작한 종기를 터뜨린 것이었다. 그러나 한편으로는 이 시대의 객관적인 조건이 이러한 기회주의적인 조류를 만들어낸 것이기도 했다. 독점 부르조아지는 그 초과 이윤의 일부로써 노동자와 노동운동의 일부 지도자를 매수하여 노동귀족과 노동관료 등의 타협층을 형성시켰다.[65]

---

64) 오스트리아·헝가리, 프랑스, 영국, 벨기에 등 각국의 사회주의당도 '자국' 정부의 정의롭지 못한 제국주의전쟁을 지지하고 나섰다. 이것은 기회주의적 지도자들이 '자국의' 부르조아지 편으로 공공연히 넘어갔다는 것을 의미하며, 노동자계급의 이익을 철저히 배반하는 것이었다. 제2 인터내셔널의 반전(反戰)적인 결정을 완전히 유린한 채, 기회주의자들은 국제 노동운동의 통일에 중대한 타격을 가했다. 왜냐하면, 자국의 부르조아지와 통일을 모색한다는 것은 일국적인 규모에서나 국제적인 규모에서나 노동자계급의 조직을 해체하고 이를 분열시키는 것을 의미하기 때문이다.

65) 〈부르조아화한 노동자층은 그 생활양식, 임금액, 세계관 전체에서 완전히 소시민적으로 되어 프롤레타리아트의 소부르조아적인 동반자로서, 노동자계급의 내부에서 부르조아지의 주요한 사회적 지주가 되었고 기회주의의 기본적인 원천으로 되었다. 제2 인터내셔널의 각 당은 점점 더 깊이 기회주의의 늪으로 빠져들어 갔다. 좌익세력의 노력으로 제2인터내셔널은 전전(戰前)시기에는 그래도 올바른 결의를 채택했지만, 그 우익지도자들의 실천은 점점 부르조아 정책의 이익에 적합한 것으로 기울어졌다.

1차대전 중에 국제 노동운동과 사회주의운동의 내부에는 세 갈래의 조류가 형성되었는데 사회배외주의66)적 조류, 중앙파적 조류, 혁명적 국제주의적 조류가 바로 그것이다.

첫째, 사회배외주의자 혹은 공공연한 기회주의자는 계급 간의 '국내평화'와 강도 전쟁에서의 '조국옹호'의 필연성을 공공연히 떠벌리면서 지배계급이 부르조아지의 이윤을 위해 노동자를 제국주의적 도살장으로 몰고가는 것을 노골적으로 원조했다.

프랑스, 벨기에, 영국에서는 사회배외주의자가 부르조아정부에 입각하였다. 모든 나라에서 그들은 자국의 부르조아지 편으로 기울어져 프롤레타리아 계급의 적으로 되었다.

둘째, 중앙주의는 노동운동 내에서 사회배외주의자의 앞잡이였다. 중앙파 혹은 은폐된 기회주의자67)는 입으로는 전쟁에 반대하지만, 행동으로는 사회배외주의자들과의 통일을 지지함으로써 대중에게 그들의 영향력을 유지시키고, 근로자의 눈에 보이는 도덕적·정치적 파산으로부터 우익지도자를 구출했다.

셋째, 혁명적 국제주의자의 조류로서 프롤레타리아 대중의 근본적 이익을 대변하고 있었던 것은 오로지 이들 만이며 오직 그들만이 사회주의에 대한 충성을 지켜 자국의 제국주의적 부르조아지에 대한 혁명적 투쟁을 수행하고 사회배외주의와 중앙주의에 대항하여 투쟁했다.

레닌과 볼셰비키는 새로운 혁명적 인터내셔널의 창설68)에 필요한 조건들을 성숙시

---

66) 사회배외주의[社會排外主義] 사회주의를 배반하는 기회주의적 조류. 제1차 세계대전 때에, 제이 국제당 산하의 기회주의적 당들이 제국주의자들이 일으킨 전쟁을 반대하여 싸우려 하지 않고 오히려 자기 나라의 제국주의적 전쟁 정책을 지지하였다. 에베르트", 샤이데만"(독일), 아들러(오스트리아), 르노델, 게드, 상바(프랑스), 하인드만(영국), 플 레하노프(러시아), 비졸라티(이탈리아), 반데르벨데(벨기에), 브란팅(스웨덴) 등 저명한 사회민주주의 지도자들의 대다수가 사회배외주의(꽁공연한 기회주의자)의 입장을 취했다.
67) "중앙주의의 전형적인 대표자는 독일의 카우츠키, 하제, 레데부르, 오스트리아의 아들러, 프랑스의 롱게, 쁘레스만, 영국의 맥도날드, 스노우 덴, 러시아의 마르토프, 트로츠키, 이탈리아의 튜라티, 모딜리아니, 미국의 힐킷트, 스위스의 그림 등등이었다.
68) 레닌은 "제3인터내셔널은 자본주의정부에 대한 혁명적 공격을 향해, 모든 나라의 부르조아지에 반대하여 정치권력의 획득과 사회주의의 승리를 지향하는 내전을 향해 프롤레타리아트의 세력을 조직한다는 임무에 당면해 있다"라고 서술하고 있다. 1915년에 비로소 정식화된 이 결론은 맑스주의 과학에 있어서 천재적인 발견이었다. 그것은 국제 프롤레타리아트에게 새로 레닌은 노동자계급과 농민의 영속적인 동맹의 필요성, 혁명투쟁에서 운 전망을 제시하여 각국 노동자계급의 창의성을 고양시켰다. 극히 복잡하고 다양한 조건과 계급투쟁의 과정에서 검증되고 풍부해진 레닌과 볼셰비키의 이론적 결론들은 코민테른의 사상적·정치적 강령과 조직 강령을 작성하는 데 결정적으로 기여하여 코민테른 전략·전술의 기초로 되었다. 사회배외주의자와 중앙파가 표방하는 정책의 해악을 이해한 자본주의 국가의 선진적인 프롤레타리아트는 새로운 혁명적인 사상적·정치적

키고 국제 노동운동의 국제주의적인 세력을 결집하기 위해 적극적으로 투쟁했다. 이 방향으로의 실제적인 추진은 이미 전쟁 발발 직후에 '제국주의적 도살에 반대하는 투쟁'이라는 슬로건하에 전개되었다.

볼셰비키 당은 조직을 정비하고 일치단결하여 세계제국주의 전쟁에 반대하는 입장을 취해 용기와 불굴의 의지로써 사회주의 및 프롤레타리아 국제주의의 대업에 대한 충성의 모범을 보였다.

1914년 11월 1일 스위스에서 레닌에 의해 작성된 러시아 사회민주노동당 중앙위원회의 선언 「전쟁과 러시아 사회민주당」이 발표되었다. 이 문건에는 제국주의, 전쟁 및 기회주의에 대한 혁명적 투쟁의 전면적인 강령이 실려 있었다. 볼셰비키는 기본적인 슬로건으로서, '제국주의전쟁을 내전으로'라는 슬로건을 제출하였다.69)

2) 찜머발트 운동

전쟁이 야기했던 위기는 처음에는 노동자 사이에 대단한 혼란을 가져왔다. 대다수의 나라에서, 프롤레타리아트는 사회배외주의에 끌려다니고 있었다. 이는 프롤레타리아트가 단일의 당 내에서 혁명가로 가장한 기회주의자에게 속았거나 부르조아지가 부채질한 배외주의적 분위기에 어느 정도 감염된 데서 기인했다. 그러나 1915년 초 이후 기존의 여러 사회민주당 내부에서 분화의 과정, 즉 프롤레타리아 대중이 사회배외주의적 지도자에게서 등을 돌리고 혁명적 사상과 분위기 속으로, 혁명적 지도자의 편으로 옮아

방침이 당장 필요함을 깊이 통감하였다. 이러한 프롤레타리아트의 의지와 바램은 혁명적인 국제주의적 각 당 및 각 세력들에 의해 표현되었다.

69) 레닌의 슬로건은 러시아의 기회주의자와 외국의 기회주의자로부터 격렬한 저항에 부딪쳤다. 이 슬로건은 빠리 꼬뮨의 경험에 의거하는 것으로 1912년에 제2 인터내셔널 대회에서 채택된 바젤선언의 사상을 한층 발전시킨 것이었다. "세계전쟁을 내전으로 전화하자고 하는 것은 미친 작태이리라"-독일의 사회배외주의자 다비드는 볼셰비키와 논전을 주고받는 가운데 이렇게 반박했다. "실천적인 문제는 오직 하나, 자국의 승리인가 그렇지 않으면 패배인가이다" 카우츠키는 사회배외주의자의 뒤편에서 선동하면서 앵무새처럼 뇌까렸다. 중앙파(카우츠키)는 '승리하지도 말고 패배하지도 말자'는 슬로건을 제출하였 다. 겉보기이 슬로건은 '조국옹호'라는 배외주의자의 입장과는 다른 것처럼 보이지만 실제로는 그 말을 바꾼 데 불과했다. 레닌은 또 모든 나라의 중앙파들이 촉발시킨 평화주의적인 평화 호소의 기만성을 폭로하는 데에도 커다란 주의를 기울였다. 레닌의 선언 속에서 처음으로, 새로운 제3 인터내셔널을 창설하자는 슬로건이 제출되었다. 레닌은 이렇게 선언했다. "프롤레타리아 인터내셔널은 사멸하지 않았으며, 또 사멸하지도 않을 것이다. 노동자 대중은 모든 장애를 극복하고, 새로운 인터내셔널을 창설할 것이다. "기회주의로부터 해방된 프롤레타리아 인터내셔널 만세!"

가는 과정이 서서히 나타나기 시작했다.

전쟁의 참화, 죽음, 기아, 황폐는 대중을 고통에 빠뜨리는 한편, 그 들이 힘과 의지를 결집하고 전쟁의 진정한 원인을 심사숙고하여 명확한 혁명적 이해에 도달하도록 하였다. 대중의 이러한 좌익화가 명백히 현상화한 것이 바로 프롤레타리아의 반대파적 반전운동이었다. 1918년 가을, 이 운동은 찜머발트(스위스)의 국제사회주의자 회의에서 사상적·조직적으로 형성되어 '찜머발트 운동'이라 불리어졌다.

찜머발트 회의는 1915년 9월 5일부터 8일까지 개최되었다. 유럽의 12개국 (독일, 프랑스, 러시아, 이탈리아, 폴란드, 라트비아, 불가리아, 루마니아, 스위스, 네덜란드, 노르웨이 및 스웨덴)을 대표하는 37명의 대의원과 1명의 업저어버가 회의 의사에 참여하였다.

1916년 말엽 세계정치에는 제국주의전쟁으로부터 제국주의적 강화(講和)로의 일대 전환이 시작되었다. 객관적인 조건들과 혁명에 대한 공포에 사로잡혀 일련의 나라들의 몇몇 제국주의적 그룹은 장기화되는 전쟁을 종결시킬 길을 모색하기에 이르렀다.[70]

러시아에서의 2월 부르조아 민주주의 혁명은 찜머발트 좌파와 우파 사이의 장벽을 더욱 심화시켰다. 러시아에서 일어난 사건들은 제국주의 전쟁이 내전으로 전환하기 시작했음을 증명하였다. 러시아의 노동자계급은 전쟁, 평화 및 혁명의 문제에 관한 명료하고도 정확한 강령을 가진 세계 유일의 당이, 당연히 세계 프롤레타리아트의 혁명적 세력을 이끄는 중심으로 되었다. 혁명적 국제주의자가 더 이상 찜머발트 연합에 안주하는 것은 허용되지 않는다고 레닌은 생각하였다.[71] 러시아 사회민주노동당(볼셰비키) 4월 협의회는 찜머 발트 블록 내에서 찜머발트 좌파의 전술을 주장하고자 이 블록에 머무르기로 결정하고, 국제사회주의 위원회가 스톡홀름에 소집한 제3회 찜머발트 회의에 볼셰비키가 참가하는 문제를 중앙위원회에 위임하였으나 단지 정보를 얻을 목적으로만

---

[70] 이리하여 평화주의적 선전의 일정한 객관적 기반이 마련되고, 이 기반 위에서 사회배외주의자와 찜 머발트 우파의 정치적 화해 또한 진행되었다. 사회평화주의라는 공통의 강령으로 사회배외주의자와 손을 잡은 찜머 발트 우파는 찜머발트와 킨달에서 엄숙하게 선언된 제국주의전쟁 및 자본주의에 대한 혁명적 투쟁의 사상을 배반해 버렸다. 찜머발트 다수파는 찜머발트의 깃발을 사회배외주의 및 부르조아 개량주의를 싸서 감추는 가리개로 뒤바꿔 찜머발트 연합을 사상적·정치적 파탄으로 몰고 갔다.

[71] 그는 이렇게 표현하고 있다. "찜머발트의 늪에 더 이상 빠져 있을 수는 없다. 찜머발트의 '카우츠키 파' 때문에 플레하노프나 샤이데만 등의 배외주의적 인터내셔널과 조금이나마 결합되어 있는 상태를 더 이상 계속해서는 안된다. 이 인터내셔널과는 즉각 손을 끊지 않으면 안된다. 찜머발트에는 다만 정보를 얻을 목적으로만 머물러야 할 것이다." 레닌은 새로운 혁명적 프롤레타리아적인 인터내셔널의 즉각적인 창립을 호소하였다.

찜머발트 블록에 머무른다는 레닌의 제안은 부결되었다.72)

마. 코민테른의 창립

1) 유럽 등 전세계의 혁명적 위기

1917년 11월 7일(구력 10월 25일), 러시아에서 사회주의 혁명이 승리했다. 무장봉기의 결과, 부르조아 권력은 타도되고 지구의 6분의 1의 지역에 프롤레타리아 독재 정권이 수립되었다.

제국주의 전쟁의 시기에 자본주의의 모든 모순이 극도로 격화한 결과로서 일어난 10월 혁명은 자본주의의 전반적 위기의 단서로 되고 인류 역사상 새로운 시대, 즉 여러 국민이 자본주의에서 사회주의로 이행하는 시대를 연 사회주의 세계혁명의 제1막으로 되었다.

10월 혁명은 세계를 2개의 체제, 즉 사회주의체제와 자본주의체제로 나누고, 제국주의의 모든 모순을 격화시켰으며 전 세계 노동자를 고무하여 폭력과 억압적 제도에 대한 투쟁으로 이끌었다. 10월 혁명의 승리는 발전한 자본주의 국가와 그 밖의 여러 나라에서 혁명투쟁을 고양시키는데 크게 영향을 끼쳤다.

1918년 1월에, 오스트리아·헝가리와 독일의 약 200만 노동자는 중 유럽 열강이 브레스트 리토프스크에서 소비에트 러시아에 제시한 약탈적인 강화조건73)에 항의하여 파업을 선언했다. 노동자는 소비에트 정부가 제안한 조건으

---

72) 당내에 찜머발트의 환상을 퍼뜨린 것은 지노비에프였다. 그는 중앙파에게 우유부단한 태도를 보인 다수파의 좌익 사회민주주의자들을 끌어들여 찜머발트와 절연하지 않고 제3인터내셔널을 장악하자고 주장하였으나 이에 대하여 레닌은 대단히 부정적인 의견을 제시하였다. 1917년 여름과 가을에 그는 중앙위원회와 그 재외대표부 56)로 수차 서신을 띄워 '좌파만으로 구성되는, 카우츠키파와는 전혀 다른' 혁명적 인터내셔널을 창립하기 위한 국제주의자의 국제회의를 하루빨리 소집하도록 요구하였다. 그러나 중앙위원회내에서는 지노비에프가, 또 중앙위원회 재외대표 부 내에서는 라데크가 레닌의 지시를 거부했다. 그러자 레닌은, 이와 같은 주장을 물리치고 다음과 같이 주장했다. "참가인 원이 '많아질 때'까지 '기다린다'는 것은, 또한 지금은 '소수'이기 때문에 '아직은 생각만 할 단계'라는 것은 대책 없는 어리석은 짓이다. 왜냐하면 그러한 회의는 현재로서는 참가자의 수에 관계없이 사상적으로 하나의 세력을 이룰 것이지만 시간이 지나면 묵살될 우려가 있기 때문이다." 유감스럽게도 레닌의 지시는 그 당시에는 실행되지 못했다. 볼셰비키의 대표는 1917년 9월 5일에서 12일까지 스톡홀름에서 열린 제3회 찜머발트 회의에 참가했다. 회의는 레닌이 예견한 바와 같이 세계혁명운동에 있어 아무런 수확도 거두지 못했다. 이것은 그 회의에서 중앙파가 결정적인 역할을 연출했었기 때문이다.
73) 소비에트 러시아와 독일, 오스트리아·헝가리 제국, 터어키, 불가리아 사이에 체결된 강화조약으로 1918년 3월 3일 브레스트 리토프스크에서 조인되었다. 이 조약에 의해 폴란드, 발트 해 연

로 강화를 즉각 체결하고, 계엄상태를 철폐할 것, 식량공급을 개선할 것 등을 요구했다. 이 양국의 공업중심지에서 노동자대표평의회(레데)가 결성되었다. 오스트리아·헝가리, 독일에서의 1월 행동은 인민 대중의 거대한 혁명적 역량을 보여주었다. 그러나 이 역량은 기회주의자에 의해 마비되고 파업은 실패로 돌아갔다.

1918년 1월 말 핀란드에서 프롤레타리아혁명이 일어났다. 핀란드는 소비에트 러시아 이후 노동자·농민의 사회주의 공화국, 레닌이 말한 바와 같이 … 소비에트는 없다고 하더라도 그 권력 형태는 새로운 프롤레타리아적인 국가가 성립한 최초의 나라였다. 핀란드의 부르조아 정부는 인민의 분노한 봉기로부터 달아나 북부 지역으로 도망치고, 남부 공업지구에서 권력은 노동자의 수중으로 들어갔다. 1월 28일에 혁명정부가 조직되어 거기에는 좌익 사회민주주의자가 이끄는 사회민주당의 활동가들이 들어섰다.

1918년 가을, 전선에서의 군사적 패배와 육·해군 내의 반란, 그리고 노동자의 혁명적 민주주의 운동, 체코, 슬로바키아, 남 슬라브, 폴란드, 서 우크라이나, 루마니아 지역에서의 민족해방 운동이 고양됨에 따라 오스트리아·헝가리 군주국이 붕괴하기 시작했다. 10월과 11월에 오스트리아·헝가리에서 부르조아 민주주의혁명이 반동적인 합스부르크가의 통치를 무너뜨렸다. 프롤레타리아트는 혁명의 추진력이었지만 사회개량주의자의 지도하에 있었기 때문에, 투쟁과정에서 많은 도시에서 혁명권력의 맹아적인 기관으로서 노동자대표평의회가 만들어졌음에도 불구하고 프롤레타리아트는 혁명의 헤게모니를 장악하고 권력을 탈취할 수 없었다. 결국 오스트리아·헝가리 지역에는 많은 신생 부르조아 국가가 성립됐다. 오스트리아, 헝가리, 체코슬로바키아, 폴란드, 세르비아·클로아티아·슬로베니아 왕국(1929년 이후 유고슬라비아)이 그것이다.

안지방의 거의 전부, 백러시아의 일부가 독일과 오스트리아·헝가리 정부의 지배하에 놓이게 되었다. 우크라이나도 소비에트 러시아에서 분리되어 독일의 종속국으로 되었다. 카르스, 파둠, 아루타간의 세 도시는 터어키에게 약탈당했다. 1918년 8월 독일은 소비에트 러시아에게 추가조약과 금융협정을 강요함으로써 더욱 약탈적인 요구를 제기하였다. 브레스트 리토프스크 조약은 그 체결에 반대하는 트로츠키 및 좌익 공산주의자들과의 격렬한 당내투쟁을 통해서, 레닌의 열정적인 노력에 의해 이루어진 것이다. 강화의 체결은 당시의 곤란한 국내외적 정세에서 신생 소비에트 권력을 강화하기 위한 정치적 타협이며, 소비에트국가에게 휴식 시간을 주어 낡은 군대를 적군(赤軍)으로 재건설하고 사회주의건설을 개시하여 국내의 반혁명과, 간섭군과 투쟁할 수 있는 힘을 키울 수 있도록 하였다. 1918년 11월 혁명으로 독일의 군주제가 타도되자 11월 13일 전 러시아 중앙집행위원회는 이 조약을 파기하였다.

1918년 11월 3일 키일에서의 수병반란을 기점으로 독일혁명이 시작되었다. 도처에서 노동자·병사대표평의회가 성립되었다. 11월 9일 스파르타쿠스단과 혁명적 노동자위원의 호소에 응하여, 무장한 노동자와 병사가 독일 제국주의의 중심지인 베를린을 장악하고, 제정(帝政)을 전복시켰다.

1919년 영국에서 '소비에트 러시아로부터 손을 떼라!'라는 슬로건을 내걸고 노동자의 광범한 운동이 전개되었다. 이 운동은 노동자의 국제 연대를 뚜렷하게 반영하고 있었다. 러시아 반혁명파를 원조하기 위해 흑해로 파견된 프랑스 해군 병사들은 소비에트 러시아 노동자와의 형제적 연대의 훌륭한 모범을 보여주었다. 프랑스의 해군 병사는 근로인민을 적으로 하는 야비한 전쟁에 참가할 것을 거부하고, 러시아 노동자와 국제적 연대를 형성하기 시작했다. 1919년 4월 20일, 그들은 군함의 돛대에 적기(赤旗)를 달고 세바스토폴의 노동자와 함께 시위에 참가하여 소비에트 권력을 지지하는 슬로건을 힘껏 외쳤다. 프랑스 해군 병사의 이 영웅적 행동은 각국 노동자 사이에 광범위한 반향을 불러일으켰다.

발전해 가고 있던 세계적 혁명운동의 중요한 특징의 하나는 식민지·종속국 인민의 민족해방투쟁이 반제국주의적인 성격을 강화했다는 점이었다. 10월 혁명은 제국주의의 배후지에 강렬한 타격을 입히고 식민지 체제의 위기의 단서를 제공했다.

라틴 아메리카의 종속국에서는 외국의 억압·무권리·곤궁·물가등귀 에 반대하여 노동자뿐만 아니라 농민, 도시 소부르조아지, 인텔리겐챠, 학생도 투쟁에 나섰다.

아르헨티나, 브라질, 멕시코, 페루, 우루과이, 칠레의 노동자들은 토지개혁의 실시, 8시간 노동제의 제정, 임금인상, 노령연금보장의 실시, 여성노동과 아동노동의 보호, 노동조합 조직의 자유, 대학의 개혁 등을 요구했다.

중국(5·4운동)[74], 인도(아무리잘 사건)[75], 조선(3·1운동), 인도네시아에서

---

[74] 중국의 부르조아민주주의혁명을 노동자계급이 지도하는 새로운 형의 민주주의혁명으로 전환시킨 계기가 된 반제·반봉건 인민운동. 이 운동은 운동의 발전과정에서 노동운동과 사회주의 사상을 기반으로 하는 중국혁명의 새로운 단계를 여는 계기가 되었다.

[75] 인도 펀잡 주의 도시 아무리 잘에서 1919년 4월 13일 영국군대가 비무장 인도 인민의 시위대에 발포하여 379명을 살해하고 1,200명 장군 타이아의를 부상시킨 사건. 이 유혈사건은 펀잡

방대한 인민대중이 강력한 반제, 반봉건 운동에 참여했다.

외국의 지배에 반대하여, 시리아, 레바논, 이라크, 이집트, 리비아, 수단, 소말리아의 농민이 일어섰다. 열대 아프리카의 노예화된 국민(나이제르, 시에나레오네, 벨기에 령〔領〕콩고, 세네갈)들도 식민지주의에 반대하는 투쟁의 첫 걸음을 내딛었다. 대다수의 경우 피억압민족의 행동은 제국주의 열강에 의해 잔혹하게 탄압받았다. 그럼에도 불구하고, 터어키, 이란, 아프가니스탄, 몽고의 국민은 소비에트 러시아의 원조에 힘입어 민족적 독립을 쟁취할 수 있었다.

이리하여 세계혁명 과정은 식민지 영유국에서만이 아니라, 제국주의의 식민지적 배후지까지 포함한 전 대륙의 수천만 대중을 투쟁으로 고무시켰다. 러시아에서의 소비에트권력의 강화와 자본주의 세계에서의 계급투쟁의 힘찬 고양은, 세계 프롤레타리아혁명이 급속하게 성장하고 있음을 보인 것이었다. 이에 제국주의 부르조아지는 자국내의 프롤레타리아 운동을 진압하고 또 내전을 도발해 소비에트 러시아의 프롤레타리아 운동을 진압하는 데 전념했다. 자본주의에 대한 공격의 시기가 도래하고 계급투쟁이 전에 없이 격화하여 사회주의를 위한 투쟁의 거대한 임무에 당면하게 되면서, 혁명세력은 가능한 한 급속하게 그 결속을 굳히고, 국제연대를 강화해야만 했다.

2) 국제 공산주의 혁명운동을 강화하기 위한 레닌의 사상적 투쟁

소비에트 러시아는 그것이 존재하고 있다는 사실 그 자체로서도 국제 노동자계급에게 강한 혁명적 영향을 끼쳤다. 그러나 다른 나라들의 프롤레타리아트의 혁명적·계급적 자각은 러시아에 비해 더디었으며 한층 곤란하고 힘든 길을 걸었다.

이와 같은 정세 아래에서 국제혁명운동을 강화하는 데 중대한 사업은 '10월 혁명'의 경험을 최대한으로 보급시켜 혁명적 노동자가 그것을 체화하도록 하는 것이었다.

이 임무는 지배계급과 그 하수인인 사회민주주의자가 자국 내에서의 사태

지방에 자연발생적인 봉기를 유발시켰다.

의 경과가 러시아의 모범에 따르는 것을 모든 방법을 다하여 저지하려 했었기에 더욱 중요하게 부각되었다. 폭력과 기만, 위협과 약속이 모두가 대중 사이에서 높아지고 있던 불만을 무마하기 위해 이용되었다. 러시아 혁명에 대한 허위정보와 중상모략적 유언비어의 홍수로 근로대중에게 혼란과 의혹을 일으키기 위해 모든 선전수단이 동원되었다.

이 수치스러운 반(反)소비에트·반공산주의 운동의 사상적 고무자로서 등장한 이가 바로 중앙파의 주요한 이론가 카우츠키76)였다.

레닌은 카츠키주의를 사상적 이론적으로 분해하는 것이 프롤레타리아 계급투쟁의 운명에 극히 중요하다고 생각했다. 1918년 10월 초, 심한 부상으로부터의 회복 여부가 불투명한 상태에서77) 레닌은 국제적 중앙주의에 대하여 결정적인 전투에 돌입하기 위해 팬을 들었다. 레닌은 「프롤레타리아혁명과 배반자 카우츠키」라는 논문을 쓰고, 이어 같은 제목의 저서를 집필했다.

카우츠키에 대한 논전 중에서 레닌은 프롤레타리아혁명의 극히 중요한 문제들을 제출했다. 그것들은 러시아에 대해서뿐만 아니라 국제 노동운동 및 공산주의 운동 전체에 대해서도 절실한 의의를 갖는 것이었다. 그로부터 레닌은 국제 노동자 계급에게 제국주의에 반대하고 기회주의에 반대하는 투쟁을 전개하는 데에서의 사상적 무기를 부여했다. 레닌이 특히 주목했던 것은 프롤레타리아 독재의 문제였다. 실로 이 문제에서 카우츠키는 극히 교묘한 술책을 부려 맑스주의를 위조했다. 카우츠키는 '프롤레타리아독재'라는 개념을 완전히 폐기할 것을 제안했는데, 이는 그것이 늘 오해의 원인으로 되어왔기 때문이라는 것이었다.78)

---

76) 1918년 8월 카우츠키는 『프롤레타리아독재』를 발행하여 그 안에서 프롤레타리아독재에 대하여 맑스주의 학설을 왜곡하고 소비에트권력을 자본주의와 세계 자본이 초래한 것보다 더욱 커다란 고통과 곤란의 원천인 것처럼 묘사하면서 러시아사회주의 혁명을 모함했다. 카우츠키의 이론적 고찰의 진정한 의도는 노동자를 위협하여 혁명에서 물러나게 하고, 그들의 투지를 마비시키고 의식을 흐리게 하여 자본주의에서 사회주의로의 평화적인 성장·전화가 가능하다는 개량주의적 환상을 그들 사이에 강력히 주입하는 것이었다. 카우츠키는 프롤레타리아혁명에 대한 스스로의 배반을 맑스주의의 진리성을 승인한다는 말로써 위장하고 볼셰비키가 맑스주의를 관념론적으로 왜곡시켰다고 하면서 정통적 맑스주의를 옹호한다는 깃발을 걸고, 러시아에서 이미 시작된 세계혁명에 대하여 공격을 가했다. 카우츠키는 궤변으로써 맑스주의에서 그 생명력을 제거하고 혁명인 투쟁 수단을 부인함과 준비하는 것, 대중을 올바른 방향으로 교육할 필요성을 부정했다. 중앙파의 기회주의적인 사고방식과 그들의 지도자 카우츠키의 견해는 세계혁명운동을 발전시키는 데 커다란 위험으로 되었다.
77) 1918년 8월 30일 사회혁명당의 카브란에게 저격당함

레닌은 부르조아민주주의에 프롤레타리아민주주의를 대치시켰다. 프롤레타리아독재는 계급사회에 있어서 민주주의의 최고 형태임을 그는 보여주었다. 또한 그는 소비에트권력이 가장 민주주의적인 공화제와 비교해도 백만배 더 민주주의적이라고 서술했다. 왜냐하면 소비에트 권력은 광대한 대중을 소외시키는 것이 아니라 그들을 가까이 끌어당겨 국가의 통치에 끊임없이 결정적으로 참가시키기 때문이다. 볼셰비즘의 역사적 공적은 프롤레타리아독재라는 개념이 모든 노동자를 이끌고 나가는 노동자계급의 권력을 의미하는 것임을 명백히 하여, 프롤레타리아독재 사상을 전 세계에 이해시킨 것에 있었다.

레닌은 그의 저서에서 혁명적 이론과 전술, 프롤레타리아 국제연대의 원칙들을 창조적으로 발전시키는 데 있어서 볼셰비키 당이 완수한 뛰어난 역할을 명확히 했다. '볼셰비키의 전술'은 세계혁명에 대한 두려운 공포가 아닌 유럽의 혁명적 정세의 올바른 평가에 기초를 두고 있는 유일하게 올바른 전술이라고 그는 제시했다. 즉 이 전술은 오직 하나의 국제주의적인 전술이었다.

로자 룩셈부르크에 의해 작성되어 창립 당대회에서 채택된 '독일공산당'의 강령은 프롤레타리아 독재만이 자본주의적 임금노예제에 종지부를 찍게 할 수 있다는 입장을 취하고 있었다.79)

각국의 조건이 매우 다양했기 때문에 공산주의자의 활동에 있어서 여러 가지 다른 성격과 내용의 의견이나 견해가 불가피하게 생기게 되었다. 그러나 이들 의견이 서로 다르다는 것이 곧 모든 공산주의자를 실천적으로 통합한다

---

78) 카우츠키는 그의 저서에서 자본주의로부터 사회주의로의 과도기에는 프롤레타리아트의 혁명적 독재가 필요하다는 맑스의 주목해야 할 결론을, 이따금 맑스가 무심코 입밖에 낸 한마디 말로 규정하고 그것을 볼셰비키가 자신들의 목적을 위해 아전인수격으로 받아들였을 뿐이라고 주장했다. 카우츠키의 이 위선을 폭로하여 레닌은 '프롤레타리아독재'라는 정식은 맑스와 엥겔스가 1848년 혁명의 경험, 특히 1871의 빠리 꼬뮨의 경험을 고려해서 말한 프롤레타리아트의 임무(부르조아적 국가기구를 분쇄하는 임무)를 역사적·구체적·과학적으로 더욱 정확하게 서술했던 것이라고 썼다. 그는 프롤레타리아독재란 프롤레타리아트 부르조아지에 대해 힘으로써 쟁취하여 유지하는 권력이며, 무장한 인민이 그 적에 대항하여 스스로의 권위를 유지하고 부르조아지의 반항을 탄압하기 위하여 필요한 권력이라고 설명했다. 레닌은 또한 "어떠한 나라에서 혁명의 발전이 어떻게 행해지더라도 평화적으로 행해지든 비평화적으로 행해지 든-프롤레타리아독재라는 불가결한 특징은 "계급으로서의 착취자를 힘이 의해 탄압하는 것이며, 것 따라서 착취계급에 대해 '순수민주주의', 즉 평등과 자유를 침범하는 것"이라고 강조하였다.
79) 강령은 기본적으로는 정확하게 독일 노동자계급의 전투적 임무를 규정하였으며, 최초의 사회주의 국가인 소비에트 러시아를 지지하자는 요구를 포함하고 있었다. 그러나 거기에는 약간의 이론문제(농업문제, 민족·식민지문제, 그 외 몇 가지 문제)와 노동자계급과 농민대중을 독일제국주의에 대한 공동투쟁으로 끌어들이는 문제를 애매모호하게 규정했다는 중대한 문제점이 있었다.

는 원칙적인 사상적 기초와 어긋나는 것은 아니었다. 즉 사회주의로의 이행을 위해서는 사회주의 혁명과 프롤레타리아독재가 필요하다는 점의 승인, 이것이야말로 각각의 다양한 조건에도 불구하고 모든 공산주의자를 하나로 통합시키는 사상적 기초였다.

3) 코민테른 제1회 대회(창립)

「10월 혁명」은 국제정세 전체를 근본적으로 변화시켜 공산주의 인터내셔널을 창립하기 위한 새롭고 보다 유리한 조건을 만들어냈다. 「10월 혁명」은 인류 역사상 처음으로 사회의 사회주의적 개조에 관한 맑스·레닌주의의 사상을 실행에 옮기고, 맑스·레닌주의의 진리성과 그 커다란 변혁적인 힘을 반박의 여지가 없을 만큼 설득력 있게 증명했다. 이것은 개량주의에 대한 혁명적 이론의 승리이며, 사회민주주의에 대한 레닌주의의 승리였다. 또한 「10월 혁명」은 세계사의 무대에 공산주의자를 등장시켜, 그들을 세계혁명 과정의 선두에 서게 했다. 「10월 혁명」의 영향하에서 노동운동의 새로운 선진적인 정치집단이 혁명의 흐름에 합류하고 레닌주의에 기초하여 사상적 및 정치적으로 결집하기 시작했다. 노동운동과 각 민족의 민족해방운동 내부에, 레닌주의의 사상적 헤게모니가 확립되기 시작했다.

10월 혁명과 러시아 볼셰비키 당의 이론 및 실천은 평화, 참된 자유, 사회주의로 이끄는 유일한 바른 길을 여러 나라 국민들에게 제시했다. 10월 혁명의 승리는 이전에는 결코 존재하지 못했던 대중적 기반을 세계 공산주의 운동에 부여했다. 소비에트공화국은 임금노예제와 식민지적 억압에 반대하여 제국주의에 대한 공격에 나선 자본주의 세계의 수천만 근로자들이 제3인터내셔널을 창립하는 사상을 이해하고 파악할 수 있도록 도왔다. 프롤레타리아트와 모든 근로자의 계급투쟁의 이익은 제국주의에 대한 집중적이고 파괴적인 타격에 해방운동의 모든 역량을 최대한으로 결집하고 통합할 것을 요구하게 되었다. 이와같은 임무를 수행할 수 있는 것은 오로지 세계적 규모로 조직된 새로운 형태의 프롤레타리아 당뿐이었다.

1918년 1월 빼뜨로그라드에서 공산주의 인터내셔널을 준비하기 위한 최초의 국제협의회가 개최되었다. 여기에는 볼셰비키, 좌파사회혁명당, 스웨덴, 노르웨이, 영국, 미국의 좌익 사회민주주의자, 그 위에 폴란드 루마니아, 체코, 클로아티아의 국제주의자 대표가 참가했다. 협의회는 두개의 조건80)에 기초하여 좌파의 회의를 소집할 것을 결정했다" 이 결정은 좌파 각 당과 각 그룹에 보내졌다. 이 기초 위에서 여러 나라의 국제주의적 세력을 제3인터내셔널로 통합하기 위한 끈기 있는 활동이 전개되었다.

또한 공산주의 인터내셔널의 사상을 선전하는 데 커다란 역할을 수행한 것은, 러시아 공산당(볼셰비키) 중앙위원회의 산하에 만들어진 외국인 그룹 연합과 러시아 공산당 회교도조직 중앙국이었다.

많은 나라들에서 공산당과 공산주의 그룹이 형성된 것은, 제3인터내셔널이 사실상 이미 성립하여 활동하고 있다는 것을 의미했다. 따라서 공산주의자들의 임무는 공산주의 운동의 현존하는 여러 부대를 조직적으로 통합함으로써 대중에게 그들의 힘과 영향력을 높이는 것에 있었다. 이를 위해 1918년 12월 24일 러시아 공산당은 각국의 공산주의자들에게 제3인터내셔널(=공산주의 인터내셔널; 코민테른)의 창립을 서둘자고 호소했다.81)

1919년 1월에 모스크바에서 새로운 국제협의회가 열렸다. 이 협의회는 가능한 한 빨리 제3인터내셔널의 창립대회를 소집하자는 레닌의 제안을 만장일치로 채택했다. 그 취지문에는 소비에트 러시아, 폴란드, 헝가리, 오스트리아, 라트비아, 핀란드의 공산주의자와 발칸 혁명적 사회민주주의연합82)과 미국 사회주의노동당의 대표가 서명했다.

1919년 2월 말 엄청난 장애와 봉쇄와 내전 전선의 사슬을 돌파하고

---

80) (1) 각당, 각 조직은 본국 정부에 반대하고 혁명적 투쟁의 의 길로 나아가는 데 동의할 것 (2) 러시아의 10월혁명과 소비에트 권력을 지지할 것.
81) 이 임무는 당시 사회배외주의자와 중앙파가 공산주의 운동과 싸우기 위해, 제2인터내셔널을 부활한다는 구실로 개량주의의 국제적 연합체를 만들기 시작하고 있었기 때문에 여유롭게만 진행할 수는 없는 것이었다.
82) 1910년에 베오그라드에서 불가리아, 세르비아(후의 유고슬라비아), 루마니아, 사로니카(후의 그리이스) 사회민주당에 의해 결성되었다. 제1차 세계대전 중이 연합은 반전적 입장을 견지하고 찜머발트 연합에 참가하였다. 1920년 소피아 회의에서 발칸 공산주의연합으로 개칭하여 코민테른에 가 맹했다. 알칸 공산주의연합의 임무는 제국주의적 억압에 대한 투쟁에 발칸 모든 나라의 근로자들의 힘을 결집시켜 발칸 노농공화국연합을 수립하기 위해 투쟁하는 것이었다. 1924년부터 1932년까지 잡지 『페드라시온 발 카닉』을 발행하였고, 수 에 걸쳐 발칸 공산주의자회의를 개최하였다.

모스크바로 각 공산당의 대의원들이 도착하기 시작했다.[83]

3월 1일, 목전의 국제공산주의자 대회의 개회, 성립 및 의사일정의 문제에 관하여 대의원들의 일련의 예비회의가 레닌의 지도하에 열렸다.

1919년 3월 2일 밤 크레믈린 궁에서 국제공산주의자회의가 시작됐다. 의장단의 상임위원으로는 레닌(소비에트 러시아), 에벨라인(독일), 플라 텐(스위스) 등이 선출되었다.

회의에는 유럽, 아메리카, 아시아의 21개국 등 35개 조직을 대표하여 대의원 총 52명이 출석했다.[84] 당시 이 회의에 대표를 보냈던 당으로서 실질적으로 대중적인 당은 러시아 공산당뿐이었다. 핀란드, 오스트리아, 네덜란드, 헝가리, 폴란드, 독일 각 공산당은 극히 최근에 창립된 정도이며 또 강고한 것도 아니었다. 그러나 노동운동이 고양되고 있는 조건 아래서 이들 당은 급속히 혁명적 투쟁의 경험을 쌓았다.

공산주의 인터내셔널의 지침은 프롤레타리아 국제주의의 원칙을 확인하고 혁명적 프롤레타리아트가 그 행동을 국제적인 규모로 결합 조정하여, 일국 내의 계급투쟁의 승리와 세계혁명의 임무들을 결합시키는 것이 절대적으로 필요하다고 강조하였다. 코민테른은 제국주의 각국의 프롤레타리아트의 투쟁과 식민지·반식민지 피억압 민족의 민족해방 투쟁의 밀접한 결합을 끊임없이 실현하고, '제국주의 세계체제의 종국적인 붕괴를 촉진하기 위하여' 피억압민족의 투쟁을 지지할 것을 자신의 의무로 내걸었다.

그와 동시에 코민테른은 프롤레타리아트의 권력이 승리를 쟁취한 나라들이 그 획득물과 사회주의건설을 공동으로 방위하기 위하여 가장 긴밀하게 동맹하고 형제적으로 상호원조할 것을 선언했다.

---

[83] 이탈리아 사회당의 대의원과 프랑스, 영국, 미국 좌익 사회주의자 그룹의 대표는 봉쇄를 돌파하지 못해 참가하지 못했다. 헝가리 공산당의 대의원들과 독일의 한 대의원은 소비에트 러시아로 오는 도중에 체포되었다. 일부 대의원들은 늦게 도착했다.

[84] 19개 조직이 의결권을 갖고 16개 조직이 평의권을 가졌다. 대의원들은 오스트리아, 불가리아, 영국, 헝가리, 독일, 세르아·클로아티아 슬로베니아 왕국, 네덜란드, 노르웨이, 폴란드, 루마니아, 소비에트 러시아, 핀란드, 프랑스, 체코슬로바키아, 스위스, 스웨덴, 미국의 공산주의 및 좌익 사회주의적인 각 당과 각 그룹을 대표하고 있었다. 우크라이나, 라트비아, 리투아니아 및 백러시아, 에스토니아, 아르메니아, 볼가 연안 독일인, 투르키스탄, 그루지야, 아제르바이잔의 공산주의 조직들은 독자의 대표단을 보내왔다. 한편 이란, 중국, 조선, 터어키의 피억압민족 대표도 참가했는데 이런 종류의 회의에서는 처음 있는 일이었다.

다음날 회의는 부르조아 민주주의와 프롤레타리아 독재에 관한 「레닌」의 테제와 보고를 청취했다. 보고에는 레닌의 고전적인 저작 『국가와 혁명』, 『프롤레타리아혁명과 배반자 카우츠키』 등 많은 노작에 기초한 극히 중요한 이론적·정치적 결론이 더욱 발전적으로 정리되어 있었다.[85]

보고의 결론에서 레닌은 결의안을 제안했다. 거기에는 프롤레타리아트를 자본주의제도에 대한 직접적 공격을 위해 준비시키는 활동을 진행하고 있는 공산당의 주요한 임무가 다음과 같이 지적되어져 있었다.

(1) 부르조아 민주주의와 의회제도가 대치·교체되어야 할 새로운 프롤레타리아 민주주의의 역사적 의의, 정치적·역사적 필연성을 광범한 노동자 대중에게 설명할 것.
(2) 모든 공업부문의 노동자와 육해군 병사에게 더우기 고농(雇農: 농업노동자)과 빈농에게 소비에트를 널리 알리고 조직할 것.
(3) 소비에트 내부에 안정된 공산주의적 다수파를 형성할 것.

부르조아 민주주의와 프롤레타리아 독재에 대한 레닌의 보고와 테제를

---

[85] 발전하고 있는 혁명적 위기의 조건하에서 사회민주주의는 프롤레타리아혁명과 싸우기 위해 '순수 민주주의'라는 슬로건을 이용하고 있었다. 소위 '순수 민주주의'를 옹호하며 부르조아지와 사회개량주의 자가 끌어내고 있는 기만적인 논거를 폭로하면서, 레닌은 세계적인 혁명적 위기와 부르조아 질서에 대한 직접공격의 시기에서는 "부르조아독재 또는 프롤레타리아독재 이외에 중간적인 것은 결코 있을 수 없다"고 강조했다. 레닌은 '민주주의 일반' 또는 '순수 민주주의'에 관한 기존의 모든 논의가 실제로는 부르조아지와 그들의 착취자로서의 특권을 옹호하는 것임을 폭로하였다. 집회의 자유, 출판의 자유, 평등—이들 모든 슬로건은 부르조아지와 그 하수인인 사회민주주의자가 프롤레타리아트를 속이고 자본의 지배를 은폐하여 부르조아 독재를 정당화하기 위해 이용되어 왔다. 프롤레타리아독재가 다른 계급의 독재, 지주·자본가의 독재와는 근본적으로 다르다는 것을 레닌은 다음과 같이 지적했다. "지주와 부르조아의 독재는 주민의 대다수인 근로대중의 반항을 무력으로써 탄압하는 것이었다. 프롤레타리아독재는 이에 반해 착취자, 즉 소수의 지주와 자본가의 반항을 힘으로써 탄압하는 것이다." 그러므로 프롤레타리아 독재는 근로자와 피착취대중의 민주주의가 종전에 없던 규모로 확대된 것을 의미하는 것이었다. 소비에트권력은 구체적·역사적으로 대중 자신에 의해 발견된 프롤레타리아독재의 국가형태였다. 소수 착취자의 수중으로부터 다수 피착취자수중으로 권력이 이행하는 것은 부르조아 의회제 민주주의의 낡은 틀에서 실현될 수 있는 일이 아니었다. 그것은 프롤레타리아민주주의의 새로운 형태를 만들어낼 때만이 가능한 것이었다. 소비에트 국가조직의 특징은 그 조직형태가 가장 집적되고 계몽된 계급인 프롤레타리아트가 지도적 역할을 수행하기에 적당하다는 점에 있다. 프롤레타리아트만이 근로 피착취주민의 분산되고 뒤진 층들을 단결시키고 그들을 지도해 나갈 능력을 갖추고 있다는 것은 역사적 경험이 증명하는 바라고 레닌은 강조하고 있다. 러시아의 혁명적 실천은 프롤레타리아독재를 실현한 소비에트 권력만이 부르조아적 국가기구를 분쇄하고 노동자에게 진정한 자유와 민주주의를 보장해 줄 능력을 갖고 있음을 입증했다.

회의는 주목하여 경청했다. 이 테제와 공산당의 임무에 관한 결의는 국제 공산주의 운동의 기본적인 강령적 문서로서 만장일치로 채택되었다.86)

토론이 끝난 후에 의결권과 평의권을 가진 모든 대의원의 기단 투표가 행해졌다. 독일 공산당 대의원의 기권을 제외하고는 전부 공산주의 인터내셔널을 즉시 결성하는 것에 찬성했다. 채택된 결의에는 "모든 당, 조직 및 그룹은 8개월 이내에 제3인터내셔널로의 가맹을 최종적으로 신청할 권리를 갖는다"라고 규정하였다. 표결 후 에벨라인은 독일에 돌아 가면 공산당을 코민테른에 가맹시키기 위해 전력을 다하겠다고 하였다. 실제로 독일 공산당은 코민테른에 가맹한 최초의 당 중의 하나였다.

1919년 3월 4일 이후 국제공산주의자회의는 이미 코민테른 제1회(창립)대회로서 그 의사(議事)를 계속했다. 이날 찜머발트 운동의 몇몇 저명한 활동가들의 제안에 따라 찜머발트 연합은 그 수명을 마쳤으므로 해산한다는 정식 결정이 채택되었다. 이어 여러 회의에서 일련의 중요한 결정이 채택되었다. 「'사회주의적' 조류들과 베른 회의에 대한 태도에 관하여」, 「국제정세와 협상국의 정책에 관하여」, 「사회주의를 위한 투쟁에 여성노동자를 흡수하는 문제에 관하여」란 보고와 결의에서는 코민테른의 지침과 레닌의 테제에서 이론적으로 기초지어진 모든 명제가 구체적으로 설명되어 졌다. 핀란드 공산주의자 시롤라의 보고에 따라서 채택된 「백색 테러에 관하여」란 결의에서는 자본주의에 의해 야기된 살인과 약탈의 체제에 영구히 종지부를 찍자는, 만국의 노동자를 향한 호소가 포함되어 있었다. 제1회 대회는 또한 「전 세계 프롤레타리아에게 보내는 공산주의 인터내셔널의 선언」과 「만국의 노동자에게」라는 격문도 승인했다.

코민테른 제1회 대회에서 채택된 문서는 국제 프롤레타리아트에게 권력획득을 위한 투쟁의 전투적 강령을 제시하고, 공산당의 임무와 기본적인 전술 방향을 명확하게 규정했다.

---

86) 지침과 레닌의 테제가 만장일치로 채택된 것은, 국제공산주의 운동이 강령적 문서로써 일반원칙과 투쟁임무를 결정할 수 있을 정도로 이미 필 요한 경험을 쌓아 충분히 성숙되었음을 나타내는 것이었다. 이들 문서는 여러 나라 공산주의자의 의견과 행동의 일치를 확인했던 것으로, 세계 공산주의의 통일적인 이론으로서 레닌주의가 갖는 국제적 성격을 입증하는 것이었다.

대회는 코민테른의 지도를 위하여 소비에트 러시아, 독일, 오스트리아, 헝가리, 발칸 혁명적 사회민주주의 연합, 스위스, 스칸디나비아의 각 공산당 대표로 구성된 집행위원회(EKKI)를 설치하기로 결정했다. 결의에서 서술하고 있는 바와 같이 코민테른의 최종적인 규약은 다음 대회에서 확정하기로 하고, 우선은 5명으로 구성된 뷰로에 조직활동을 위임하였다. 후에 러시아 공산당의 대표 지노비에프가 집행위원회의 의장으로 승인되고, 서기에는 발라바노바, 베르진이 승인되었다.

코민테른 제1회(창립) 대회의 국제적 의의는 극히 거대한 것이었다. 대회는 코민테른의 창립을 정식으로 선언하고, 개시된 세계 프롤레타리아혁명의 최초의 진보를 이론적으로 일반화하여, 레닌주의의 기치 아래 만국의 프롤레타리아트를 사상적·조직적으로 결집할 초석을 다졌다.

4) 제3차 인터내셔널의 역사(1919~1943)

가) 개요

국가의 완전한 철폐를 위해 무장군대를 포함하여 가능한 모든 수단을 통해 세계 부르주아 국가의 철폐와 과도기(이행기)적 프롤레타리아 독재 국가인 세계 소비에트 사회주의 공화국을 세우기 위해 투쟁해야 한다.

마르크스주의, 레닌주의 정당의 국제적 조직체다. 제3인터내셔널[87]로 불리기도 한다. 블라디미르 레닌의 발기로 1919년 3월 2일에 창당했다가 1943년 5월 15일 이오시프 스탈린이 해체했다. 1919년 창당 이후 스탈린이 권력을 완전히 장악할 때까지 약 10여 년 동안 전 세계 공산주의 활동에 있어서 중추적인 역할을 했다. 그러나 스탈린이 집권하고 나서 약화되어 유명무실해졌다.

목적은 각국 공산당들을 강하게 연계하고 그 활동을 통일적으로 지도함으로써, 1국 1당 주의에 따라 각국에 지부를 하나씩은 두었다.

---

[87] 코민테른은 약칭이고, 정식 명칭은 공산주의 인터내셔널(Коммунистический интернациона́л, 콤무니스찌체스키 인쩨르나치오날)이며, 제3인터내셔널이라고 불리는 경우도 있고, 국제공산당이라고 불리기도 한다.

중화민국의 1차 국공합작이나 국내의 신간회 등이 성립할 수 있었던 것에는 이 코민테른의 지시가 있었기 때문이다. 이후 코민테른의 노선 변화에 따라 국공합작도 결렬되고 신간회도 해소된다.

나) 정확한 명칭과 그 의미

코민테른은 약칭이고, 정식 명칭은 공산주의 인터내셔널(Коммунистический интернационáл, 콤무니스찌체스키 인쩨르나치오날)이며, 제3인터내셔널이라고 불리는 경우도 있고, 국제공산당이라고 불리기도 한다. 이와 같은 각각의 명칭은 보통 해당 표현이 사용되는 맥락이나 사용자의 취향에 따라 구별되어 사용되지만 그 표현들이 지칭하는 조직은 결국 같다. 이러한 명칭들이 혼용되는 이유는 각각의 명칭들이 가진 의미가 이 조직의 특성 중 다른 측면을 설명하는데 유의미하기 때문이다. 대략적인 각 명칭의 의미는 다음과 같다.

코민테른의 성립

1864년 카를 마르크스와 미하일 바쿠닌 등의 주도하에 설립된 최초의 국제적 좌익 노동운동 연합체인 국제노동자협회(International Workingmen's Association)를 제1인터내셔널이라고 지칭하고, 1889년 독일의 사회민주당과 카를 카우츠키를 비롯한 유럽 각국의 노동운동 지도자 및 좌익 정당들에 의해 창설된 단체인 '국제사회주의자 회의(International Socialist Congress)'를 제2인터내셔널이라고 지칭하는데 대하여 코민테른(제3인터내셔널)은 「공산주의 인터내셔널」이라고도 불리며 역사상 세 번째로 창설된 사회주의/공산주의 정치세력의 국제적 조직체라는 의미에서 사용되는 이름으로서 1919년 레닌과 소련공산당(이 당시에는 '쥬러시아공산당'이라는 명칭을 사용하고 있었지만)의 주도하에 창설되었다.

① 제3인터내셔널

1864년 카를 마르크스와 미하일 바쿠닌 등의 주도하에 설립된 최초의 국제적 좌익 노동운동 연합체인 국제노동자협회(International Workingmen's Association)를 제1인터내셔널이라고 지칭하고, 1889년 독일의 사회민주당과 카를 카우츠키를 비롯한 유럽 각국의 노동운동 지도자 및 좌익정당들에 의해 창설된 단체(정식 명칭은 국제 사회주의자 회의: International Socialist Congress)를 제2인터내셔널이라고 지칭하는데 대하여 역사상 세번째로 창설된 사회주의/공산주의 정치세력의 국제적 조직체라는 의미에서 사용되는 이름으로서 '공산주의 인터내셔널'로도 불린다.

② 공산주의 인터내셔널

1876년 해체된 제1인터내셔널과는 달리, 코민테른이 창설된 1919년 당시에는 제2인터내셔널이 존재하는 상태였다. 이 때문에 흔히 '사회주의 인터내셔널'이라고 불린 제2인터내셔널과 구별하는 의미에서 '공산주의 인터내셔널'이라는 명칭 역시 자주 사용된다. 명칭부터 제2인터내셔널의 공식명칭이 '국제 사회주의자 회의'인데 비해, 제3인터내셔널의 정식 명칭은 '국제 공산주의'이다. 정치적 노선 측면에서 사회민주주의적 특성이 강하게 드러난 제2인터내셔널에 비해 제3인터내셔널은 폭력혁명을 지향하는 경향을 강하게 드러냈다.

③ 국제공산당

제1,2인터내셔널이 각 국가의 노동조합 조직이나 사회주의 정당들간의 연합체나 협의조직 형태로 만들어진 데 비해, 공산주의 인터내셔널은 통일된 조직을 갖춘 정당을 지향하는 형태로 창설되었으며 명목상 각 국가별 공산당들의 상위에 있는 국제적 공산주의 정치조직이었으며, '공산주의 인터내셔널'을 주도하던 소련공산당 조차 명목상으로는 '공산주의 인터내셔널'의 지휘하에 있는 일개 공산당이었다.

다만 코민테른의 활동 전성기였던 소련 건국 초기에 소련은 스스로를 영토 개념에 구애받지 않는 전 세계 노동자의 조국이라고 규정하고 공산주의 국제 혁명을 통하여 해방된 각 국가들이 소비에트 공화국화되어 소비에트 공화국 연합에 합류할 것이라고 주장했다는 점에서 정말 소련 공산당을 코민테른 휘하의 일개 당이라고 간주했는지 상당한 이론의 여지가 있다.

〈그림. 6〉 코민테른 창립대회

어쨌든 동등한 정치조직들 사이의 협의 조직이었던 제1,2인터내셔널에 비해 공산주의 인터내셔널은 민주집중제에 의거하여 (소련 이외의) 각 국가의 공산당들을 지도하는 통일된 상위 조직을 지향하고 있었고, 이 점을 강조할 때 흔히 사용되는 명칭이 바로 국제공산당이다. 위에 서술된 1국 1당 주의 같은 경우도 각 국가의 공산당을 일종의 지역당으로 간주하는 논리에 따라 한 국가에서 공산주의 인터내셔널의 입장을 대변하는 정당은 하나만 인정한다는 논리에서 탄생한 것. 현대의 정당 조직에서 한 지역에 복수의 지역당을 두는 경우가 거의 없는 것과 비슷한 맥락으로 이해할 수 있다. 다만 '국제공산당'이라는 명칭을 사용하는 것은 주로 한자 문화권이고(영어 등으로 International communist party 같은 명칭을 쓰는 사례는 없다.), 이 역시 주로 반공주의자들이 공산주의자의 활동을 '소련의 지령에 따라 움직이는 놈들'이라고 깔 때 사용된 경우가 많았다는 점을 참고해 둘 필요가 있다.

다) 역사(코민테른의 발전과 해체)

코민테른은 1919년 레닌과 소련 공산당(이 당시에는 전 러시아 공산당이라는 명칭을 사용하고 있었지만)의 주도하에 창설되었다. 그러나, 이 당시 서유럽의 사회당이나 공산당들은 이미 제2인터내셔널이라는 국제적 연합 조직을 가지고 있었고, 코민테른은 창설 당시부터 제2인터내셔널과의 갈등을 겪었으며, 이로 인하여 당시의 국제 사회주의/공산주의 운동은 대분열을 겪게 되었다. 이 갈등 국면에서 사민주의와 온건 노선을 지향하는 제2인터내셔널에 대하여 코민테른은 혁명적 사회주의와 강경 노선을 주장하였다.

초기의 코민테른은 후발주자라는 불리함을 가지고 있었지만 어쨌든 세계 최초로, 그리고 유일하게 공산주의혁명을 성공시킨 국가인 소련의 막대한 영향력에 힘입어 세력을 크게 확대할 수 있었다. 또한, 제1차 세계대전에서 유럽 각국의 사회당이나 공산당들이 자국의 전쟁수행 노력에 동참함으로써 제2인터내셔널의 응집력은 크게 약화된 상태였으며 평화주의를 주장하던 국제주의적 좌파의 신뢰도 잃은 상태였다. 이로 인하여 이탈한 지지 세력들을 흡수함으로써 코민테른은 급속하게 세를 불리게 된다.

또한 당시 유럽 국가들의 제국주의적 침략에 시달리던 지역, 특히 아시아 지역의 공산주의자 사이에서는 코민테른에 대한 지지가 더욱 확고했다. 이는 서유럽 열강 국가의 공산당들이 자국의 식민지정책에 정면으로 반대하기 힘든 데 비해, 일단 캅카스, 중앙아시아 등의 러시아 제국의 기존 지배 지역들을 일단 형식상 연방제로 재편한 소련은 제국주의적 침략에 대한 반대 입장을 명확히 드러내고 있었고, 단순한 합의체인 제2인터내셔널이 영향력을 외부에 투사하기 어려웠던 데 비해 소련을 중심으로 통일된 행동이 가능한 코민테른은 공산주의자가 참여한 각 식민지 국가의 독립운동을 직접적으로 지원할 수 있었으며, 소련이라는 국가(=돈 나올 구멍)를 지배하고 있었기 때문에 이런 지원에 필요한 비용 역시 마련하기 쉬운 입장이었다.

따라서 1920년대에서 1930년대까지 십여 년이 실질적인 코민테른의 황금 시기이었다. 당시 서유럽 최대의 공산주의 정당이던 프랑스 공산당은 사실상 코민테른 요원인 오이겐 프리트의 통제하에 있었고, 당 서기장인 모리스 토레즈 등 간부진들 역시 소련 공산당에 대한 충성심을 가지고 있는 사람들로 구성되어 있었다. 그리고 비 유럽지역의 경우를 보더라도 식민지로 강점된 국가의 공산주의 계열 독립운동가들이 코민테른의 인정을 받은 1국 1당이 되기 위해 서로 암투를 벌일 정도의 영향력을 가지고 있었다.

한국의 경우에도 국제공산당 자금사건 등의 사례가 있다. 또 이 제2인터내셔널의 모습을 담은 기록 사진 중에는 태극기가 발견되기도 한다. 즉 한국인 또한 코민테른에 참여했다는 증명이다.

그리고 인권운동이나 인종차별 반대 운동, 각종 사회운동이나 문화적 운동에도 코민테른을 중심으로 한 국제공산주의의 영향력은 막대하게 성장하여 노골적인 공산주의자들뿐 아니라 진보적인 지식인들이나 예술가들 사이에서도 친소적인 분위기가 크게 신장되었으며 특히 이사도라 덩컨, 랭스턴 휴즈 등의 미국 예술가들이 문화교류 사업의 일환으로 소련을 방문하는 등의 성과를 이루기까지 하였다.

그러나 1928년 제6차 코민테른 대회에서 '기존의 국제연대 노선에서 벗어나 스탈린주의 노선으로 변경'을 채택한 이 시점부터 코민테른은 초심을 잃게 되었다. 그리고 30년대 중반 이후, 스탈린의 공포 정치와 대숙청 등으로 소련 체제의 잔인함이 알려지면서 코민테른의 인기 역시 감소하기 시작하였고, 1939년 독소 불가침조약이 조인되면서 코민테른의 정당성은 치명적인 타격을 입게 된다. 말 그대로 전쟁 반대로 흥한 코민테른은 전쟁 반대를 외치면서 망한 셈이다. 특히 서유럽에서 코민테른의 최대 세력 근거지였던 프랑스 공산당의 경우, 전쟁으로 이익을 얻으려고 하는 소련에 대한 실망과 적국인 독일과 소련이 동맹을 맺었다는 것에 대한 충격으로 그야말로 풍비박산이 났을 정도. 더구나 소련이 자기 땅 지키는 데 바빠서 코민테른의 활동을 더 이상 지원하지 못하게 되면서 코민테른의 활동은 유명무실해졌으며, 결국 1943년 해체되었다.

라) 해체 이후

코민포름

코민테른이 1943년 해체됨으로써 국제공산주의 운동을 추진하는 국제기구가 사라지게 되었고, 이는 당시 국제공산주의자들에게 상당한 불만을 안겨주었다. 그리고 제2차 세계대전 종전 이후 마셜플랜을 중심으로 한 미국의 반공, 반소주의 공세가 강화되자 이에 대한 대응책으로서 1947년에 일명 '즈다노프 독트린'으로 창설한 것이 국제공산당 정보국, 즉 코민포름이다.

그러나 국제 혁명의 지도기관이었던 코민테른에 비해 코민포름은 정보 및 경험의 교류와 활동의 조정을 목적으로 하는 조직에 지나지 않았고, 참가 국가 역시 소련, 폴란드 인민공화국, 체코슬로바키아 사회주의 공화국, 헝가리 인민공화국, 루마니아 인민공화국, 불가리아 인민공화국, 유고슬라비아 사회주의 연방 공화국, 프랑스 제4공화국, 이탈리아의 9개국에 지나지 않았다. 즉 동유럽 국가, 프랑스, 그리고 이탈리아로 구성된 지역 조직에 지나지 않았던 셈이다. 그나마도 48년에 티토주의 논쟁으로 유고슬라비아가 짤리고 나서는 8개국밖에 안 남았으며, 뭣보다, 비 공산주의 국가에 공산주의혁명을 전파하는 것을 목적으로 하던 코민테른에 비해 이미 공산당이 집권한 국가들+공산당이 제도권 내에서 큰 지분을 가지고 있어서 공산주의혁명의 가능성이 오히려 없는 나라 2개로 이뤄진 조직이라 말 그대로 대형 공산당 간의 협의 조직에 지나지 않는다는 한계를 가지고 있었다. 그나마도 소련의 독주가 두드러지면서 국제공산주의 운동의 발전을 저해한다는 이유로 1956년 해체한다. 회의도 47, 48, 49년에 한 번씩 열린 것 말고는 특별히 안 열렸고, 그냥 기관지를 통한 각국 정세 분석이나 소속 정당의 활동 방침에 대한 보도나 논평밖에는 한 게 없으니 있으나 없으나 했다.

평화와 사회주의 諸문제

이후 소련은 코민포름의 기관지였던 '영구평화를 위하여, 인민민주주의를 위하여'의 편집부를 개편하여 새로운 잡지인 '평화와 사회주의 제 문제'를 창간하고 이 잡지의 편집부를 각 국가의 공산당들 사이의 연락 기구로 삼았다. 당시 프라하에 소재한 이 잡지의 편집부는 각 국가의 공산당들이 파견한 대표들이 모여서 구성되었고, 공산당이 집권한 소련 및 동유럽 국가들뿐만 아니라 중국이나 북한, 쿠바 등에서도 대표를 파견하였으며 일본이나 프랑스, 이탈리아 등 비 집권 공산당도 대표를 파견하고, 심지어 그리스나 칠레 등 자국 내에서는 탄압으로 인하여 공산당의 활동이 불가능한 국가들에서도 해외 망명자들을 중심으로 조직된 공산당에서 대표를 파견하는 등 참여국가의 범위 측면에서는 코민포름보다 훨씬 넓었지만, 이 잡지 자체는 공식적으로 어떤 정치적 권한도 갖지 못한 그냥 잡지일 뿐이었다. 코민포름의 해체 이후 유일하게 남은 범세계적 공산주의 정당의 협의체라는 상징성 때문에 이 잡지 편집부에 파견되는 대표는 이론이나 토론기술 측면에서 능력이 공인된 각국 공산당의 최고위 간부들이었고, 당시 체코 내에서도 대사급 외교관에 준하는 예우를 받기는 했지만 공식적인 정치적 영향력이 없었다. 이나마도 참여 국가의 폭을 확 넓힌 것 때문인지 화기애애하게 유지되지 못했다.

중소분쟁 이후 중국이 화나서 대표를 철수하고, 북한도 중국 따라서 대표를 철수하고, 소련의 영향력 아래 있는 동유럽 위성국가 대표들과 프랑스나 이탈리아, 일본등 부유한 국가의 공산당 대표들은 시도 때도 없이 싸웠으며, 또한 당시 동구권 공산주의 국가들의 폐쇄성 때문에 현실사회주의 국가의 대표들이 자본주의 국가의 공산당에서 온 대표와의 교류를 꺼리기까지 했다. 결국 이 편집부조차 68년 바르샤바 조약기구군의 프라하 진주 당시 사실상 와해됨으로서, 국제공산주의 운동을 추진하는 국제기구는 완전히 사라졌다.

마) 인터내셔널의 후예들

코민테른(제3인터내셔널)의 창설 이후 50여 년 만에 그 후예라고 볼 수 있을지도 모르는 평화와 사회주의 제 문제의 편집부가 와해되고 다시 30년 가까운 시간이 흐른 1995년, 공산주의 인터내셔널이 재건되기는 했다. 주요 참여정당은 서유럽 등 자본주의 선진국의 공산당들이고, 초대 의장당은 미국 공산당. 구 현실사회주의 국가 중에서 아직 존속중인 국가들, 즉 중국, 쿠바, 북한, 베트남의 공산당은 불참했다기 보다는 안 받아줬다. 그리고 재건은 했지만 각 공산당들이 대부분 자기 버티기도 급급한 처지라 사실상 활동은 없다.

공산당-노동자당 국제회의라는 기구도 있다. 이쪽은 중국, 쿠바, 북한 등 구 현실사회주의 국가와 네팔 공산당(통합 마르크스-레닌주의), 인도 공산당, 일본공산당 등 민주주의 국가의 집권공산당이나 서방 선진국의 야당 역시 참여했지만, 의장단조차 딱히 없는 등 코민포름에 더 가까운 모습을 보이고 있다.

반면 제2인터내셔널의 경우 1차 세계대전 발발 직후 사실상 붕괴되었다가, 1920년 제3인터내셔널에 대항하여 재결성하고, 또다시 1921년에는 제2인터내셔널에 대해 비판적이지만 제3인터내셔널과도 대립하는 조직인 사회당 국제노동동맹(International Working Union of Socialist Parties, 일명 2½ 인터내셔널)이 결성되었다가 23년에 제2인터내셔널에 합병되는 난리통을 거친 끝에 20년대 중반 이후 실질적으로 활동이 소강상태에 이르게 되었다. 하지만 결국 20년 후인 47년에 국제 사회주의자 회의 위원회(Committee of the International Socialist Conference)를 결성하고 51년 사회주의 인터내셔널(Socialist International)이라는 명칭으로 제2인터내셔널의 부활을 선언함으로써 부활하게 되었다.

마침 사회주의 인터내셔널의 부활 시기가 공산주의 인터내셔널의 퇴조 시기와 겹친 덕분에, 사회주의 인터내셔널의 역습은 대성공하였으며, 각국의 사회당 및 사회민주주의 정당을 중심으로 운영되고 있다. 이념적으로는 온건한 사회주의, 또는 사회민주주의와 반 관료독재 노선을 지향하며 소련을 중심으로 한 국제적 공산주의 운동에 반대함을 명확히 하고, 민주주의적 원칙을 타협이나 양보가 불가능한 대원칙으로 규정한 것이 중요한 특징. 조직 측면에서는 소속 정당들간의 느슨한 연합체로 운영되며, 한국에서도 1970년대 유일한 제도권 사회주의 정당이었던 통일사회당과 2000년대 이후 잠깐 존속되었던 민주노동당이 여기 소속되어 있었다.

51년 재건 이후에는 반소노선을 내세우면서 계속 성장하여 결국 공산당을 제외한 대부분의 좌파정당을 포용하게 되었으며, 60년대 말의 전성기에는 서유럽의 부유한 국가들을 중심으로 20개에 가까운 국가들에서 소속 정당이 민주적인 선거를 통해 정권을 장악함으로써 저력을 과시하기도 하였다. 이후,

세력에 다소의 부침은 있었으나 대체적으로 공산주의 인터내셔널의 후예들보다 큰 영향력을 가지고 있다고 평가받는 경우가 많으며, 특히 90년대 동구권 붕괴 이후에는 비교할 의미도 없을 정도이다.

그리고 물론 제1인터내셔널은 재건된 바가 없다. 정확히 말하면 제2, 제3인터내셔널 양쪽이 자신들이야말로 제1인터내셔널의 정통 계승자라고 주장하고 있는 상황이긴 한데, 이것도 20세기 초반에 두 조직이 건설되던 시기의 얘기고, 제1인터내셔널이 완전히 역사의 유물이 되어버린 현대에는 의미가 없다.

제4인터내셔널도 있다. 이건 레프 트로츠키가 소련에서 추방된 후 스탈린이 주도하는 제3인터내셔널에 대항하기 위해 만든 트로츠키주의자들의 국제 조직. 1940년에 트로츠키가 암살당한 뒤 쇠퇴하였으나, 2차 세계대전 후 다시 활동을 시작하기는 했는데, 트로츠키주의 자체가 국제 좌파 내에서 썩 다수는 아니고 그나마 있는 세력조차 제4인터내셔널과 국제사회주의경향(International Socialist Tendency)으로 나뉘어 있어서 두드러지는 활동 사항은 없다. 어쨌든 없어지지는 않고 있다.

인터내셔널은 제5인터내셔널까지 있다. 68운동 이후 신좌파가 대두하면서 70년대 무렵부터 새로운 인터내셔널, 다섯 번째 인터내셔널을 창설하자는 주장이 대두된 것이다. 제2,제3인터내셔널이야 거대 정당들의 모임이고, 제4인터내셔널은 트로츠키주의자들만 모여있는 곳이니 이에 속할 수 없는 소규모 급진좌파들의 범 정파적 연합체로 새로운 국제 조직을 만들자는 이야기만 나왔다. 90년대 후반에서 2000년대 초반에는 꽤 진지하게 논의되기도 했지만 모두 불발로 끝났다. 여기 모인 당파들 자체가 독자적으로는 세력 구성이 힘든 무수한 소규모 당파들의 모임이다 보니 이들을 모두 포용할 수 있는 조직을 만들기도 어렵고, 통일된 행보를 취하는 것도 거의 불가능하다. 진보는 분열로 망하니까 일단 협력하자는 것도 협력을 통해 나름의 지분을 나눠 가질 수 있는 세력은 돼야 가능하고, 자신들의 주장과 이념, 이상을 가지고 있다는 게 유일한 존재 가치인 당파들이 그 존재 가치까지 포기하면서 협력을 하는 게 힘들다. 더구나 큰 당파가 작은 당파들을 업고 가는 형태도 아니고, 이런 작은 당파들만 잔뜩 모여있는 상황에서는 어째 의견 차이를 해결하고 조직을 만들려고 해 봤자 조직을 만들고 유지하는데 필요한 비용도 마련하기 힘든 것이 현실이다.

에듀컨텐츠·휴피아

Ⅲ.
동아시아 각국의 국내 상황 및 극동지역의 공산주의혁명 추진

1. 극동 시베리아 지역의 공산화 추진

2. 중국 지역의 공산화 추진

3. 한국 지역의 공산화 추진

4. 몽골, 일본 및 동남아시아 지역의 공산화 추진

에듀컨텐츠·휴피아
Educontents Huepia

1. 극동 시베리아 지역의 공산화 추진

가. 시베리아(원동공화국의 형성)

시베리아는 농업이 발전했고 우랄산맥 서측으로 생산품의 1/4을 수출하여 안정된 삶을 살았으며, 유럽 러시아 농민들에 비해 지주와의 갈등이 적었고 토지에 대한 갈증도 적었다. 1917년 혁명의 바람이 불어와 서쪽에서 추방된 혁명가, 철도 노동자, 군인 병사, 이민자 등으로 인하여 불만이 누적되어 갔고 이에 따라 농민은 국가 농민간 토지 분쟁해결을 요구하기 시작했다. 그들은 세금납부를 거부하고 국가, 지주, 관료 소유 토지를 무단 점유했다. 1917년 2월 혁명 이후 러시아 임시정부는 이를 통제하기 위해 토지위원회를 설치하고 행정기관 장악을 시도했으나 실패로 돌아갔다. 10월에 이르러서는 막대한 토지를 농민이 점거하고 국가는 삼림에 대한 통제권을 상실했다. 이때 독특한 '시베리아 지역주의'를 실현하고자 하는 세력이 등장했다.

1918년 본격화된 내전에서 콜착정권[88]에게 소비에트 권력을 피탈당한 바 있었으나 콜착정권 붕괴 이후 사회혁명당과 멘세비키가 '정치중앙'을 결성하고 '크라스노쇼코프'는 완충국가 건설을 위해 중앙을 설득하여 중앙에서는 이를 승인하였다. 그러나 지역 볼세비키가 신속한 소비에트 재건을 요구하게 되고 '크라스노쇼코프'[89]는 지정학적 상황(일본의 대규모 군 파병)을 고려하여 볼세비키를 설득하여 1920년 4월에 '극동공화국'[90]

---

[88] 알렉산드르 바실리예비치 콜차크(러시아어: Алекса́ндр Васи́льевич Колча́к, 1874~1920)는 러시아 제국의 제독, 군사 지도자, 극 탐험가였으며 러시아제국 해군에 복무하여 러일전쟁과 제1차 세계대전에 참전했다. 러시아 내전 중에 시베리아에서 반공주의 정부를 설립하고 1918년부터 1920년까지 러시아 백군의 다른 지도자들에 의해 "전체 러시아 육해군의 최고자-최고 지도자, 지휘관"으로 인식되었다. 그의 정부는 시베리아 남서부의 옴스크에 위치하였다. 그러나 백군의 통합을 위한 그의 노력은 실패로 돌아갔다. 콜차크는 소수 민족을 위해 자치를 고려하는 것을 거부했고 볼셰비키 좌파가 아닌 사람들과 협력하는 것을 거부했으며 외부 지원에 크게 의존하였다. 이는 콜차크를 "서방의 꼭두각시"로 불리게 만듦으로써 공산주의 세력의 사기를 드높이는 데에만 일조하였다. 자신의 백군이 다 허물어질 정도가 되자 그는 체코슬로바키아 군단에 의해 배신을 당해 포획되었고 지역 사회주의 혁명당에 넘겨진 다음 얼마 후 볼셰비키측에 의해 처형되었다.

[89] 극동의 볼셰비키 당원이던 '알렉산드르 미하일로비치 크라스노쇼코프'는 1918년 극동에서 소비에트 권력을 건설, 강화 보존하기 위해서 노력하였다. 그는 '극동 소비에트 지역위원회'를 '극동 인민위원 소비에트'로 개칭하여 지역의 조건과 상황을 중시하고, 시베리아 중앙집행위원회 중심의 '이르쿠츠크 볼셰비키'는 중앙에 더 의존적인 중앙정치를 중요시하였다.

을 건설하였다. 이는 1918년의 극동소비에트 건설91) 노력은 지정학적 미고려가 패착의 원인임을 고려 '크라쇼노쇼코프'의 지역중심 전략을 발전시켜 지정학적 사고로의 변환을 통해 '극동공화국'을 건설하게 된 것이다.

이 시베리아 지역주의는 19세기 말부터 20세기 초까지 활발히 논의되었는데 이들은 무엇보다 중앙집권을 반대하고 광범위한 자치 허용을 요구하였으며, 단순한 분리주의나 관념적 사상이 아니라 시베리아의 실제적 조건과 문제를 인식하고 이를 해결하고자 하는 사상이었다. 1917년 10월 이후 신생 소비에트국가는 생존을 위해 다양한 전략을 구사했고 1920년 4월 극동에 세워진 '극동공화국'은 그 전략 중 하나였다.

극동공화국은 소비에트 러시아와 일본 제국 사이에 있는 완충국가로서 이 '극동공화국'은 소비에트 러시아가 서족 남쪽 국경에 집중할 수 있도록 숨 쉴 틈을 만들고 러시아나 일본 사이의 직접 충돌을 방지하기 위해서 건설되었고 일본군이 철수한 다음 1922년 11월 '소비에트 사회주의 공화국 연방(USSR)'에 다시 합병되었다.

나. 러시아 내전 발발

1917년 2월(3월 8일) 당시 러시아 제국의 수도였던 상트페테르부르크를 시작으로 러시아에서 2월 혁명이 일어나면서 러시아 제국이 붕괴되었다. 1917년 10월(11월 7일)엔 상트페테르부르크에서 볼셰비키가 10월 혁명을 일으켰다. 이후 백군이 적군에 반대해 다시 내란을 일으키면서 러시아 내전이 발발했다. 내전 지역은 크게 3곳으로 나눌 수 있다. 유럽 러시아에선 무르만스크를 중심으로 유데니치가 봉기했고 볼가 강 유역인 남부 러시아에선 데니

---

90) 극동 공화국(러시아어: Дальневосто́чная Респу́блика,) 또는 치타 공화국은 1920년 4월 6일에 러시아 소비에트 연방사회주의 공화국의 극동영토에 소비에트 연방과 일본군의 점령지구 간의 완충지역이 필요했기 때문에 세워진 명목상의 독립국가이다. 독립국가를 표방하였지만, 실제로는 극동 공화국 정부가 볼셰비키가 수립한 소비에트 연방의 조종을 받고 있었다. 영토는 현재 러시아의 자바이칼 변경주, 아무르주, 유대인 자치주, 하바롭스크 변경주, 프리모르스키 변경주를 포함한다. 당시 1920년 10월 수도는 베르흐네우딘스크(현재의 울란우데)였고, 후에는 치타였다. 1922년 11월 15일 시베리아에 출병하여 러시아 혁명에 개입한 일본군이 철수하자, 극동 공화국은 전러시아 중앙행정위원회의 행정령으로 소비에트 연방으로 합병되었다. 초대 대통령은 알렉산드르 크라스노쇼코프이다.
91) 크라쇼노쇼코프는 '극동 소비에트 지역위원회'를 '극동 인민위원 소비에트'로 개칭함

킨이 봉기했으며 시베리아에선 알렉산드르 콜차크 제독 진영이 적군에 반대하며 봉기했다. 일본 제국이 깊게 개입한 것도 시베리아 내전이며 한국 근대사의 항일 전쟁과 관련이 큰 것도 시베리아 내전이다.

10월 혁명이 일어나자 시베리아 중심부 톰스크에서도 봉기가 일어났는데 포타닌 진영이 시베리아 지방의 독립과 자치를 위 내란을 일으킨 것이다. 하지만 이 봉기는 실패했다. 이런 상황에서 일본은 시베리아 내전에 개입하려고 했다.

일제는 1916년 6월 러일 동맹을 맺은 뒤 중국을 러시아와 둘이서 나눠 지배할 생각이었지만 러시아에서 혁명이 일어나서 제정 러시아가 무너진 데다 혁명의 영향이 조선과 중국까지 끼치는 게 거슬렸다.

〈그림. 7〉 레닌과 볼셰비키

1918년 1월 12일 일본 제국은 일본 해군의 이와미 함을 블라디보스토크에 파병했고 뒤이어서 시키시마급 전함 아사히를 보냈으며 이듬해인 1919년

4월 5일 밤 일본 해군 육전대가 블라디보스토크에 상륙했다. 1918년 5월에는 일본 육군의 다나카 기이치가 주도하여 중국과 중일 공동 방적 군사협정(일화 공동 방적 군사협정)을 체결해 시베리아 내전에 개입할 준비를 했다. 또한 친일 성향의 돤치루이를 복직시키기 위해 평화정책을 주장하던 왕스전 내각을 붕괴시키고 3월에 돤치루이를 국무총리로 복직시켰으며 2천 명의 중국군을 일본군의 지휘 아래에 시베리아에 공동 파병하기로 결정하였다.

다. 체코슬로바키아 군단 봉기

이런 분위기 속에서 러시아 육군에 속해 있었던 체코슬로바키아 군단이 움직이기 시작하였다.

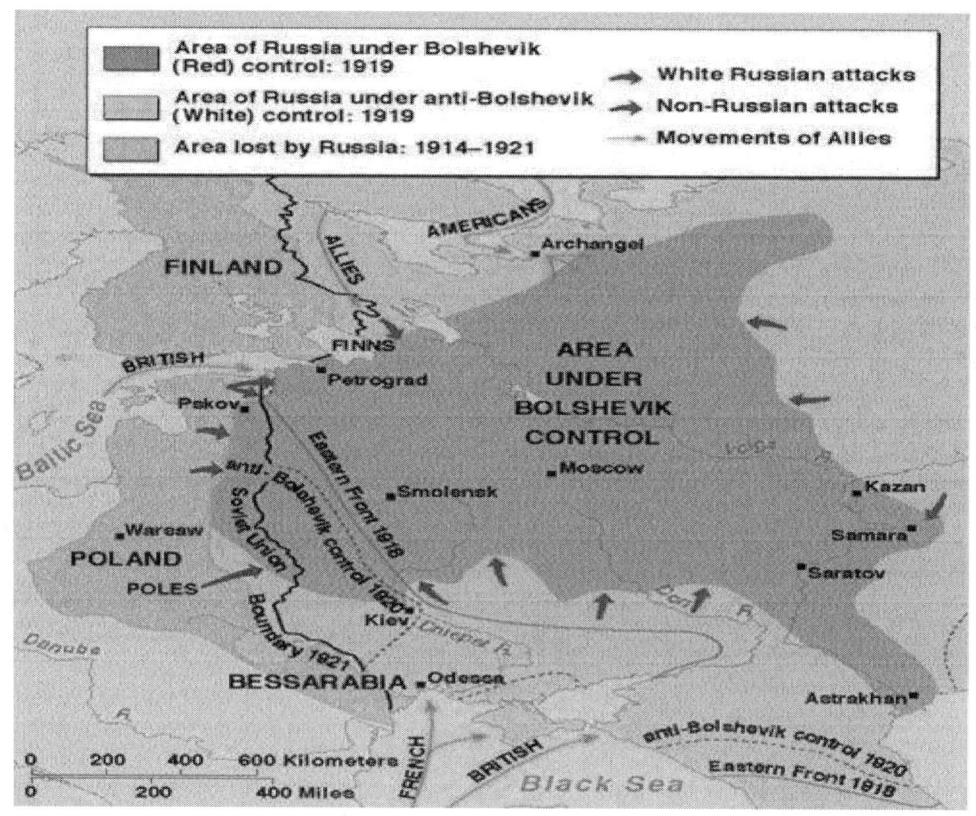

〈그림. 8〉 러시아 내전

제1차 세계대전 당시 많은 오스트리아-헝가리 제국군 소속의 체코인, 슬로바키아인 장병들이 협상국측에게 포로로 잡혔는데, 체코와 슬로바키아인 정치가[92] 등의 노력으로 포로로 잡힌 체코인과 슬로바키아인으로 구성된 체코슬로바키아 군단이 프랑스와 이탈리아 러시아 등지에서 창설되었다.

특히 러시아에서 창설된 체코슬로바키아 군단은 규모가 제일 컸으며 심지어 여기에는 이전에 러시아에 거주하던 체코인들도 가담했다. 그 병력은 5만에 이르렀고 1개 군단을 창설해 키예프 부근에 모였다. 그러다가 1918년 2월 레닌 정부는 브레스트-리토프스크에서 독일과 단독으로 강화 조약을 맺었기 때문에 체코슬로바키아 군단은 러시아에서는 더 이상 독일 및 오스트리아와 전투를 할 수가 없게 됐다.

그러자 체코슬로바키아 군단은 파리의 체코 임시정부로 이동하여 독일군과 싸우려고 했는데 3월 프랑스 정부가 주선해서 러시아 정부에게 승인을 받았다.

하지만 독일이 브레스트-리토프스크 조약을 통해서 동유럽 일대를 장악한 탓에 체코슬로바키아 군단은 어쩔 수 없이 시베리아와 러시아 극동지역을 경유해서 서유럽으로 이동하는 루트를 선택하였고 이에 따라서 1918년 4월 1일 체코슬로바키아 군단은 키예프에서 출발했다.[93]

소비에트 정부는 수송이 어려우니 체코슬로바키아 군단에게 무장 해제를 명령했는데 체코슬로바키아 군단은 여기에 반대하며 볼가강 중류와 시베리에 수용소에서 봉기했다. 이들은 철도 주변 지역을 점령한 뒤 자신들을 연합국의 일원이라고 말하면서 장갑열차 등을 사용하여 독일과 정전 협정을 맺은 소비에트 붉은 군대와 전투를 벌였다.

6월 4일 영국, 프랑스, 미국, 이탈리아 일본 외교 대표들은 성명을 발표했다. 체코슬로바키아 군단은 연합군의 일원이며 연합군이 지키고 있다고 밝혔다. 블라디보스토크에 도착한 러시아 육군 소속 체코인들도 7월 1일에 유럽으로 호송될 예정이였으나 동료들의 봉기 소식을 듣고, 6월 29일 봉기를 일으켜서 블라디보스토크 소비에트를 무너뜨렸다.

---

92) 체코의 토마시 가리크 마사리크와 슬로비키아의 밀란 라스치슬라프 슈체파니크
93) 체코슬로바키아 군단은 시베리아 철도 열차를 이용하여 블라디보스토크로 향하기 시작했으나 수송 인프라의 열악함으로 인하여 원래는 5월 중순까지 도착 예정이었지만 결국 6월 초순까지 블라디보스토크에 도착한 사람의 수는 1만 4천 명뿐이었다.

한편 미국은 원래 일본 제국의 영토 확장 야심 때문에 일본 제국군의 간섭을 경계했다. 그런데 체코인과 슬로바키아인들이 봉기하자 미국은 이들을 구원하고자 하여 7월 8일 미국은 일본에게 함께 출병하자고 제안했다. 이에 일본은 미국의 제안에 찬성하고 8월 2일 시베리아 "출병"을 선언하고 8월 3일에 시베리아 전쟁 참가를 공식적으로 발표했다. 일본군은 미군이 들어오기 전부터 블라디보스토크에 병력 약 2만 8천명을 배치했다. 미군은 8월 16일에 블라디보스토크에 상륙했다. 영국은 8월 3일 블라디보스토크에 증원군을 상륙시켰다. 이후 캐나다군 6,000명도 블라디보스토크에 도착했다. 8월 10일에는 프랑스군이 블라디보스토크에 도착했다.

일본은 잇따라 시베리아와 연해주에 군대를 보냈다. 일본 제국이 시베리아와 연해주로 보낸 병력의 수는 대체로 6만~8만명선을 유지했다. 시베리아 전쟁에서 가장 오랫동안 파견하고 가장 많은 병력을 파견한 외국군은 일본군이였다.

시베리아 백군은 일본군의 지원을 받아 볼셰비키를 몰아내고 백군정부를 수립했다.

라. 일본군의 계속된 간섭

1919년 오스트리아-헝가리 제국이 해체되면서 체코슬로바키아는 독립 국가가 됐다. 이에 시베리아의 체코슬로바키아 군단은 1919년 말 고국으로 귀환하라는 통보를 받았다. 연합군은 시베리아 체코슬로바키아 군단을 원조했다. 1919년 12월부터 체코슬로바키아 군단은 철로를 통해 블라디보스토크로 모여들었다. 1920년 2월부터 9월 사이에 모두 유럽으로 귀환했다. 체코슬로바키아군이 돌아가자 일본을 제외하고 연합국 군인들도 차례로 시베리아에서 떠나갔다.[94]

하지만 일본군은 시베리아에 계속 주둔하기 힘들었다. 명분은 없고 군사비

---

94) 1920년 1월 16일 영국, 프랑스, 이탈리아는 소비에트 러시아에 대한 봉쇄를 해제해 시베리아에서 자국 군대를 철수시키기로 결정했고 미국도 따랐다. 그러나 일본 제국 육해군만은 철수하지 않았고 남았다. 당시 일본군은 시베리아 영토에 대한 야심이 있었던 데다 러시아 혁명 때문에 조선과 중국에 대한 식민지 권력을 잃는 것이 두려워 일본군은 철병하지 않았다. 일본 국군 때문에 다른 러시아 내전과 다르게 시베리아 전쟁만은 끝나지 않았다.

는 주둔하면 할수록 쏟아져 나간 데다 철병 여론이 강했으며 일본 제국은 처음부터 전쟁 명분도 명확하지 않았다.

일본에서 철병 여론만 강해지던 와중에 한 사건이 일어났는데 니콜라예프스크95)에서 일본 육군이 전멸하고 일본 거류민들이 몰살됐다.

마. 한인들의 항일 운동

일본군이 상륙하자 시베리아 연해주에선 많은 한인들이 항일 세력을 이루었다. 붉은 군대로 들어가 싸우는 경우도 있었지만 자신들끼리 빨치산을 만들어 일본군에게 저항하기도 했다. 또 군인 출신들이 항일 빨치산을 조직해서 지휘하거나 붉은 군대로 들어가기도 했다. 그 군인 출신에는 대한제국군 출신도 있었고 1차 세계대전 때 제정 러시아군에 장교나 사병으로 참전한 군인도 있었다.96)

그뿐 아니라 한인사회에서도 항일 분위기가 흘렀고 많은 사람들이 항일 운동에 참여하거나 동조했다. 일본 제국은 한인사회를 통제하려고 했지만 실패했다.

1919년 3월 한반도에서 3.1 운동이 일어났다. 조선 사람들은 일본 제국의 지배에 종속되면서 지배자들에게 접근을 차단당했고 그 때문에 쌓였던 분노를 3.1 운동에서 터트렸다. 이건 연해주 블라디보스토크에 살던 한인들도 마찬가지였다.

---

95) 니콜라옙스크 사건은 러시아 내전 및 일본의 시베리아 출병 시기인 1920년 4월에서 5월 사이에 러시아 극동 지역 아무르 강 하구의 항구도시인 니콜라옙스크에서 벌어진 전투 및 학살 사건이다. 야코프 트랴피친이 지휘하는 붉은 군대 소속 러시아인 아나키스트·볼셰비키·최대강령주의자, 중국인 아나키스트, 민족주의·볼셰비키·아나키스트 성향의 한국인 게릴라에 의한 대규모 학살, 테러 및 약탈로 인해 니콜라옙스크에서 수천 명이 살해되었고 지역은 폐허가 되었다. 또한 도시의 여성에 대한 잔인한 대규모 강간살인도 벌어졌다. 도발 주체가 트랴피친 측인지 일본군인지에 대해서는 소련-러시아 학자들 사이에서 엇갈리지만 트랴피친이 대규모 학살을 벌여 수천 명의 사망자를 낸 것은 학계 내 '많은 역사학자들이 동의'하고 있으며 트랴피친 측의 대규모 파괴와 학살에 대해서는 역사학계에서 논란의 여지가 없다.
96) 1차 세계대전 참전자 출신으로 붉은 군대 장교로 활약한 사람 중에는 헤이그 특사의 한 사람인 이위종(李瑋鍾) 선생이 있다. 1차 세계대전 출신으로 항일 빨치산을 조직하거나 지휘하거나 참가한 사람에는 한창걸, 최 니콜라이, 박그레고리, 오하묵, 채동순 등이 있다. 일본 육군 군사 학교를 졸업하고 대한제국 육군 참령을 하였다가 항일 운동에 뛰어든 유동열도 있으며 서간도에서 훈련받은 청년들이 연해주, 시베리아 연해주로 건너오기도 했다.

1919년 3월 11일 일본 총영사 키쿠치 기로는 시위를 엄격하게 통제하라고 블라디보스토크 요새 사령관과 연해주의 콜차크 정부 위원에게 요구했다. 백군 당국은 이 요청에 곧바로 동의했다. 「일본과의 외교적 관계에 손상을 끼칠지도 모르는 어떠한 행위」도 금지한다고 발표했다. 대한민국 의회 블라디보스토크 지부는 해산을 명령받았다. 하지만 한인들은 적극적으로 저항했다.

시베리아에서 일본 육군은 지속적인 파괴와 학살을 벌이면서 연해주를 장악했는데 자신들이 주둔한 지역에서 모든 한인 민족주의 조직과 사회주의 조직을 해산시키면서 미리 짜 둔 계획에 따라 친일 단체들을 세우고 직접 통제했다. 조선 총독 사이토 마코토 제독은 참모장인 우에하라 장군에게 편지를 보냈다. 편지에는 진심으로 감사하다는 내용이 담겼으며 일본 육군은 이후 2년 반 동안 연해주 남부에 주둔했다.

바. 시베리아 내전의 종료(시베리아 백군의 패배와 가이다 봉기)

시베리아 연해주에서 백군은 사회혁명당 및 멘셰비키, 체코슬로바키아 군단과 편을 맺었고 연합군에게서 지원을 받았다. 더더욱 일본군이 가장 적극적으로 백군을 지원하면서 시베리아 전쟁을 주도했다. 결국 백군은 적군을 몰아내고 시베리아를 점령했다. 1918년 7월 11일 옴스크에서 시베리아 정부를 수립했는데 이 정부는 집정관 5명으로 체제를 운영하였다. 그해 11월 중순 집정관 중 한 명인 육해군 장관 콜차크 해군 중장이 쿠데타를 일으켰고 全러시아 임시정부를 수립한다. 그리하여 러시아는 서쪽은 레닌의 적색 군사 독재정권, 동쪽은 콜차크 제독의 백색 군사 독재정권이 장악한 정세가 됐다. 그러나 콜차크 정부는 사회혁명당, 멘셰비키, 체코슬로바키아 군단에게 점점 지지를 잃어 갔다.

1919년 4월 백군은 볼가강에서 적군과 접전을 벌이다 패배했고 백군은 점점 무너져 갔다. 유럽 러시아에서 위력을 떨치던 유데니치 장군[97], 러시아 남서부에서 위력을 떨치던 데니킨[98] 장군의 병력은 1919년 하반

---

97) 러시아 제국의 군인. 러시아 내전에서 백군에 가담, 수도 페트로그라드를 직접 공격하며 소비에트 러시아의 위협이 되었다.
98) 러시아 제국의 군인. 러시아 내전에 백군으로 참전했다. 특히 러시아 내전에서 남러시아군을 지휘해 볼셰비키의 위협이 되었다.

기에 크게 패배하고 말았으며 이런 흐름은 시베리아까지 퍼졌다. 콜차크 제독의 시베리아 정부는 1919년 11월 14일, 소비에트 붉은 군대에게 옴스크를 내줬다. 콜차크 제독의 정부는 이르쿠츠크로 퇴각했다.

결국 1919년 11월 체코슬로바키아 군단은 백색정권과 맞서 싸우기로 했다. 1919년 11월 17일 밤 체코슬로바키아 군단은 백색정권에 반대하며 봉기했다(가이다 봉기)[99]. 그러나 봉기는 실패하고 가이다 측은 일본군과 백군 진영에게 진압됐다.

가이다 장군은 체코로 돌아가면서 상하이에 잠시 머물렀는데 이때 안창호, 여운형 같은 항일 운동가 선생들을 만나 이야기를 나누었다. 그리고 체코슬로바키아 군단은 체코슬로바키아로 돌아가면서[100] 필요없게 된 총기와 탄약 등 무기를 조선 항일단체에 싼 값에 매각했는데 이 무기들이 봉오동 전투, 청산리 전투에서 요긴하게 사용되었다.

사회혁명당과 멘셰비키도 콜차크[101] 정부에게 등을 돌렸다. 콜차크 정부의 군대는 결국 붉은 군대에게 패배했다. 1920년 1월 31일 블라디보스토크 백색 정권이 무너졌다. 볼셰비키, 멘셰비키, 사회혁명당은 연합해서 연해주 임시 정부를 수립했다. 이후 세르게이 라조[102]를 수반으로 한 군사 소비에트가 조직됐다. 블라디보스토크의 실제 권력은 볼셰비키에게 넘어갔다.

일본 육해군은 극동 공화국 인민혁명군이 1922년 10월 25일에 블라디보스토크를 점령하고 나서야 떠났다.

---

99) 이때 봉기를 주도한 사람은 체코슬로바키아 군단 총사령관 라돌라 가이다였다. 가이다는 육군 소위로 제1차 세계대전에 참전했다가 제정 러시아 육군에게 포로로 잡혔다. 1918년 시베리아에서 체코슬로바키아 군단이 봉기했는데 가이다 장군은 이때 체코슬로바키아 군단 총사령관이 됐다. 1920년 기준으로 28세인 젊은 장교였다.
100) 1920년 2월부터 9월 사이에 모두 유럽으로 귀환
101) 콜차크제독은 1919년 12월 27일에 체코슬로바키아 군단의 배신으로 체포되어 혁명 위원회에서 사형을 선고받았고 1920년 2월 총살됐다.
102) 세르게이 게오르기예비치 라조(Сергей Георгиевич Лазо)는 1916년 군대에 징집됐고 모스크바 알렉세예프스크 보병 학교를 졸업했으며 1916년 12월 장교가 돼서 크라스노야르스크에 배치됐다. 당시 라조는 장병들을 상대로 사회혁명당 좌파 사업을 전개했다. 1918년 초 러시아 사회 민주당에 가입했고 자바이칼 전선군 지휘관이 됐다. 1919년 봄부터 연해주 빨치산 부대를 지휘했고 그해 12월에는 연해주 군사혁명사령군 사령관이 됐다.

사. 시베리아 및 연해주 등에서의 한인사회와 공산주의

1917년 2월 혁명과 10월 혁명이 러시아에서 일어나고 1918년 1월 제3차 전 러시아 소비에트 대회를 통해 소련[103] 즉 "소비에트연방(USSR)"[104]이 탄생했다. 서구 열강의 제국주의 정책에 희생된 약소국가 들은 소련과 연합전선을 형성하여 그들의 적에 공동으로 대항했다.

러시아의 시베리아 연해주와 중국 만주지역에는 1800년대 말부터 벌목 등으로 생계를 유지하고자 이주하거나 일제의 억압통치에 반대하고 민족독립을 쟁취하고자 망명한 항일 독립운동가도 많았다. 러시아 역시 제국주의 일본에 대항 이들로 하여금 제2전선 구축이 가능하다고 판단 이들을 재정적으로 지원하거나 무기구매를 지원했다.

1918년 6월 26일 동시베리아 하바로프스크에서는 이동휘, 박진순, 이한업 등 과 같은 비귀착민들을 중심으로 '한인사회당'을 결성했으며, 1919년 1월 22일 몽골 북방 이르쿠츠크에서도 김철훈, 오하묵, 최고려 등과 같은 귀착민들이 '이르쿠츠크 공산당 한인지부'를 결성했다.

이와 같이 러시아 거주 한인들은(도) 한국독립을 위해 소련의 도움이 필요했으며 소련은 세계 공산화 즉 프롤레타리아 국제주의 실현을 위한 볼쉐비키 전선에 한인을 동원하고자 이들을 이용하고자 하는 상반된 두 개의 목적이 일치되어 상호협력 및 지원을 하게 되었던 것이다.

시베리아 한인사회에서 결성된 바 있는 '전로한족회 중앙총회'즉'한족총'의 중심인물인 이동휘가 중심이 되어 '한인사회당'을 결성했으며 1919년 8월 30일 상해 임시정부가 수립되자 이동휘는 上海 임정 국무총리로서 이동을 하게 되었다. 이들은 상해에서 김립, 이한영, 김만겸 등이 중심이 되어 1920년 5월'공산주의자그룹'을 결성, 여운형, 박헌영, 조완구, 신채호, 안병찬, 윤기섭, 김두봉과 같은 민족진영 인사들을 가담시켰으며 코민테른 원동국(극동서기국) 서기 보이틴스키, 김만겸 등의 주선으로 1921년 1월 10일 '고려공산당'으로 개칭하였다.

---

103) The Soviet Union
104) The Union of Soviet Socialist Republics

한편 '이르쿠츠크 공산당 한인지부'는 1919년 5월 '전로한인공산당'으로 개칭하고 이르쿠츠크에서 1920년 7월 고려공산당 제1차 대표회의를 소집하고 『전로고려공산당』으로 당명을 개칭하였다. 이후 1921년 5월 4~17일에 한인공산주의자대회를 개최하고 이동휘의 "상해파 고려공산당"과 대립하는 또 하나의 고려공산당을 결성하였다. 이를 세칭 "이르쿠츠크파 고려공산당"이라고 한다.

이 두 한인 공산주의 계파는 한인공산당의 주도권 다툼과 대립을 해오다가, 1921년 6월 28일 수라세프카의 '자유시 참변'을 겪으며 그 갈등은 극에 도달하였고 1922년 베르그노이딘스키에서는 두 계파 화해용 회합을 가진 바 있으나 실패하고 말았다. 이에 코민테른 극동지부(극동서기국)는 2개파 모두에게 해산 명령을 내리고 극동총국내에 '코르뷰르'를 설치하였으며 1923년 1월 블라디보스톡으로 코르뷰르를 이전시켰다.

2. 중국 지역의 공산화 추진

가. 청나라의 멸망과 신해혁명(辛亥革命)

중국은 1911년 우창봉기[105]를 시작으로 신해혁명이 일어나 1912년 선통제가 퇴위하고 청나라가 멸망하면서 수천 년간 지속되었던 중국의 군주제가 종식되었다. 1912년 위안스카이를 임시대총통으로 하는 중화민국이 수립되었으나 군주제는 종식되었으되 민주주의는 도래하지 않았는데 위안스카이가 자신의 권력을 침해할 법한 국회를 핍박하면서 각종 독재행위를 했기 때문이다. 1913년 3월 20일 내각책임제를 주장하던 국민당의 실질적인 수반 쑹자오런이 상하이에서 저격당해 이틀 후에 절명하는 사건이 일어났는데 이른바 쑹자오런 암살 사건이다. 이 사건이 해결되기도 전에 위안스카이는 반대파를 제압

---
105) 우창 봉기(1911년 10월 10일)는 중국에서 청나라의 지배에 맞서 일어난 봉기 중 가장 중요한 사건 중 하나로, 신해혁명의 기폭제가 되었다. 이 봉기는 청나라의 붕괴와 새로운 공화국 설립의 서막을 열었으며, 중국 역사에서 중대한 전환점이 되었습니다. 봉기는 후베이성 우창에서 시작되었고, 곧이어 전국적으로 확산되었다. 이후 청나라 황제는 물러나고, 중국은 공화제로 전환되었으며. 우창 봉기와 그 이후의 사건들은 중국의 정치적, 사회적 변화를 불러옴

하기 위해 선후대차관 사건을 일으켰다. 결국 국민당은 쑨원의 주도로 계축전쟁106)을 일으켜 위안스카이를 타도하고자 했으나 위안스카이에게 2개월 만에 진압당하고 외국으로 망명하는 길을 택했다. 위안스카이는 1913년 잔류한 국민당원들을 난당으로 몰아 국회의원에서 제명하고 국회의원 정족수가 채워지지 않은 것을 구실로 국회를 정회, 1914년 중화민국 국회해산을 단행하고 5월에 신약법을 발표하여 '초급총통제'라 불리는 황제적 총통제를 실시하였다.

쑨원은 일본으로 망명하여 '중화혁명당'을 조직하였고 황싱은 '구사연구회'를 조직하였다. 1915년 초급총통제로도 만족하지 못한 위안스카이가 홍헌제제를 통해 황제의 자리에 오르려고 하자 그동안 위안스카이를 옹호하던 입장이었던 진보당의 영수 량치차오도 반원으로 돌아서 차이어, 탕지야오 등과 연합하여 호국전쟁107)을 일으켰다. 남방의 여러 군벌과 실력자들, 해외의 중화혁명당도 이에 동조하여 전국 각지에서 독립 선포, 토원봉기를 일으켰고 남방에 '군무원'이라는 대립정부가 수립되기에 이르렀다. 위안스카이의 무리수에 열강이 지지를 철회하고 위안스카이의 측근과 심복들까지도 대거 이탈하여 호국군에 합류하면서 궁지에 몰린 위안스카이는 제제를 취소하고 급병으로 사망했다. 후임 총통 리위안훙은 구국회와 약법 복구를 약속하였고 호국전쟁은 종식되어 중화민국의 민주주의가 회복된 듯 하였다.

하지만 위안스카이가 사망한 후 북양군벌은 국무총리 겸 육군총장 돤치루이가 영도하는 안휘군벌과 부총통 겸 강소도독 펑궈장이 영도하는 직예군벌로 분화되어 대립했다. 돤치루이는 안휘군벌의 영도권을 확실히 하고 남방의 반독립적인 군벌들을 무력으로 제압하고자 했다. 돤치루이의 전횡을 경계한 대총통 리위안훙은 펑궈장 및 국회와 연계하여 돤치루이를 견제하려고 했고 이에 따라 대총통과 국무총리 사이의 부원지쟁108)이라는 정쟁이 발생했

---

106) 1913년 7월 위안스카이의 독재에 맞선 중국국민당의 토원운동. 계축년에 일어났기 때문에 계축전쟁이라고 하며 흔히 제2차 혁명이라 불리며 장시와 난징을 중심으로 일어났기 때문에 강녕전쟁(江寧戰爭)이라고도 한다.
107) 호국전쟁은 1915년 12월 25일부터 1916년 7월까지 이어진 위안스카이의 황제 즉위 시도에 대한 전국적인 저항전쟁이다. 제3차 혁명이라고도 하며 실패로 돌아간 계축전쟁과 달리 위안스카이의 제제 취소를 이끌어내고 중국의 공화제를 사수하게 되었다.
108) 1916년~1917년 중화민국 대리총통 리위안훙과 국무총리 돤치루이 사이에 벌어진 정쟁을 의미한다. 대총통부의 부 자와 국무원의 원 자를 따서 부원지쟁이라 하며 부원의 쟁이라고 번역하는 일도 있다. 리위안훙과 돤치루이의 성을 따서 여단지쟁(黎段之爭)이라고도 한다. 결국 장쉰의 장훈복벽을 야기하여 중화민국 약법과 국회를 파괴하는 결과를 낳았고 돤치루이는 이를 이용하여 독재와 세계대전 참전을 강행, 남방의 반발을 불러 일으켜 1차 호법운동과 호법전쟁을 불러

다. 부원지쟁은 돤치루이가 제1차 세계대전 참전을 막무가내로 주장하면서 폭발했고 국회해산을 요구하던 돤치루이가 면직되면서 내전으로 확대될 위기에 놓였는데 급기야 안휘독군 겸 장강 순열사 장쉰이 개입하면서 장훈복벽109)이라는 촌극으로 번졌다. 장쉰은 리위안훙을 핍박하여 국회를 해산하고 약법을 폐기하였으며 선통제를 복위시켰다. 이에 직계와 환계가 모두 연합하여 돤치루이를 다시 국무총리 겸 토역군사령관으로 추대, 장쉰을 토벌하고 복벽을 취소하였다. 복벽을 제압한 돤치루이는 국회 회복을 거부하고 독일 제국과 오스트리아-헝가리에 선전포고, 량치차오의 연구계를 규합하여 독재를 하였다.

　이에 쑨원은 구 국민당으로 구성된 헌정 상각회 국회의원들을 거느려 광저우로 남하해 서남군벌 唐繼堯(전계, 탕지야오), 陸榮廷(계계, 루룽팅)과 연계하여 광저우에 호법정부, 즉 1차 광동군정부110)를 설치하여 1차 호법운동111)을 전개했다. 돤치루이가 무력토벌을 감행하면서 이는 호법전쟁112)으로 번졌으나 북양정부의 분열과 북방과 협상을 원한 岑春煊(천춘쉬안) 등 정학회 정객들의 음모, 호법이 아니라 세력확장이 목적이었던 전계군벌(운남, 차이어, 탕지야오), 계계군벌(광서, 루룽팅)들의 배반으로 인해 쑨원은 사실상 군정부에서 축

　일으켰다.
109) 장훈복벽은 중국의 군벌 장쉰이 1917년 7월 1일 베이징을 점령하고 신해혁명으로 멸망한 청나라의 부활을 선포하고 선통제를 복위시킨 사건을 말한다. 하지만 그의 복벽은 11일만에 실패로 끝났다. 정사복벽이라고도 한다. 그냥 복벽(푸비)라고 부르는 건 대개 이 사건을 말한다.
110) 광동 정부(廣東政府): 쑨원의 중국국민당이 광동에 수립한 정부. 광저우[廣州] 정부라고도 한다.
　　1915년(民國 4) 위안스카이[袁世凱]의 제제운동(帝制運動)에 반대하여 호국군(護國軍)을 조직한 광동·광시[廣西]·윈난[雲南]·구이저우[貴州]의 남서지방 각 성(省)이 1916년 5월에 광동성 자오칭[肇慶]에서 조직한 군무원(軍務院)을 광동 정부의 기원으로 보는 설이 있다. 이 군무원, 곧 호국군 정부가 중화민국 정치사상 북방의 군벌정권에 대항하여 남방에 수립된 최초의 정권이라고 할 수 있기 때문이다. 그러나 이 군무원에는 쑨원[孫文]이나 중국국민당측이 전혀 참여하지 않았으므로 국민당이 수립한 광동 정부의 범주에 넣기는 어렵다.
　　국민당이 관여한 최초의 광동 정부는 1917년 9월에 쑨원을 대원수로 하여 조직한 군정부(軍政府)였다.
111) 제1차 호법운동은 쑨원이 광저우에 도착한 1917년 7월 17일부터 광저우를 떠나는 1918년 5월 21일까지, 1917년 7월 장훈복벽 이후 돤치루이가 부정해 버린 임시 약법 체제를 사수하고자 하는 쑨원을 비롯한 혁명당원과 이를 세력 확대에 이용하려 했던 남방 실력자들의 투쟁을 말한다. 남방군벌들이 쑨원의 기대를 저버리고 북양군벌과 야합하면서 실망한 쑨원이 군정부를 탈퇴하면서 종결되었다.
112) 1917년, 돤치루이의 무력 통일 방침에 반발한 남방 군벌들이 반발하여 호법군 사령부를 세우고 독립하자 무력통일을 원하던 돤치루이의 북양정부가 이에 대한 토벌을 선언, 남과 북의 군벌들이 무력으로 충돌한 사건을 말한다.

츨되어 광저우를 떠나야 했다.

쑨원은 5.4운동 이후 대중노선에 주목하여 1919년 중화혁명당을 중국국민당으로 개조하여 다시 혁명을 도모했다.

1920년 광동군벌(월계, 진형명(陳炯明), 천중밍)이 광서군벌(계계, 육아정(陸榮廷, 루룽팅)을 축출하고 광동을 장악한 후 쑨원을 초빙하면서 2차 광동군정부를 수립하고 2차 호법운동113)이 벌어졌으나 1922년 1차 직봉전쟁114)에 개입하여 북벌을 시도한 쑨원에 반발한 천중밍이 6월 16일 영풍함사건을 일으켜 쑨원을 다시 축출했다. 1922년 8월, 1차 직봉전쟁에서 승리한 직예군벌이 수령 차오쿤을 대총통에 옹립하기 위해 舊국회를 회복함에 따라 쑨원의 맹우들 대다수도 북상하여 쑨원을 버렸고 조곤이 총통에 당선되자 손문과 중국국민당이 전개하던 호법운동이 끊어지게 되고115) 중국공산당과 1차 국공합작을 결정하게 된다.

1923년 운남과 광서 군벌 류전환, 양시민과 연합하여 천중밍을 축출하고 3차 광동정부를 수립한 쑨원은 호법운동과 영미를 비롯한 구미 열강에 대한 기대를 포기하고 자체적인 무장을 확보하여 혁명에 나서야 한다고 생각을 굳히게 되었다.

그 후 1924년 9월 조곤, 오패부의 직계군벌과 장작림의 봉천군벌 간의 전쟁 즉 2차 직봉전쟁116)에서는 봉천군벌이 승리하였다. 10월 10일 오패부가 산해관으로 왔으나 10월 23일 펑위샹이 장작림에 호응 북경정변117)으로 조곤은 펑위샹의 강요를 받고 오패부를 해임했으나 11월 8일 장작림이 북경에 입성 11월 톈진에서 단기서와 면담결과 단기서가 임시 집권으로 추대되었다.

---

113) 1920년 11월 28일부터 1922년 8월 9일까지 전개된 쑨원과 중국국민당의 임시 약법 회복 운동. 광동군벌 천중밍의 도움으로 시작되었으나 역으로 천중밍이 지지를 철회하면서 실패하고 말았다.
114) 1922년 4월부터 5월에 걸쳐 직계군벌과 봉천군벌 사이에 벌어진 전쟁. 직계군벌이 승리했다. 1차 봉직전쟁, 1차 직예-봉천전쟁, 1차 봉천-직예전쟁이라고도 하며 중국식 독음으로 1차 펑즈전쟁, 1차 즈펑전쟁, 1차 즈리-펑톈전쟁, 1차 펑톈-즈리전쟁이라고도 한다.
115) 1923년 10월 회선사건이라 불리는 차오쿤의 뇌물선거가 벌어지면서 호법운동은 완전히 단념되었다.
116) 1924년 9월, 차오쿤, 우페이푸의 직계군벌과 장쭤린의 봉천군벌 사이에 벌어진 두번째 격전. 6일 만에 직예파가 압승을 거둔 1차 직봉전쟁과 달리 2년 간 현대화 사업을 통해 전투력을 증강한 봉천군벌이 우페이푸에게 불만이 많던 펑위샹 등을 포섭하여 승리를 거두었다.
　☞ 강설전쟁 : 안휘군벌 절각두군 루잉샹(盧永祥)과 직예군벌 사이에 벌어진 내전(1924.9.3~10.3) 직예군벌이 승리했으나 이 전쟁때문에 2차 전쟁에서 패배함
117) 1924년 10월 23일, 2차 직봉전쟁 중 직예군벌에 충성하던 펑위샹이 우페이푸의 논공행상에 불만을 품고 봉천군벌의 장쭤린과 결탁하여 일으킨 쿠데타를 말한다.

나. 중국의 공산주의 운동

1) 개요

절대왕정의 농업중심 국가였던 중국에 공산주의가 유입된 시기는 5·4운동이 일어났던 1919년 무렵이라는 것이 정설로 되어 있다. 이는 당시의 사회적 환경이 공산주의자들이 활동하기에 조성되었기 때문이며 따라서 당시 공산주의에 우호적이었던 미국기자 아이삭(Harold R·Isaacs)은 "중국공산당은 중국사회와 역사의 산물"이라고 표현한 바 있다.118)

따라서 중국공산당의 창당은 러시아혁명이라는 외재적 조건과 5·4운동이라는 내재적 조건 속에서 이루어졌다고 할 수 있으며, 이 과정에서 이른바 '초기공산주의자들'이라고 불리는 일단의 선각자들이 보인 희생적 노력이 중요한 동력으로 작용했다고 할 수 있다.

1917년 10월 러시아에서 사회주의 혁명이 발발하여 소비에트정권이 등장한 후 마르크스-레닌주의는 1840년 아편전쟁 이래 제국주의의 침략과 청조(清朝)의 무기력함에 대해 혐오감과 실망을 금치 못하고 있던 인접국과 중국에 즉각적이고 광범위한 영향을 미쳤다. 그 결과 1918년 북경대학에서 이대교(李大釗)119)4)의 지도하에 마르크스주의 연구회가 창립되는 등 각지에서 마르크스주의연구회가 생겨났다.

1919년 3월 소련은 세계의 공산화를 성취하기 위해 모스크바에서 '국제공산주의자 대표대회'(Third International : Comintern)를 개최하여 공산주의 확산의 지도적 임무를 부여하였다.120)

---

118) 張玉法, 『中國現代史』(台北: 東華書局, 1985), p.364.
119) 1889년 하북성(河北省) 낙정현(樂亭縣)에서 출생함. 1907년 천진북양법정전문학교(天津北洋法政專門學校)에 입학. 1913년 도일하여 와세다대학 정치본과에 입학. 1916년 귀국하여 1918년 북경대학 도서관 주임이 되었고, 후에 경제학 교수를 겸임함. 같은 해 신청년(新青年) 편집에 참여하고, 진독수 등과 매주평론(每周評論)을 창간하여 마르크스주의를 적극 선전함. 1920년 3월 마르크스주의연구회 결성을 지도하고 같은해 10월 북경공산주의소조를 창립하였음. 1927년 4월 소련대사관에서 군벌 장작림(張作霖)에 의해 체포되어 비밀경찰에 의해 처형됨. 李盛平 主編, 『中國近現代人名大辭典』(北京 : 中國國際廣播出版社, 1989), p.246.
120) 김성윤 엮음, 『코민테른과 세계혁명 1』(서울 : 거름, 1986), pp.70-82.

2) 주요 내용

러시아의 볼셰비키 혁명이후 러시아는 장기간 적백내전에 돌입되고 이 내전중 시베리아 간섭전쟁을 치루면서 이 기간 중에 코민테른을 창설하여 1,2,3차 대회를 개최하며 국제공산주의를 실현코자 하였다.

중국은 신해혁명이후 손문은 레닌과 교류한 바 있으며 원세계의 독재를 타도하고 호법운동을 전개하였으나 군벌간의 대립과 세력다툼으로 어려움을 겪었다.

이미 러시아에 유학간 중국인들이 "중화여아연합회"를 조직했고 홍군정치부내에 중국인 공산당지부를 세우는 등 이들을 기초로 1920년 화원국이 설립되는 등 러시아 내에서 공산당이 조직되기 시작했다.

중국내부는 전술한 바와 같이 원세계의 북양정부를 비롯한 군벌 등 반혁명세력들의 발호로 내분과 내전이 극심했고 원세계의 사망후 1919년 5.4 운동의 시작은 중국 신문화운동 및 민주주의 운동의 시작이 되었었다.

5.4 운동을 강경 진압하던 북양정부는 원세계를 이은 단기서 정권이 일본의 지원을 받아 다른 유리하게 군벌을 제압하고 한층 확대된 5.4운동의 강경 진압이 불가하지 이를 포기하고 파리 강화회의 결과 1922년 워싱턴 조약으로 중국에 칭따오가 반환되고 5.4운동은 신문화운동으로 발전되게 되었다.

중국이 혼란한 시기에 코민테른과 소련 볼셰비키주의자들은 이를 공산당 창당과 조직확대의 절호의 기회로 삼아 보이틴스키가 중국에 파견되기 이전에 이미 중국에 들어온 러시아 난민들과 볼셰비키들은 이 중앙 집권적이고 산만한 개별적인 활동을 하고 있었다. 그 후 1919년 4월 4명의 유명한 볼셰비키들이 블라디보스톡에서 상하이로 들어오면서 본격적인 공산주의 운동이 시작되기 시작했다.

1918년 북경대학 이대교의 마르크스 연구회가 창립되고 1920년 상해와 북경공산주의 소조가 결성되면서 1920년 7월에 중국공산당 제1차 전국대표 대회가 개최되었다.

1919년 5·4운동 이후 손문의 중화혁명당이 중국 국민당으로 대체되고 1921년 상해에서 중국공산당이 설립되었다.

손문은 요중개와 같이 **聯蘇 容共 扶助 工農**으로 국민당을 개조하려고 했으며 개인자격으로 중국공산당은 국민당에 입당이 가능하게 되었다. 이른바 1차 국공합작이 시작된 것이다.

그러나 소련 공산당의 지속적 지시하에 중국 공산당은 비밀단체 결성을 국공합작체제내에서 세력을 키워 나가며 국민당과 충돌 하였다.

결국 손문 사후 중국 공산당이 중국 국민당 좌파와 연계하여 중법위를 장악하고 요중개 암살사건을 기화로 국민당 우파를 숙청하자 서산회의 파가 갈라져 나가는 등 국공합의 결렬로 상하이 쿠데타가 일어나면서 장개석의 난징정부를 수립하는 등 국민당이 분열되고 마일사변121)을 계기로 코민테른의 기존 온건 국공합작노선의 폐기와 우한정부 중법위를 강제 장악 등 공산당의 과격한 전술에 경계를 느끼던 왕징웨이가 공산당과 손을 끊고 합작은 파기되었다.

이 중국과 러시아의 1911~1924년까지의 국내상황은 둘다 혁명과 내전 그리고 1차 세계대전 등으로 힘들고 거친 격량 속에 있었다. 공통점은 두나라 모두 전제황권 체제의 독재와 무능으로 국민의 봉기가 일어난 것이고 다른 점은 중국은 장기간의 내전을 조기 종식시키지 못했으나 러시아는 내전122)을 종식시키고 USSR이라는 공산주의 연방으로 통일을 했다는 것이다. 러시아도 공산화를 반대하는 유럽 열강과 미국, 일본 등의 간섭전쟁을 극복하는 과정은 그리 쉽지 않았다.

종합적으로 볼 때 중국은 청말기부터 이어온 황실의 부정부패, 무능, 군벌할거 등으로 국정장악력이 약해지자 국민들의 인권과 민생이 도탄에 빠지고 대내외적 침략에 대처하지 못하는 등 국민적 불안과 열강의 제국주의 중국침탈에 실망하고 무기력한 상황을 타개해 줄 혁명과 지도자를 요구하게 되었다. 이때 일어 난 것이 1911년의 신해혁명을 주도한 손문이라는 국민적 영웅이 나타났다. 또한 1917년 볼셰비키혁명이 일어난 러시아에서 몰려드는 공산주의의 검은 그림자 즉 프롤레타리아해방이라는 기치로 몰려든 노동자 농민들로 무장한 군대를 앞세워 러시아의 로마노프 왕조를 때려 엎고 일어난 공산주의혁명이었다. 중국에도 불어온 이 공산주의는 결국 손문의 국민당과 상하이 북경등 중

---

121) 1927년 5월부터 6월, 우한 국민정부에 소속된 우익 장교들이 공산당이 주도하는 폭동과 과격한 혁명활동에 불만을 품고 1차 국공합작의 중단과 공산당 숙청을 요구하면서 일으킨 일련의 군사 반란과 백색 테러. 국공결렬의 결정적인 계기 중 하나로 작용했다.
122) 당시 러시아의 내전지역: 1. 무르만스크: 유레니치의 봉기 2. 볼가강 유역 남부러시아: 레니킨 3. 시베리나 : 콜착제독 4. 톰스크 봉기: 포타닌(크라스노스코프) 진영의 독립 및 자치요구 → 실패

국 주요 지역에서 야금 야금 중국을 먹어 들어갔다.

1920년 3월 코민테른 극동국은 보이틴스키(Grigori Naumovich Voitinsky)를 중국에 파견하여 중국공산당 창당을 지원하도록 하였다. 보이틴스키는 먼저 북경대학 교수 이대교와 접촉하였다. 그러나 보이틴스키는 당시 군벌의 지배하에 있던 북경에서의 활동에 제약을 느끼고 이대교의 소개로 상해에 머물고 있던 진독수를 찾아가 접촉하였고, 그 결과 1920년 5월 중국 최초의 공산주의자그룹인 「상해공산주의소조」가 결성되었다. 이어 이한준(李漢俊)이 무한(武漢)으로 가서 동필무 등과 공산주의 조직 결성을 상의한 결과 가을 무렵 동필무, 진담추 등이 중심이 되어 「무한공산주의소조」가 결성되었으며 북경에서는 이대교, 등중하, 장신부, 장국도 등이 1920년 10월 '북경 공산주의 소조'를 결성하였다. 이 무렵 광동성에서는 군벌 진형명(陳炯明)이 국민혁명 지도자로서 명성이 높고 러시아혁명에 대해서도 긍정적 입장을 지닌 손문(孫文)을 광동군정부의 주석으로 추대하고, 진독수를 교육국장으로 초빙하고, 진독수, 진공박, 담평산 등에 의해 기관지「노동자」가 발간되고 이러한 토대위에 「광주공산주의소조가 탄생될 수 있었다.

반군벌운동이 활발하던 호남성의 장사(長沙)에서도 북경대학에서 귀향한 모택동(毛澤東)이 중심이 되어 「'문화서사'와 같은 출판사가 설립되었고, 「상강평론(湘江評論)」[123])이 발간되었다.

산동(山東)에서는 왕진미, 등은명 등이 진보적 학술단체 「려신학회(勵新學會)」를 조직하고 반월간지「려신(勵新)'을 발간하던 중에 1920년 가을 보이틴스키의 지원으로 제남(濟南)에서 「마르크스학설연구회」를 조직하였고 1921년 초 정식으로 「제남공산주의소조」를 결성하였다.

이 밖에도 시존통, 주불해 등이 중심이 되어 「동경공산당소조」가, 장신부, 조세염, 주은래, 유청양 등에 의해 파리에 공산주의소조가 결성되었는데 이들은 자연스럽게 전국적으로 통일된 공산당조직이 필요하다는데 공감하게 되었다.

---

123) 1919년 7월 호남학생연합회(湖南學生聯合會) 명의로 장사(長沙)에서 주간(周刊)으로 창간된 상강평론은 전통과 미신의 속박을 받지 않고 진리(眞理)를 그 종지(宗旨)로 삼았고, 모택동의 '민중적 대연합(民衆的大聯合)'과 같은 글을 통하여 인민을 계몽하는데 적지 않은 영향을 미쳤다.

한편, 중국에서 공산당이 창당된 데에는 1840년 아편전쟁(鴉片戰爭) 이래 쌓여 온 내부적 모순에 대한 중국 인민의 각성이 커다란 영향을 미쳤다. 아편전쟁에서의 패배는 중국인들에게 심리적으로 씻을 수 없는 좌절감을 안겨다 주었을 뿐만 아니라 현실적으로도 영토의 할양과 항구의 개항 및 막대한 배상금 등 커다란 손실을 안겨 주었기 때문이다.[124]

이러한 모순을 극복하기 위한 여러 형태의 자강운동(自强運動)들에도 불구하고 중국이 외세의 억압을 효과적으로 극복하는 데는 많은 제약과 한계가 있었다. 그 가운데에서도 지배층을 구성하는 소수 만주족(滿洲族)과 대다수의 피지배층을 이루는 한족(漢族)간의 이질감과 갈등은 가장 커다란 문제점이었다.

특히 태평천국의 난[125]을 진압하는 과정에서 청(淸)의 정규군인 팔기군이 제 기능을 발휘하지 못한 반면에 한족이 중심이 된 상군(湘軍)과 회군(淮軍)이 커다란 역할을 담당하면서 권력의 축은 급속히 한족에게 기울어지게 되었다.

이후 양무자강운동에도 불구하고 청조가 회복하지 못하면서 신해혁명이 발발하게 되었으나 이 또한 원세개의 복제운동(復帝運動)으로 좌절되면서 중국의 청년과 지식인들은 좌절하게 되었다. 그러나 이들은 여기에 굴복하지 않았고, 또 하나의 신문화운동[126]이 진독수와 이대교를 비롯한 진보적 지도자들에 의해 주도되었다.

한편 원세개 정부가 일본이 요구한 21개조 요구를 수용하면서 청년·학생을

---

124) 아편 전쟁의 결과 체결된 남경조약의 골자는 ① 홍콩섬을 영국에 할양한다. ② 광주 이외에 하문 복주 영파 상해를 개항한다, ③ 2,100만은 원을 영국에 배상한다는 세 가지만 중요한 것은 이를 계기로 유럽 열강 들에 대한 중국의 우월성이 없어졌다는 점이다.
125) 청 말에 일어난 농민 대봉기로 군인, 민간인 포함하여 추정되는 총 사망자만 최대 7천만으로 신정국가 태평천국 건국 운동 과정을 총칭한다. 청의 풍습인 변발을 거부하고 머리를 길렀기 때문에 당시 청나라에서는 태평천국 교인들을 일컬어 장발적(長髮賊)이라고 불렸다. 현재 중국에서는 반봉건주의 정신을 평가해 '태평천국의 난'이 아닌 "태평천국 운동"으로 불린다. 한때는 난징까지 점령하면서 사실상 국가 체제를 갖추고 중국 남부에서 크게 세력을 불려 14여 년간 이어졌지만 결국 청나라 휘하의 증국번, 이홍장, 좌종당 등의 한인 신사들이 만든 의병이 태평천국의 확장을 두려워한 서방 열강 세력과 연합해 난을 진압하였다. 하지만 이때 청군은[9] 제대로 활약하지 못해 그 위상이 크게 떨어졌고 그 결과 지방의 많은 기득권층들이 청 왕조로부터 등을 돌리는 결과를 만들어냈다. 즉, 외적으론 서구 열강들의 침탈에 시달리던 청에 내적으로 어퍼컷을 날린 사건이다.
126) 신문화운동의 신호탄은 신해혁명 실패 이후의 암울한 시기였던 1915년 9월 진독수가 주도한 월간 청년잡지(靑年雜誌)를 통해 나타났는데, 여기에서는 중국이 나아가야 할 방향으로 다음의 6가지 표준이 제시되었다. 즉 첫째, 자주적이고 노예적이지 말 것. 둘째, 진보적이고 보수적이지 말 것. 셋째, 진취적이고 퇴보적이지 말 것. 넷째, 세계적이고 쇄국적이지 말 것. 다섯째, 실리적이고 형식적이지 말 것. 여섯째, 과학적이고 상상적이지 말 것이 그것이다.

중심으로 한 중국인민들의 분노가 폭발하면서 5·4운동으로 이어졌고 여기에서 5·4운동127)은 러시아의 10월 혁명과 함께 공산주의 사상을 접하게 된 중국의 진보적 사상가들로부터 크게 영향받았음을 알 수 있다.

이렇게 볼 때 러시아 혁명은 중국의 신문화운동 발발에 영향을 끼쳤고 신문화운동은 5·4운동에 영향을 미쳤으며, 5·4운동은 중국공산당 창당에 중요한 배경이 되었다는 점에서 역사의 상호작용과 연관성을 새삼 인식하지 않을 수 없게 한다.

3. 한국 지역의 공산화 추진

가. 조선 근대의 국내외 상황

1864년 고종(26대)의 친아버지인 홍선 대원군이 섭정을 통해 당시의 폐해를 시정하기 위해 세도정치 타파, 서원 철폐, 호포법 실시 등 과감한 개혁을 단행했으나, 그 개혁은 어디까지나 구식 질서를 지키기 위한 틀에서 벗어나지 못한 것이었으며, 당시 서세동점으로 대변되는 급변하는 세계 정세와는 거리가 먼 것이었다. 홍선대원군은 두 차례의 양요를 통상수교 거부정책으로 막아냈지만 계속된 권력 독점으로 불만을 품은 고종이 친정에 나서면서 실각했다.

1876년 조선은 메이지 유신의 성공으로 근대화를 이룬 일본과 강화도 조약을 맺으며 개항을 했는데, 이는 그동안 이전까지의 조선이 가지고 있던 외교관을 모조리 뒤엎는 커다란 충격이었다. 이후 1880년대에는 조선의 종주국인 청과 이웃 나라인 일본이 임오군란과 갑신정변을 계기로 내정 간섭을 시작했다. 조선은 이 과정에서 뒤늦게 근대화를 추구했으나, 구 체제를 유지한 상태에서의 점진적 개화(동도서기)를 시도했기에 부국강병을 실현하는데 실패한다.

일본은 동학농민운동을 계기로 일어난 청일전쟁에서 승리함으로써 조선에 대한 청의 영향권을 없애고, 본격적으로 자신들이 조선에 강한 영향력을 행사하기 시작했다. 고종

---

127) 이후 5·4운동은 진독수, 호적(胡適), 채원배(蔡元培), 이대교, 전현동(錢玄同), 노신(魯迅), 주작인(周作人) 등 신지식인 등에 의해 신문화운동과 밀접하게 연결되어 전개되었고, 여기에서 5·4운동이 「5·4신문화운동」이라고도 불리게 되었다.

은 이것을 막기 위해 정치적으로 러시아를 끌어들였다.

청일전쟁 전후, 조선은 갑오개혁을 통해 서구화 및 근대화를 강력히 추진했다. 하지만 이 개혁에는 조선에 대한 주도권을 확보하려 하는 일본의 계략이 있었다. 결국 을미사변과 아관파천이 일어나면서 일본과 러시아의 간섭은 더욱 심해지게 된다.

그 후, 고종은 광무개혁을 통해 조선이라는 이름을 떠나 보내고 대한제국을 선포하며, 황제국임을 세계에 널리 알렸고, 안정적인 근대화를 시도하려 했다. 실제로도 서울 전차 및 경인선 개통과 만국우편연합 가입, 군사력 강화, 화폐 개혁 등 어느 정도의 성과는 있었으나, 일본과 러시아의 내정간섭을 막기에는 너무나 뒤늦은 처사였고 이것도 구 체제를 유지한 상태에서 시도한 터라 결과적으로 성공하진 못했다.

결국 일본은 러일전쟁에서도 승리하고, 1905년에 을사조약을 체결함으로써 외교권을 강탈하여 대한제국에 대한 주도권을 완전히 장악했다. 심지어 1907년에는 정미7조약으로 사법권과 경찰권마저 빼앗기게 되었고, 이후 대한제국을 강제로 식민지화하기에 이르며 군대까지 강제로 해산시켜버렸다. 결국 1910년, 경술국치로 대한제국이 일본에 정식으로 합병되면서 1392년에 고려를 멸망시킨 태조 이성계가 세웠던 조선 왕조는 약 5백 년의 역사를 뒤로한 채 무너지고 만다.

나. 일제강점기

1910년 일본 제국에 의해 대한제국의 주권이 강탈당하자, 일제는 같은 해(메이지 43년) 칙령 제318호 「한국의 국호를 고쳐 조선이라 칭할 것(韓國ノ國號ヲ改メ朝鮮ト稱スルノ件)」를 공포하여 자국 내로 편입한 한반도와 부속도서에 대한 공식 명칭을 '조선(朝鮮)'으로 환원하였다. 또한 「메이지 제령 5호」를 통해 '통감'을 '조선총독'으로, '한국'을 '조선'으로, '한국법규'를 '구한국법규'로, '한국형법대전'을 '형법대전'으로 고침으로써 기존의 국체를 나타내던 명칭을 제거하였다. 이후 외교적 보호국에 준하여 시행되던 통감 제도는 해외 속령 등에 시행되는 총독 제도로 개편되었다. 특이하게도 일제강점기는 통치의 성격이 약 10년을 주기로 세 차례 바뀌었다.

제1기(무단통치·헌병경찰통치) 1910년~1919년 - 대개 경술국치부터 1919년까지 보는데, 민족자결주의 대두 및 3.1 운동의 영향으로 사이토 마코토가 조선 총독으로 부임하며 식민통치 이념이 달라진 것을 기점으로 한다. 경제적으론 토지조사사업과 회사령이 실시되었다. 조선인을 대상으로 태형을 실시하는 태형령이 공표되었고, 일본 제국 육군 소속 헌병들이 치안 업무에 투입되는 헌병경찰제도가 운영되었으며, 교원(학교 선생님) 들이 칼을 차고 다녔다.

제2기(문화통치·민족분열통치) 1920년~1930년 - 제1기가 막을 내린 직후부터 세계 대공황이 발발한 1929년까지를 일반적으로 보며, 흔히 '문화통치기'라고 줄여서 부른다. 경제적으론 산미증식계획이 실시되었다. 헌병이 보통경찰로 바뀌었고, 언론·출판의 자유가 제한적으로 허용되었으며, 회사령이 허가제에서 신고제로 전환되었다. 3.1운동의 영향으로 억압보다는 회유책을 쓰던 시기라 친일반민족행위자들이 이때 대거 나오게 되었다.

제3기(황국신민화통치·민족말살통치) 1931년~1937년/1938년~1945년 - 만주사변이 발발한 1931년부터 제3기 전기로 본다. 1937년 발발한 중일전쟁의 영향으로 1938년부터 1945년까지 제3기 후기로 본다. 경제정책으론 전기의 남면북양, 후기는 국가총동원법이 발효된 병참기지화 정책이 있다.

일제강점기의 기간은 1910년 8월 29일 한일합병부터 1945년 8월 15일 광복일까지 34년 11개월로 대략 35년임에도 어째선지 일제강점기의 기간을 36년으로 계산하는 표현들이 많이 보인다. 일제에 오랫동안 탄압받았다는 것을 강조하기 위해 35년에서 36년으로 늘렸다는 설이 있고, 세는나이처럼 계산하다 보니 36년이 되었다는 설도 있다.

다. 한국공산주의의 태동과 조선공산당(朝鮮共産黨)

1917년 2월 혁명과 10월 혁명이 러시아에서 일어나고 1918년 1월 제3차 全러시아 소비에트 대회를 통해 소련[128] 즉 소비에트 연방(USSR)[129]이 탄생했다. 서구 열강의 제국주의 정책에 희생된 약소국가 들은 소련과 연합전선을 형성하여 그들의 적에 공동으로 대항했다.

러시아의 시베리아 연해주와 중국 만주지역에는 1800년대 말부터 벌목 등으로 생계를 유지하고자 이주하거나 일제의 억압통치에 반대하고 민족독립을

---

[128] The Soviet Union
[129] The Union of Soviet Socialist Republics

쟁취하고자 망명한 항일 독립운동가도 많았다. 러시아 역시 제국주의 일본에 대항 이들로 하여금 제2전선 구축이 가능하다고 판단 이들을 재정적으로 지원하거나 무기 구매를 지원했다.

1918년 6월 26일 동시베리아 하바로프스크에서는 이동휘, 박진순, 이한업 등 과 같은 비귀착민들을 중심으로 '한인사회당'을 결성했으며, 1919년 1월 22일 몽골 북방 이르쿠츠크에서도 김철훈, 오하묵, 최고려 등과 같은 귀착민들이 '이르쿠츠크 공산당 한인지부'를 결성했다.

이와 같이 러시아 거주 한인들은 한국독립을 위해 소련의 도움이 필요했으며 소련은 세계 공산화 즉 프롤레타리아 국제주의 실현을 위한 볼쉐비키 전선에 한인을 동원하고자 이들을 이용하고자 하는 상반된 두 개의 목적이 일치되어 상호협력 및 지원을 하게 되었던 것이다.

시베리아 한인사회에서 결성된 바 있는 '전로한족회 중앙총회' 즉 '한족총'의 중심인물인 이동휘가 중심이 되어 '한인사회당'을 결성했으며 1919년 8월 30일 상해 임시정부가 수립되자 이동휘는 上海 임정 국무총리로서 이동을 하게 되었다. 이들은 상해에서 김립, 이한영, 김만겸 등이 중심이 되어 '공산주의자 그룹'을 결성하였으며 여운형, 박헌영, 조완구, 신채호, 안병찬, 윤기섭, 김두봉과 같은 민족진영 인사들을 가담시켰으며 코민테른 원동국서기 보이틴스키, 김만겸 등의 주선으로 1921년 1월 10일 '고려공산당'으로 개칭하였다.

한편 '이르쿠츠크 공산당 한인지부'는 1919년 5월 '전로한인공산당'으로 개칭하고 이르쿠츠크에서 1920년 7월 고려공산당 제1차 대표회의와 1921년 5월 한인공산주의자 대회를 개최하였다.

이 두 한인 공산주의 계파는 한인공산당의 주도권 다툼과 대립을 해오다가, 1921년 6월 28일 수라셰프카의 '자유시참변'을 겪으며 그 갈등은 극에 도달하였고 1922년 '베르그노이딘스키'에서는 두 계파 화해용 회합을 가진 바 있으나 실패하고 말았다. 이에 코민테른 극동지부는 2개파 모두에게 해산 명령을 내리고 극동총국내에 '코르뷰르'를 설치하였으며 1923년 1월 블라디보스톡으로 코르뷰르를 이전시켰다.

4. 몽골, 일본 및 동남아시아 지역의 공산화 추진

19세기가 되어 인도를 정리한 영국과 베트남으로부터 뻗어 나간 프랑스가 태국을 사이에 두고 충돌했다. 이 사이에서 완충지대 역할을 하던 태국은 영토와 이권을 상당 부분 잃기는 했으나, 식민지가 되지는 않았다. 이후에도 일본 제국이 태평양 전쟁을 일으키면서 동남아시아 지역 대부분이 일본제국의 괴뢰국이 되거나 점령하에 들어갔던 와중에, 태국은 국토의 사용 권리를 일본에 내줌으로써 독립을 유지했다.

1919년 제1차 세계대전이 끝난 후 우드로 윌슨 미국 대통령이 민족자결주의를 발표하면서 동남아 사람들은 민족주의에 눈을 떠 독립운동을 본격적으로 시작했으나, 지배주체가 해당 전쟁의 승전국이라서 식민당국은 쉽게 독립시켜 주지 않은 채 가혹하게 탄압하기만 했다. 독립운동의 선구자들이던 지식인들은 현실에 순응하고 온건적으로 변한 반면, 같은 시기 러시아에서 불어온 사회주의 혁명에 영향을 받은 노동자와 농민 중심의 좌익 독립운동 세력들은 식민당국의 탄압을 피해 지하로 숨으며 무기를 들고 끈질기게 투쟁을 했다.

또한 태평양 전쟁 당시엔 일본 제국이 남방 작전을 실행에 옮기고 전 동남아시아가 속수무책으로 점령당하기도 했다. 그 이후 태국은 일본과 동맹을 맺게 되고 나머지 국가들은 일본이 직접 통치하거나 일본의 괴뢰국이 되기도 했다. 일제가 이렇게 쉽게 동남아시아 국가들을 점령할 수 있었던 이유는 크게 두 가지 이유가 있다. 이미 서구의 식민지 상태였던 이들 국가의 주민들이 원래 통치자들에게 반감을 느끼고 일제를 해방자로 맞아들였기 때문이다. 하지만 일제가 2차대전 중 동남아시아 식민지에서 행했던 수탈 강도는 그전 열강의 수탈은 장난처럼 보일 정도로 엄청나게 높았다. 그리고 다른 이유는 일본군이 이곳을 침략하던 당시에는 이 식민지의 지배국들인 서구 국가들이 독일군과 본토가 전쟁을 하느라 난리가 난 상황이었고, 아시아 식민지에 쳐들어온 일본군보다 본토를 공격하는 독일군을 막는 게 최우선이기도 했다. 특히 싱가포르, 말레이시아나 미얀마 같은 곳은 학살이 벌어졌다.

특히 싱가포르가 가장 수위가 높아 일본령 싱가포르 당시 영국 해군의 야전병원으로 쓰이던 창이 병원에선 영국군 부상병과 중국인/말레이인 민간인으로 구성된 환자들을 전원 도륙내고 간호사들은 겁탈한 뒤 살해하는 만행을 벌이기도 했고 창이, 풍골, 셈바왕, 주롱 등 각 해안가에서는 중국인들을 소총으로 쏴 죽이고 목을 베어 수급을 챙기는 등 난징 대학살과 같은 학살극을 벌이기도 했다. 이 때문에 싱가포르는 특히 일본에 대해 좋지 않은 뒷감정이 있어 1991년 가이후 도시키 총리의 동남아시아 국빈방문 때 라자라트남 당시 싱가포르 외무장관이 공식적으로 일본 역사교과서 왜곡을 항의하기도 했다. 결국 이들 국가에서도 일제에 대한 반감이 커지다 못해 식민제국에 대한 조직적인 독립전쟁이 일제쪽에도 돌려서 시작되었다.

싱가포르와 함께 인도네시아도 해방군 행세를 하던 일본군이 본색을 드러내어 이런 저런 핍박과 만행을 저질러서 현지인들의 반감을 사게 되었으며 결국 수카르노가 외세 추방 운동을 벌여 일본과 네덜란드가 사이좋게 꼴사납게 같이 쫓겨나 버렸다.

베트남의 위인 호찌민은 이때부터 일제에 맞선 공격을 시작, 태평양 전쟁이 본격적으로 시작되며 미군, 영국군, 중국군이 동남아시아로 진격하여 베트남 내 일본군을 몰아내는 데 일조했다.

패전 이후에도 가해자인 일본 측에서 "일본의 식민지 경험을 받은 게 전화위복일 수도 있다"는 논리를 펼쳐 비판을 받았다. 1991년 동남아시아 순방에 나선 가이후 도시키 당시 일본 총리가 싱가포르에서 외교부 장관 라자나트남에게 들은 얘기가 바로 일본이 뻔뻔하다는 날선 비판이었으며 당시 화교들 중 일부가 가이후 총리의 방문을 반대하기도 했다. 싱가포르는 혼자서 동남아시아에서 일본의 과거사 문제를 적극 지적하는 나라인데 선진국에다 일본보다 1인당 GDP 순위도 크게 앞서 아쉬울 게 없어서다.

역시 일본에 의해 크게 데인 적 있는 나라인 베트남과 인도네시아도 마찬가지로 일본의 과거사 청산 미흡에 비판적이다.

그러나 아무래도 동남아시아 대부분 국가들의 경우는 국력이나 경제적 상황상 일본의 영향력이 강해 일본과 척지기가 어렵기도 하고, 일본이 끼친 피해는 1940년대에 몇 년 동안이지만 해당 국가들의 입장에선 그 전까진 서구 열강, 그 후로는 중국이 더 심각한 적국이었으므로 이 국가들은 반일감정이 그렇게 크지 않고 반서방 혹은 반중감정이 지배적이다.

가. 몽골

1924년부터 1992년까지 동아시아 지역에 존속했던 사회주의 공화국이었다. 국제적으로 승인을 받은 국가들로 치자면 소련을 이어 세계에서 2번째로 성립된 공산주의 국가이다'

1922년 러시아 지역에서 소련이 결성되고 1924년에 몽골의 마지막 군주인 복드 칸이 사망하였으며 온건한 사회주의자이자 민족주의자인 담딘 수흐바타르130) 또한 이미 전년인 1923년에 죽었다. 이러한 상황을 파악한 소련 정보당국의 첩보를 통해 그해 이오시프 스탈린을 주축으로 한 소련 정부가 사회주의 국가는 군주제가 아니여야 한다고 주장하며 몽골이 완전한 사회주의 국가로 전환하도록 압박하자 새로이 지도자가 된 허를러깅 처이발 상131)을 중심으로 한 몽골 인민정부는 본격적으로 사회주의 공화국으로 전환작업에 착수하여 1924년 11월 26일, 몽골 인민공화국으로 국호를 변경하고 수도인 후레를 울란바토르(붉은 영웅)으로 바꿨다. 국부인 수흐바타르를 기리기 위해서였다. 그리고 몽골 인민공화국은 소련식 사회주의 헌법을 도입해 소련 이후 세계에서 두 번째 사회주의 공화국이 되었다.

소련은 몽골 인민공화국의 성립 때부터 후견국이 되어 중화민국(북양정부, 국민정부)의 위협으로부터 몽골 인민공화국을 보호해주었다. 중국은 옛 청나라의 영역은 전부 중국 것이라고 주장하고 있었고 실제로 몽골 공산화 이전에 몽골에 쳐들어온 적도 있었기 때문에 소련의 보호는 몽골 입장에선 생존 차원에서 필요했다. 허나 그 대가로 몽골 인민공화국은 모든 분야에 있어 소련에게 종속되어 소련의 위성국이 되었다.

이후 몽골 인민공화국은 일본 제국의 괴뢰국인 만주국과의 충돌로 일어난 「할힌골전투」132)라는 소규모 전투를 벌였으며 독소전쟁이 일어나자 제2차 세

---

130) 그나마 몽골에서 점차 넓어지는 친소파와 달리 민족주의 성격을 뚜렷하게 지녔던 인물
131) 몽골 인민공화국의 독재자. 1929년 1월 24일부터 1930년 4월 27일까지 몽골 국가소후랄 상임위원회 위원장을 지냈고 이어서 1939년 3월 24일부터 1952년 1월 26일 죽을 때까지 몽골의 내각수상을 지냈다. 20세기 담딘 수흐바타르 등과 함께 몽골 독립을 쟁취하고 이후 공산화를 주도하면서 근대화를 이룬 지도자라는 평가와 집권 기간 전무후무한 티베트 불교 말살 정책과 대량 숙청, 학살을 주도한 독재자라는 상반된 평가를 받는다. 덕분에 몽골의 스탈린이라고도 불렸는데 실제로 둘은 말년을 제외하면 관계가 돈독했다.
132) 할힌골 전투는 1939년 5월 11일부터 동년 9월 16일까지 몽골 인민 공화국 영토에서 발생한 소련군, 몽골군과 일본 관동군, 만주군 사이의 무력 충돌이다. 일본 측에서는 "노몬한 사건"이라

계대전에 참전하였다.

　1944년, 소련은 투바를 합병시켰으며 여기에 더해서 내몽골을 외몽골에 병합시키는 계획과 함께 다시 그 통합한 내외몽골을 몽골 소비에트 사회주의 공화국으로 병합시킬 장기적인 계획을 세우기도 했으나 미국, 중국의 반대로 철회하였다. 세계대전이 끝난 이후엔 중소 우호 동맹조약에 따라 외몽골의 국제적인 독립국가 위치를 확립시키려는 소련의 요청으로 중국, 소련 등 국제사회의 선거관리 하에 1945년 9월 21일 몽골의 독립을 묻는 독립투표에서 만장일치 찬성득표로 공식적으로 외몽골의 독립이 확정되었다. 1945년 11월 10일 몽골정부는 투표 결과를 중국과 소련에 공식 통보했다. 투표의 결과를 받은 중국정부는 1946년 1월 5일 독립을 승인하고 2월 5일에는 중화민국과도 외교 관계를 정식으로 수립하였다. 그러나 1949년 중국대륙에 중화인민공화국이 수립되고 중화민국과의 외교 관계는 백지화되었다. 1949년 10월 16일에는 국공내전에서 승기를 잡고 신중국의 건국을 선언한 마오쩌둥의 중화인민공화국과 수교하고 1961년에는 유엔에 가입하였다. 한편 국부천대를 실행한 장제스의 정권은 중공과 소련 사이에 맺어진 중소 상호 원조 조약을 이유로 예전에 국민당의 장제스 정권과 맺은 중소 우호 동맹조약이 무효화되었음을 선언하면서 우호조약에 따라 맺어진 몽골 독립투표의 무효화를 선언하게 된다. 중화민국은 계속해서 몽골을 자신의 땅이라고 주장하였지만 중화민국의 국제적 위상이 너무 줄어든 상태라 다들 별로 신경쓰지 않았고 훗날 2012년 중화민국은 몽골의 독립을 다시 승인했다.

　1980년대 이후 미하일 고르바초프가 소련의 서기장으로 취임하여 소련을 개혁하고 서방에 대한 개방정책을 추진하면서 소련의 위성국이었던 몽골도 영향을 받았다. 몽골 국민들의 민주화 요구로 몽골의 일당독재 정당 몽골 인민혁명당은 1990년 5월 헌법을 개정하고 그해 7월 자유선거를 실시하였다. 다른 몇몇 공산권처럼 피를 흘리지 않고 세계사의 흐름에 따라 순순히 민주화를 받아들인 영향으로, 몽골 인민혁명당은 안정적인 기반을 구축하였고 그를 바탕으로 자유선거에서도 압승하였다. 이렇게 공산주의 시대의 일당독재를 벗어나 민주적으로 정권을 잡은 몽골 인민혁명당은 국회 야당과 합의를 거쳐 1992년 2월 15일 새로운 헌법을 발표하고 신헌법에 따라 국호를 '몽골 인민

는 명칭으로 부르지만 사실상 소련과 일본 제국의 국지전에 가깝다. 봉소전쟁 당시 중국군(만주군)을 격파한 소련군의 두 번째 승전이기도 하다.

공화국'에서 '몽골국'(몽골)으로 변경했다.

한편 공산주의 정권 시절 일당 독재를 펼쳤던 몽골 인민혁명당은 이름을 몽골 인민당으로 바꾸고 공산주의 정당에서 사회민주주의 정당으로 탈바꿈했으며, 현재까지도 몽골의 주요 정당으로 활동하고 있다. 특히 최근 총선과 대선에서 모두 압승을 거두기도 했다.

나. 일본

1) 근세 일본의 상황

가) 개요

1867년 대정봉환133)을 통해 천황에게 권력과 정권이 이양되고, 1868년 1월 3일에는 '왕정복고의 대호령'의 발표를 통해 500여 년 전의 겐무 신정134) 때처럼 에도 막부와 함께 막부의 구시대적 직책인 정이대장군, 섭정, 관백 등을 싸그리 폐지하면서 성립

---

133) 대정봉환(大政奉還, 다이세이호칸)은 에도 막부 말기(막말)인 게이오 3년 10월 14일(1867년 11월 9일)에 막부 제15대 쇼군 도쿠가와 요시노부가 국가 통치권을 메이지 천황에게 반납하고 이튿날 15일에 천황이 이를 칙허한 정치적 사건을 말한다. 도쿠가와 가문은 일본의 통치자로 군림했으나 막부 체제가 신하가 군주의 권한을 대신하여 집행하는 시스템이었기 때문에 명목상 쇼군은 천황의 신하였기에 막부가 정치의 대권을 천황으로부터 맡고 있다는 대정(大政) 위임론이 널리 인식되어 있었다. 에도 막부 말기가 되자 조정이 존황양이파의 등장으로 자립적인 정치세력으로 급부상하고, 주로 대외 문제에서 일어난 막부와의 불일치로 인한 막부 권력의 정통성이 위협받는 가운데 막부는 조정에게 대정위임의 재확인을 요구, 1863년 3월, 1864년 4월에 각각 대정위임을 재확인받는다. 그러나 이는 개념으로만 있던 대정위임론이 실질화·제도화되는 것을 의미했고, 위임했을 뿐이라면 되돌려받을 수도 있는 것이라는 결론에 이르게 된다. 결국 게이오 3년(1867) 10월, 도막(倒幕)파의 강력한 압력으로 도쿠가와 요시노부는 대정봉환을 통하여 지금까지 협상으로 재확인된 '대정'을 조정에 반납하였다. 다만 실질적으로는 쇼군이 쇼군일 수 있게 만드는 장군직의 사임 문제가 더 중요했으므로, 번들이 재차 단결하여 압박하자 요시노부가 10월 24일 군사적 지위인 장군직 사퇴도 건의, 12월 9일 왕정복고가 최종적으로 선포되고 난 후 장군직 반납이 승인된 막부가 공식적으로 폐지되는 것으로 마무리된다.

134) 일본의 고다이고 텐노가 가마쿠라 막부를 타도하고 친정했던 시기. 겐무는 고다이고 텐노의 연호이며, 중국사에서 후한 광무제가 사용한 호 '건무'에서 따온 것이다. 광무제가 찬탈자 왕망을 쓰러뜨리고 한나라를 복원했듯, 자신도 막부 이전 천황이 직접 일본을 다스리던 시절로 복하는 것을 목표로 제시한 것이다. 그리고 "새로운 정책이 미래의 선례가 될 것이다"라고 당당히 포부를 밝히며 '신정'을 뒤에 붙인 것이었다. 불과 3년(학자에 따라서 2년이나 1년)밖에 가지 못했으므로 원래는 무로마치막부의 일부로 분류되었으나, 훗날 메이지 유신으로 막부가 사라지고 천황이 국가의 중심으로 다시 서게 됐을 때 겐무 신정에서 명분을 얻었기 때문에, 일본사의 한 시대로 엄연히 인정받는 시대이다.

되었다. 메이지 유신이라 불리는 개혁개방을 통해 서양의 문물과 제도를 받아들여, 동양에서는 유일하게 근대화에 성공했다. 1889년에는 대일본제국 헌법이 제정되고 이듬해인 1890년 제국의회가 개설되어, 입헌군주제의 기틀이 완전히 마련되었다.

일본 제국은 대외적으로는 제국주의를 표방하여, 아시아의 패권을 장악하고자 청나라, 러시아 제국 등 주변국과 전쟁을 거듭하며, 그 과정에서 러일전쟁의 승전을 통해 비유럽권 국가가 최초로 근대 유럽 열강을 상대로한 전면전에서 승리하는 역사적 의의를 남겼다. 결과적으로 일본 제국은 타이완섬, 남사할린, 만주의 조차지 다수의 식민지를 할양받았으며 뒤이어 한반도까지 강제로 병합하였다.

제1차 세계대전에서는 협상국 측에 가담하여 승전하고, 전후 국제연맹의 상임 이사국이 되었으나, 대공황을 계기로 총리가 암살되는 등 정치적 혼란이 일어나 결국에는 군부가 권력을 잡는 군사독재 및 천황제 익찬 국가로 전락하였다. 이후 군국주의의 길로 들어선 일본 제국은 나치 독일, 이탈리아 왕국 같은 파시즘 국가와 손을 잡고 추축국의 일원이 되었으며, 제2차 세계대전을 일으켜 많은 인명이 희생되었다. 이때 자행된 전쟁 범죄는 현재의 외교 관계까지 영향을 미친다. 이후 1945년, 제2차 세계대전에서 연합국에 패배하여, 포츠담 선언을 기초로 한 무조건 항복 후 연합군 최고사령부에 황실과 정부가 종속되었고, 1946년 11월 3일에 일본국 헌법이 공포, 1947년 5월 3일에 시행됨으로써 체제가 붕괴되었다.

나) 대정봉환 이전

에도 막부는 청나라, 조선, 류큐 왕국 등을 비롯하여 역사적으로 알고 지냈던 주변 극소수의 국가와 네덜란드를 빼면 통상 교역을 금지한 해금(海禁) 정책을 폈다. 이는 도쿠가와 막부의 영향력 강화에 기여했으나, 시간이 흐르면서 러시아, 미국, 영국, 프랑스 등 서구 열강이 지속적으로 밀고 들어오자 점차 해금 정책의 실효성에 의문을 제기하는 사람들이 나왔다.

에도 막부는 다이묘가 다스리는 번(藩)들의 자치를 제한적으로 인정하면서 이들을 참근교대 제도 등을 통해 막부에 철저하게 종속시키고 번들의 경쟁을 이끌어 중앙 집권적 체제를 구축했다.

점차 에도 막부의 영향력이 쇠퇴하고, 반대로 지방 번들의 세력들이 성장했다. 이러한 상황에서 세력이 강해진 웅번들 가운데서도 특히 사쓰마, 조슈, 도사, 히젠 4개 번이 그 기세가 가장 강대하였다. 에도 막부는 다시금 왕년의 전성기를 회복하고자 3대 개혁을 폈지만 모두 실패했다. 경제의 혼란, 무사(특히 하급 무사)의 잉여화, 새로운 문물과 학문에 따른 정치적 각성, 페리 제독의 함포 외교, 조슈 정벌 실패 등 여러 사건이 이어진 끝에 에도 막부는 그 정치력을 잃었다. 사면초가 신세가 된 에도 막부는 도사 번의 건의를 받아들여 대정봉환을 단행하였으나, 사쓰마 번 등 급진파는 이후로 에도 막부의 쇼군 도쿠가와 요시노부에게 내대신 사직과 막부령 반납을 지속적으로 강요했다. 동시에 쿠데타를 일으켜, 신정부를 출범한다. 이윽고 메이지 천황에게 왕정복고의 대호령을 선언하게 하면서 요시노부를 정치권에서 완전히 축출했다. 이후 1868~1869년 사이에 벌어진 보신전쟁을 통해 구 막부 잔당들을 완전히 몰아내고 새로운 강자로 떠오른 웅번들은 판적봉환135)과 폐번치현136)을 단행(메이지 유신)하고 스스로 중앙 귀족에 올랐다.

다) 제국의 탄생

새로운 웅번들은 자신들의 정치 권력을 강화하려고 천황을 이용했다. 이는 명분적으로 그럴싸한 이야기였다. 막부의 최고 권위자는 일본어로 장군을 뜻하는 쇼군인데, 형식적으로는 일본의 주인은 천황이었고 쇼군은 그저 천황의 대리인으로서 천황에게 권력을 위임받아 일본을 다스릴 뿐이었다. 그리고 700년 사이 7만 평 남짓한 땅을 받고 살아가던 천황은 순식간에 일본 최고 정치권력의 정점에 등극했다. 이 뒤에는 엄청난 정치 공작이 있었다. 철저한 중앙집권체제, 이른바 만세일계(万世一系)의 사상이 일어서게 된 것이다. 이런 상황을 배경으로 메이지 유신이 일어났다.

라) 전성기

일본은 점차 제국을 표방했다. 이에 따라 국가를 개혁하고 군사력을 완전히 서구식으로 개편하여 증강하였다. 1870년대 사쓰마 번의 속국이던 류큐왕국(현재 오키나와현 지

---

135) '판'이란 땅, 즉 번의 토지를 뜻하고, '적'이란 번에서 가지고 있던 호적을 뜻한다. 따라서 '판적봉환'은 에도 막부가 설치한 번이 가지고 있던 토지와 호적을 천황에게 반납한다는 의미이다.
136) 1871년 8월 29일, 일본 제국의 메이지 정부가 번을 폐지하고 부(府)와 현(縣)을 신설하여 지방 행정을 장악하고 중앙 정부가 직접 관할하도록 한, 전국의 행정 구역 체계를 새로 개편한 개혁 조치.

역)의 강제 병합을 시작으로 청일전쟁(1894)에서 승리하여 타이완섬을 병합하고, 러일전쟁(1904)에서 승리하며 남사할린을 병합했으며, 뒤이어 대한제국과 을사조약, 정미조약 등을 체결하고 1910년 8월 29일 대한제국을 완전히 병합하였다. 또한 러일전쟁 승리 후 한반도를 기반을 군사적으로 이용하기 위해 철도와 교통망을 개설하고, 만주 군벌 장쭤린과 밀착하여 만주 점령을 위해 관동군을 창설해 중국 대륙을 야금야금 먹기 시작한다. 그러던 와중 유럽 전역에 펼쳐진 제1차 세계대전으로 대유럽 군수 물자 수출을 통해 일본은 호황을 맞이했다. 일본은 이로써 러일전쟁에서 입은 손실을 어느 정도 만회, 장차 긴 전쟁을 치를만한 국력을 쌓았다.

마) 군국주의의 대두와 군부의 폭주

러일전쟁을 치르고 열강 대열에 오른 후 이때 생긴 채무도 제1차 세계대전을 계기로 전부 상환하고 흑자를 남기며 일본의 성장이 가시화되자 종전까지 일본을 밀어주던 서구 열강들이 일본을 점차 견제하기 시작했다. 1923년 관동 대지진 당시 마구 나눠준 채권의 가치가 폭락할 것이란 소문이 돌면서 1927년 초에 전국적 대공황이 발생했는데 이것을 시작으로 하층민의 대부분인 청년 세대가 "부패한 정권을 무너뜨릴 혁명"을 요구하기 시작했지만, 연이어 1929년에 발생한 세계 대공황을 맞으며 일본 경제가 수렁에 침식하였다. 이런 상황에 군부가 정치에 관여하며 폭주하기 시작하였다.

일본 군부가 폭주한 이유는 아이러니하게도 일본의 부국강병 정책의 부작용이었다. 서양 열강이 일본군대보다 강했기에 일본은 선군대, 후경제에 가까운 선군정치가 먼저였고 개화시기 군 장교들은 국가가 직접 양성한 신 엘리트 계층으로서 높은 위상을 지녔다. 도조 히데키와 같은 사관생도 출신들은 황족에 대한 비뚤어진 충성심과 자신들은 일본제국의 엘리트 계층인 만큼 나라를 이끌어야 한다는 의식이 팽배한 상황이었다.

일본 제국은 1931년 만주사변을 통해 청나라의 마지막 황제 선통제를 내세워 괴뢰국인 만주국을 세우고 전쟁 준비를 위해 1934년 워싱턴 군축조약을 탈퇴하며 폭주 드라이브를 전격적으로 시동을 걸었다.

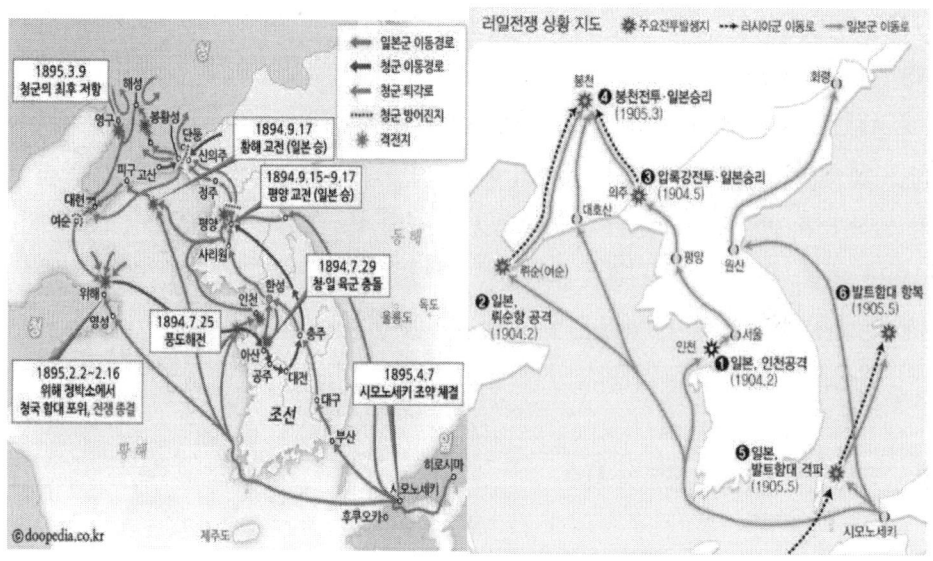

〈그림. 9〉 청일전쟁 / 러일전쟁

그리고 1937년 루거우차오 사건을 발단으로 중국과의 전쟁에 돌입했다. 중국 국민당 군은 일본군에게 제해권, 제공권 특히 제공권을 잃어버렸기에 국민당 육군은 속절없이 무너졌다. 일본군은 지속적인 확전을 기했지만, 중국 국민당 정부는 항복은 커녕 충칭으로 정부를 옮겨 끝까지 항전한다.

미국은 최대시장이기도 한 중화민국이 패망하여 사라지기를 바라지 않았기에 중국을 지원하며 일본에게 철광석 수출을 제한한다.

1941년 12월 7일, 일본제국 해군 연합함대가 진주만을 기습 공격하여 수 많은 군함들을 격침시켜 미 태평양함대에 일격을 가했으나, 미드웨이 해전에서 패배하고 느닷없이 기습을 당한 미국은 국민들의 대대적인 반일, 참전 여론을 등에 업고 제2차 세계대전에 참전한다. 한편 일본은 진주만 공습과 동시에 남방작전을 개시한다.

서구 열강들의 2선급 전력들을 상대로 이긴 일본 제국은 대동아공영권을 외치며 내친 김에 인도와 남태평양까지 쭉쭉 진출했다. 1942년, 일본 제국은 동북아에서 동남아, 남태평양까지 이르는 최대판도를 형성하였다. 제2차 세계대전 중 일본은 영국령 동남아 식민지를 점령했으며, 이후 필리핀 주둔 미군도 패배하며 기세를 탄 일본 제국은 중국의 절반 뿐 아니라 동남아 전역까지 휩쓸었다.

일본은 동아시아에 있는 유럽 식민지를 강탈하여 태평양의 지배세력이 되고자 했다. 태평양전쟁은 초반에는 일본이 기선을 잡았으나 미드웨이 해전을 전환점으로 대세가 기울어갔다. 1945년 미국은 오키나와섬을 점령했으며, 도쿄에 대한 야간 공습을 시작으로 일본의 대도시를 공습했다.

이후 유럽지역에서 동맹국 나치 독일이 패망하고 연합군의 주역인 미영중은 포츠담 선언을 통해 무조건 항복이라는 최후통첩을 권고한다.

미국은 8월 6일 히로시마, 8월 9일 나가사키에 원자폭탄을 각각 투하했다. 1주일 뒤 일본 왕은 무조건 항복을 선언했다. 항복문서는 1945년 9월 2일 조인되었다. 1945년 9월 9일 일본은 중국에 대해서도 별도의 절차를 거쳐 항복했다. 이로써 제2차 세계대전은 끝났다.

2) 일본의 공산주의

가) 초기 일본 공산주의 운동

일본의 자생적 사회주의는 굉장히 일찍부터 발달했는데, 경술국치 이전부터 공산당 선언이 번역되고 평민사 같은 결사체들이 만들어지고 아나키즘도 수입되곤 했다.

그러다 제1차 세계대전과 러시아 혁명으로 공산주의가 떠상하고 국제혁명기구를 자임하는 코민테른이 만들어졌다. 코민테른은 1922년 1월 극동민족대회에서 일본지부를 건설하라는 지령을 내렸고, 1922년 7월 15일 지하정당으로서 제1차 일본공산당이 창당되었다. 창당은 시부야구에 있었던 사회주의 운동가 타카세 키요시(高瀨淸, 1901~1973)의 집에서 작게 이뤄졌다.

이들은 같은 해 11월 코민테른 제4회 대회에 대표를 파견해서 일본지부로 정식 승인을 받았고, 니콜라이 부하린이 써 준 강령(22년 테제)을 받아 왔다. 당 강령은 당시로선 파격적인 내용이었다. 군주제와 귀족원 폐지, 18세 이상 모든 인간에게 보통 선거권 부여, 집회·결사·출판의 자유, 1일 8시간 노동 실시, 실업보험을 포함한 사회보장 및 최저임금제, 누진소득세에 따른 과세 실시 등 현대 일본의 제도와 가까운 것들이었다. 나아가 식민지와의 분리까지 주장했었다. 하지만 이 강령은 부하린이 써 준 것이었다는 점에서 알 수 있듯이 상당히 타율적이고 일방적으로 주어진 것이었고, 일본인 노동대중들의 의사는 반영되지 않은 것이라는 심각한 문제가 있었다.

특히 군주제 폐지 항목을 둘러싸고, 탄압을 초래할 뿐이라며 일본공산당 당내에서도 반대가 일어나 22년 테제는 정식 강령으로 채택되지 못하고 심의미필되었다. 그러다 1923년 6월 지도부가 일제검거되어 활동이 지지부진하다가, 1924년 해당론이 제기되어 아라하타 칸손을 제외한 전원의 찬성으로 해산되었다.

냉정히 말해서 제1차 일본공산당은 그전까지 흩어져 있던 60명 안팎의 사회주의 지식인들이 아나키스트들만 제외하고 한데 뭉친 동아리 연합체와 같은 존재에 불과했고, 제대로 된 정당이라고 말할 수는 없는 것이었다.

나) 일본의 공산주의 탄압 배경 및 이유

일본 제국주의자들이 공산주의를 싫어하고 공산주의자들을 색출, 탄압, 압살하려고 했던 이유는 이념적재립과 정치적, 경제적 그리고 국제적 요인을 들수 있다.

첫째, 이념적 대립 문제로서
일본 제국은 자본주의와 봉건주의를 근간으로 전통적인 권위와 계층 구조를 유지하고자 했으며 공산주의는 사유재산 폐지, 계급 철폐, 프롤레타리아 혁명을 추구하는 이념으로 이는 당시 일본 제국의 사회 체제와 정면으로 대립되며 공산주의 이념은 이러한 일본사회의 기존 질서를 위협하는 것으로 간주되었습니다.

둘째, 정치적 안정과 식민지 통제면으로서
공산주의 운동은 노동자와 농민의 권리를 옹호하며 자본주의 체제에 반대하는 성격으로서 사회적 불안을 야기할 수 있는 잠재적 위험 요소로 여겨졌고 특히 1920년대와 1930년대 세계 대공황의 여파로 사회적 불만이 증대되면서, 공산주의 운동은 정부에 대한 도전으로 인식되었다.
또한 일본은 한국, 대만 등 식민지에서도 공산주의 운동이 민족주의와 결합하여 독립운동으로 발전할 가능성이 있었기 때문이다.

셋째 국제적 요인으로서
국제적 반공주의 기류에 동참하면서 자국의 반공주의 정책을 정당화하고 러시아 혁명이후 소련이 공산주의 종주국으로서 공산주의의 확산을 기도하고 특히 만주와 한반도 지역에서 소련의 확장에 따른 일본 제국주의는 군사적, 정치적 충돌을 우려 이 공산주의 확산을 경계했다.

넷째, 경제적 요인으로서
공산주의는 자본주의 체제의 근간을 뒤흔드는 이념이므로, 일본 제국주의는 자본주의 경제 체제를 유지하고 발전시키고자 했기 때문에, 산업화 과정에서 자본가와 노동자 간의 갈등이 심화되는 가운데, 공산주의 운동은 노동자들의 불만을 결집시키는 도구로서 공산주의는 이를 위협하는 적으로 간주되었습니다.

종합적으로
일본 제국주의가 공산주의를 싫어하고 탄압한 이유는 이념적 대립, 정치적 안정과 통제, 국제적 요인, 경제적 요인 등 다양한 복합적 요소들이 작용한 결과입니다. 공산주의는 일본 제국의 기존 사회 구조와 이념, 정치적 안정성, 국제적 지위, 경제적 이익을 모두 위협하는 요소로 인식되었기 때문에, 이를 억압하고 제거하려는 노력을 기울였으며, 이와 같이 일본 제국이 공산주의를 탄압한 이유는 다양하지만, 기본적으로는 일본 제국의 체제 안정, 이념적 입장, 국제 정치 상황, 식민지 지배 유지 등의 요인이 복합적으로 작용한 결과라고 볼 수 있습니다. 이러한 탄압은 많은 사람들의 희생을 강요했으며, 현대 일본 사회에도 여전히 영향을 미치고 있다.

다. 베트남

1) 베트남의 왕조

1802년 건국된 응우옌 왕조는 베트남 최후의 왕조이자 베트남 역사상 최대의 통일 왕조다.

응우옌 왕조를 세운 응우옌푹아인은 연호를 가륭(Gia Long, 嘉隆)으로 선포하고 국호를 '대남'으로 바꾸었다. 특히 세워질 때부터 프랑스 등 서양의 후원을 크게 받았기 때문에, 후에의 궁정에 서양인 300여명을 거주케 하는 등 나름 당시로서는 획기적인 정책을 유지하기도 했다. 또한 오랫동안 남북으로 갈라졌던 베트남을 통합하기 위해 온 노력을 기울였는데 운하와 도로를 만들어 교통을 원활히 만들었고 가륭률(嘉隆律)을 반포해 법률을 정비했다. 군사적으로도 태국과 손을 잡고 캄보디아를 갈라 먹는 등 여러 모로 많은 업적을 남겼다.

응우옌푹아인이 죽자 1819년 민망 황제가 제위를 계승했다. 민망 황제는 중앙집권화 정책을 펼치며 황제의 권력을 강화했다. 또한 세금 감면, 군비 축소를 통해 재정 건전화에 온 힘을 쏟기도 했다. 외적으로는 대단히 강경한 정책을 펴나갔다. 캄보디아에서 반란이 일어나자 대군을 보내 진압하고 아예 베트남에 편입시켜버렸으며, 태국, 라오스와도 전쟁을 벌이며 베트남 역사상 최대의 강역을 넓히는 성과를 올렸다. 특히 서구에게도 강경하게 나가 극도의 쇄국 정책을 펴 가톨릭 신자를 박해하고 선교사들을 몰아냈다.

그러나 민망 황제가 1841년 사망하면서부터 응우옌 왕조는 본격적인 내리막길을 걸었다. 티에우찌 황제, 뜨득 황제 등등 유약한 성정을 가진 황제들이 연달아 왕위에 오르며 나라는 갈수록 흔들렸다. 기아와 가뭄, 자연재해가 겹치면서 일어났고 곳곳에서 반란이 일어나며 민심이 흉흉해졌다. 그리고 무엇보다도 서양의 간섭이 갈수록 심해졌다. 프랑스, 미국 등 서구 열강들이 문호 개방과 가톨릭 탄압 중단을 요구하며 베트남 앞바다를 휘젓고 다녔던 것이다.

2) 청불전쟁[137]

베트남을 잡아먹은 것은 바로 프랑스 식민제국이었다. 1861년에는 70척의 군함을 파견해 베트남 남부로 진군했고 베트남은 제1차 사이공 조약을 맺으며 항복했다. 프랑스는 제1차 사이공 조약을 통해 다낭 등 3개 항구가 개항됐고 남부 6성이 사실상 프랑스의 손아귀로 넘어갔다. 프랑스는 여기서 그치지 않고 1872년 베트남의 기독교도들을 보호한다는 핑계로 하노이를 공격해 점령했다. 이때 맺어진 제2차 사이공 조약으로 응우옌 왕조는 남부 6성에 대한 프랑스의 소유권을 인정했고 프랑스는 하노이, 후에 등에 영사관을 개설할 권리를 얻어냈다.

---

[137] 베트남에 있었던 대남국의 종주권을 두고 1884년 8월에서 1885년 4월까지 청나라와 프랑스가 맞붙은 전쟁. 베트남은 청나라에 조공을 바치는 전통적 제후국이었기 때문에, 그런 베트남이 외세 프랑스 때문에 위기에 처한 이상 중국은 베트남을 도와야 할 당위성이 있었다. 무엇보다도 이미 2차 아편전쟁까지 일어난 마당에 유럽 열강의 영향권이 확장되는 걸 그냥 두고 볼 리가 없었다. 그러나 결국 청나라가 전략적으로 패배했고, 결국 프랑스의 베트남 식민지화가 가속화되었다.

제2차 사이공 조약이 체결되자 청나라가 개입해 프랑스를 쫓아내려 시도했지만, 청불전쟁에서 처참하게 패배하면서 프랑스의 베트남 지배는 사실상 확실해졌다. 응우옌 왕조 조정 내부에서도 분란이 끊일 날이 없었고, 1883년에는 제1차 후에 조약을 맺어 베트남이 프랑스의 보호령이 됐다. 결국 2년 후 1885년 제2차 후에 조약에서 응우옌 왕조의 외교권이 프랑스에게 넘어가고 보호국으로 전락하며 베트남은 완벽한 프랑스의 식민지로 추락했다. 그해 7월 보정대신들이 함응이 황제를 데리고 도망쳐 프랑스에 대항하는 '껀브엉 운동'을 벌였다. 프랑스는 무려 11년이 지나서야 겨우 껀브엉 운동을 진압할 수 있었다.

3) 프랑스령 인도차이나(1885년~1945년)

1886년 통킹 전역을 성공리에 마무리하며 베트남 전체를 손아귀에 넣었다. 베트남을 먹어치운 프랑스는 베트남을 크게 3개의 구역으로 나눴다. 하노이를 포함한 북부 지방을 프랑스령 통킹으로, 후에를 중심으로 하는 중부지방을 프랑스령 안남, 사이공을 중심으로 한 남부의 코친차이나로 나눈 것이다. 이 중 프랑스는 남부의 코친차이나만을 직접 통치하였고, 프랑스령 통킹과 프랑스령 안남은 형식상 응우옌 왕조의 황제들에게 맡기고 실질적, 간접적으로 통치하고 있었다. 그러던 중 1887년에 안남과 통킹, 코친차이나 지방을 모두 묶어 프랑스령 인도차이나를 세웠고, 응우옌 왕실은 허수아비일 뿐 실질적인 권력은 전혀 없는 괴뢰 정권 수준으로 격이 낮아졌다.

프랑스는 베트남의 발전에 별 관심이 없었고 어떡하면 더 많은 재물을 뽑아먹을 수 있을까 궁리하기 바빴다. 프랑스 식민당국은 세율을 높이고 소금을 전매, 마약인 아편을 공공연히 판매해 막대한 수익을 올렸다. 제1차 세계대전 동안 7만 명의 인력을 징집해 전선에 투입했고 엄청난 양의 물자와 군수품을 징탈해갔다. 프랑스의 압제가 너무 심해서 1880년대부터는 베트남 시골을 중심으로 기아와 영양실조가 만연했다. 프랑스인들이 지나친 억압 정책을 펼치면서 베트남인들의 삶은 날로 피폐해져가 반감이 만연했고 주이떤 황제는 궁에서 도망쳐 베트남 반군에 합류하려 시도하기도 했을 정도였다.

베트남인들은 껀브엉 운동 등을 통해서 프랑스의 굴레에서 벗어나기 위해 끊임없이 노력했다. 그러나 1900년대 들어서 프랑스의 식민기 시대에 태어난 세대들이 성인이 되며 조금씩 독립운동의 방향이 바뀌기 시작했다. 이들 역시 독립을 갈망했지만, 껀브엉 운동이 옛 봉건왕조 시대로 회귀를 주장했다면 이들은 근대화와 공화정을 추구했다. 이 과정에서 판보이쩌우가 등장해 동두 운동과 두이탄 운동을 벌였다. 이로 인해 쯔꾸옥응 으가 널리 퍼져 문맹률이 빠르게 감소하기도 했다. 그러나 상대적으로 온건한 움직임이 었음에도 불구하고 프랑스는 이 운동마저도 억눌렀고, 이에 절망한 혁명가들은 인근 중국과 러시아를 모방해 더 급진적이고 무력적인 방법의 투쟁으로 전환한다.

수 많은 독립단체들이 등장하기 시작했다. 판보이쩌우는 광저우에서 베트남유신회를 창설했고 1927년에는 베트남 국민당이 세워졌으며 마르크스주의를 따르는 공산당도 무려 3개나 창설됐다. 1930년 코민테른은 호찌민을 홍콩으로 파견해 베트남 내에서 분열된 공산주의 세력을 하나로 통합해 베트남 공산당을 만들었고, 나중에는 민족주의적 색채를 싫어했던 스탈린 때문에 '인도차이나 공산당'138)으로 이름을 바꿨다. 호찌민은 프랑스, 소련 등지에서 공산주의 활동을 벌이며 1920년대 후반부터 베트남의 독립과 공산화에 애썼으나 30년대 들어서 프랑스의 무지막지한 탄압으로 공산당 조직은 거의 무너지기 일보 직전 수준으로 몰렸다.

1930년 2월 3일 코민테른에서 파견된 호찌민(胡志明)이 베트남 국내의 여러 급진적 사회주의 정당을 규합해 인도차이나 공산당을 창설하였다. 같은 해 10월의 제1회 중앙위원회에서 코민테른의 지시를 받아 《인도차이나 공산당》으로 개칭하였고, 초대 총비서로 쩐푸(Trần Phú, 陳富)를 선출했다. 1935년에는 최초의 당대회인 제1차 당대회를 (베트남 본국은 당시 프랑스의 식민지) 마카오에서 거행했다. 1945년에는 베트남 민주공화국(북베트남, 초대 국가주석은 호찌민) 성립 후, 인도차이나 전쟁을 보다 광범위한 기반에서 전개하기 위해 월맹(베트남 독립 동맹회)에 합류하면서 인도차이나 공산당은 해산되었다.

1951년 2월에는 베트남 북부의 투옌꽝 성(宣光)에서 제2차 당대회가 개최되어 호찌민을 당주석으로 하는 《베트남 노동당》을 재발족한다. 1960년의 제3차 당대회는 수도인 하노이에서 열렸고, 여기에서 '남베트남의 해방'과 '북부의 사회주의 건설'을 결의하였다. 1969년 9월 2일 호찌민이 사망하자 공석이 된 당주석의 자리에 당 제1비서였던 레주언(黎筍)이 직무를 계승했다. 북베트남이 베트남 전쟁에 승리하면서, 베트남 노동당은 제4차 당대회를 열어 다시 베트남 공산당으로 개칭했고, 이는 현재까지 이어졌다.

---

138) 베트남 노동당, 인민혁명당이 기반인 베트남 유일 합법정당이다. 오늘날 베트남 국부인 호찌민이 이끌던 정당이었다.

그러나 1979년에 크메르 루주를 몰아내고 캄보디아에 군사 개입을 하게 되고 국제적으로 고립 상태가 되자 경제적인 어려움이 한동안 계속되었다. 1986년 7월 레주언이 사망하면서 쯔엉찐(Trường Chinh, 長征)이 총비서가 되었지만 12월에 열린 제6차 당대회에서 도이머이 노선이 채택되어 응우옌반린(Nguyễn Văn Linh, 阮文靈)이 총비서가 되었다. 그리고 이것은 중국을 모방한 일당독재체제의 유지와 외국자본 도입에 의한 경제성장의 추구가 기본정책이 되었다. 1991년에는 도므어이(Đỗ Mười, 杜梅)가 총비서가 되었고, 1997년부터는 레카피에우(Lê Kha Phiêu, 黎可漂), 2001년부터는 농득마잉(Nông Đức Manh, 儂德孟)이 총비서를 맡다가, 2011년부터 응우옌푸쫑이 총비서로 집권했다.

2006년 4월에 열린 제10차 당대회에서는 그 직전에 발각된 오직 사건으로 교통 운수부 차장이 체포되어서 악화되는 당관료의 부패에 대한 농득마잉 총비서의 책임을 묻는 소리가 강해졌기 때문에, 반대파가 응우옌민찌엣를 세워 중앙위원의 자유선거로 총비서를 선택하기로 결정되었다. 직전에 응우옌이 사퇴했기 때문에 투표는 행해지지 않고 농 총비서는 재임되었지만, 이는 당원의 의식 변화를 상징하는 사건으로서 베트남 국외에 크게 전해지기도 했다.

라. 라오스

라오 인민혁명당은 1930년에 호찌민에 의해 세워진 인도차이나 공산당을 그 모태로 생성되었다. 원래 인도차이나 공산당은 베트남인들로 이루어졌지만 프랑스령 인도차이나 전역으로 뻗어 나가며 1936년 라오파가 형성되었다.

1940년대 중반 라오인 당원을 모집하기 위한 운동이 일어났다. 1951년 2월, 인도차이나 공산당은 제2차 대회에서 당의 해산과 인도차이나의 3국을 대표하는 3개의 당으로 나뉘었다. 쑤파누웡 왕자가 이끄는 빠텟 라오로 알려진 독립운동이 베트남 독립동맹회와 연계하여 인도차이나 전쟁을 치르는 동안 인민당은 1955년 3월 22일 제1차 대회에서 그 성립을 공식적으로 선언하였으나 여전히 비밀 조직으로 남아 있었다. 제1차 대회는 3~400명 정도의 당원을 대표하는 25명의 대표자들이 참석했다. 인민 당원들은 1975년까지 빠텟 라오를 통해 활동해 왔다.

1956년 빠텟 라오의 분파인 라오스애국전선이 성립, 수 차례의 연립 내각에 참가하였다. 1960년대 빠텟 라오는 미국의 지원을 받는 라오스 정부를 대상으로 내전을 일으켜 북동부 지역을 점령하였다. 1972년 2월의 제2차 당 대회에서 라오스 인민당은 라오스 인민 혁명당으로 이름을 바꾸었다. 1975년 봄 빠텟 라오의 군대가 전국을 장악, 미국의 지원을 받던 기존 정부를 1975년 5월에 무너뜨리고 라오인민혁명당이 정권을 잡게 되었다. 그리고 1975년 12월에 이르면 왕도 폐위시켜 인민공화국을 선언하게 되었다. 제3차당대회는 1982년까지 열리지 않고 있었다가 1986년의 4차, 1991년에 5차 당대회가 열리는 등 4~5년마다 당대회가 열리고 있다.

마. 캄보디아

캄보디아에서 크메르 공화국과 크메르 루주가 캄보디아의 정권을 잡기 위해 벌어진 내전이며, 인도차이나 전쟁의 일부다. 사실상 베트남 전쟁의 영향을 많이 받았다.

캄보디아 내전(1967년 3월 11일~1975년 4월 17일)이 일어나기 전, 옆나라 베트남에서는 베트남 전쟁이 발발했다. 베트남 민주 공화국은 베트남 공화국을 전면적으로 침공하기에는 미국이 직접적으로 참전하기에 라오스와 캄보디아를 통해 간첩과 군사 물품을 보내는 일명 호찌민 루트 전략으로 베트남 공화국을 공격했다. 이렇게 캄보디아 내에 베트콩과 북베트남군이 무단으로 캄보디아에 침투했으며, 캄보디아군은 이들을 쫓아내기 위해 교전을 벌인다. 그러나 캄보디아의 무장 반란세력인 크메르 루주는 베트콩과 협력하여 캄보디아를 공산화 시키기 위한 내전이 발발했다.

한편 베트남 전쟁 중 미국, 한국, 태국, 호주, 뉴질랜드 등 여러 연합국이 베트남 공화국을 도우러 파병을 했고, 캄보디아에도 베트콩, 크메르 루주 수색을 위해 미군과 베트남 공화국군이 파병되었다. 그러나 캄보디아의 동부 지역은 베트콩이 모두 점령한 상태였으며, 동부에서는 크메르 루주의 반란이 지속되었다. 연합군의 도움으로 베트콩과 크메르루주의 진격 속도는 늦출 수 있었지만, 베트남 공화국의 상황은 더욱 나빠졌다. 베트남 공화국의 동부 영토는 베트콩 수중에 떨어졌으며, 라오스 왕국도 절반이 넘는 영토가 공산주의 세력이 장악했다. 캄보디아는 수도와 그 주위의 작은 영토를 제외한 모든 영토가 크메르 루주, 베트콩에게 점거당했다. 베트남 공화국에서는 구정 대공세 이후 미국은 더 이상 전쟁을 지속할 수가 없어 단계적 철수를 결정했고, 1973년에는 미국과 한국을 제외한 모든 연합국이 철수했다.

1975년 캄보디아 전역이 크메르 루주에게 점령당했고, 크메르 공화국이 멸망하면서 공산국가인 민주 캄푸치아가 설립되었다.

Ⅳ.
러시아혁명 이후 극동지역 코민테른 설치와 본격적인 공산화혁명 추진

1. 코민테른 설립과 한·중·일 공산당 형성

2. 동아시아 각국에 대한 창당지원활동 및 극동지역 공산화혁명 추진

3. 동남아시아 지역 및 이슬람 사회주의, 아랍 사회주의

1. 코민테른 설립과 한·중·일 공산당 형성

가. 코민테른을 '제3인터내셔널'이라고도 하는데 1,2 인터내셔널과 달리 러시아는 10월 혁명이후 소련(소비에트 사회주의 연방 공화국)이 탄생되기까지 적백내전139)을 치루면서 레닌 등 러시아 공산당 즉 볼셰비키들은 러시아를 중심으로 유럽 및 시베리아, 아시아 등 전 세계 공산화를 추진하기 위하여 공산주의자 인터내셔널 즉 코민테른을 창설하여 1919년 제1차 대회를 시작으로 2차(1920), 3차(1921) 세계대회를 개최하면서 '국제공산주의'를 실현하고자 했다.

나. 그러나 1920년 8월 제2차 대회가 끝나고 1921년 7월 제3차 대회가 열리기까지 그토록 기대하였던 1920년 8월의 소비에트 군대의 폴란드 바르샤바 잔군과 1921년 3월의 독일 노동자들의 봉기는 모두 치명적인 실패로 끝나는 등 유럽에서의 혁명에 실패하면서 '세계 프롤레타리아혁명'을 즉각 실현하고자 했던 목표는 실패하고 말았으며 코민테른의 프롤레타리아 국제주의가 퇴색하고 소련 즉 소비에트 종주국과의 관계도 멀어지게 된다.

다. 그럼 반면에 이 시기의 시베리아 및 동아시아 지역에서는 코민테른의 세계공산화 전략 추진의 일환으로 이 지역에 파견된 볼쉐비키들과 시베리아 및 중국 등 동아시아 각국에서 결성된 자생적 공산주의자들이 상호 접촉하여 이 지역의 공산화 작업이 탄력을 받으면서 진행되었다.

라. 이러한 동아시아 각국의 공산당 창당 시기가 코민테른 1차 대회(1919.3)와 2차 대회(1920.7~8)가 러시아에서 진행되는 기간과 겹치게 되는데, 1920년 5월, 상해에서 김립, 이한영, 김만겸 등이 중심이 되어 '공산주의자 그룹'이

---

139) 러시아 혁명 이후 혼란에 빠진 러시아에서 벌어진 내전이다. 흔히 적백내전이라고도 불린다. 이 내전에서 적군이 승리하고 최종적으로 인류 최초의 공산주의 국가인 소련이 건국됨에 따라 루스 차르국 이후 400년 넘게 이어져 온 러시아의 군주제는 완전히 자취를 감추게 되었다. 제1차 세계대전의 상흔이 가시지 않은 상태에서 러시아 전역이 피해를 입었다 보니 피해 규모는 엄청나게 컸다. 당시 러시아 총인구 약 9천만 중 전사자만 백만 명 단위고 아사자는 1,000만 명에 달할 것으로 추산된다.
볼셰비키가 러시아 공화국 정권을 탈취한 1917년 11월 7일을 내전의 시작으로 보는 견해에는 이견이 없지만 끝은 그 견해에 따라 다르다. 실질적인 끝은 콜차크의 러시아국이 붕괴한 1920년 2월로 보지만 백군 일파인 표트르 브란겔의 남러시아 정부나 몽골의 미친 남작 로만 폰 운게른슈테른베르크 같은 경우 1921년까지 버텼으며 공식적인 종결은 블라디보스토크에서 프리아무리예 임시정부가 망한 1922년 10월 25일로 본다. 최후의 백군이 사라진 날은 1923년 6월~10월쯤이며 일본이 북사할린에서 철수한 것을 기준으로 따지면 1925년이다.

결성되었으며, 코민테른 1,2차 대회 직후에 이르쿠츠크 고려공산당(1921.5)과 중국공산당(1921.7)이 창당되고 코민테른 3차대회(1921년 7월) 이후에 일본공산당이 결성(1922.7)되었기 때문에 이러한 유추가 가능하다.

1918년 6월 26일 동시베리아 하바로프스크에서는 이동휘, 박진순, 이한업 등 과 같은 비 귀착민들을 중심으로 '한인사회당'을 결성했으며, 1919년 8월 30일 상해 임시정부가 수립되자 이동휘는 上海 임정 국무총리로서 이동을 하게 되었다. 이들은 1920년 5월, 상해에서 김립, 이한영, 김만겸 등이 중심이 되어 '공산주의자그룹'을 결성 여운형, 박헌영, 조완구, 신채호, 안병찬, 윤기섭, 김두봉과 같은 민족진영 인사들을 가담시켰으며 코민테른 원동국(극동서기국)서기 보이틴스키, 김만겸 등의 주선으로 1921년 1월 10일 '고려공산당'으로 개칭하였다.

2. 동아시아 각국에 대한 창당지원 활동 및 극동지역 공산화 혁명추진

가. 시베리아 지역

일본제국의 극동지방과 시베리아의 진출이 노골화되자, 러시아 서부에서 치열한 내전을 치르고 있던 볼셰비키 적군 세력은 동부의 일본군을 자극하지 않기 위한 완충국을 만들 필요가 있었다.

이 시베리아 지역주의는 19세기 말부터 20세기 초까지 활발히 논의되었는데 이들은 무엇보다 중앙집권을 반대하고 광범위한 자치 허용을 요구하였으며, 단순한 분리주의나 관념적 사상이 아니라 시베리아의 실제적 조건과 문제를 인식하고 이를 해결하고자 하는 사상이었다. 1917년 10월 이후 신생 소비에트국가는 생존을 위해 다양한 전략을 구사했고 1920년 4월 극동에 세워진 '극동공화국'은 그 전략 중 하나였다.

1918년 본격화된 내전에서 콜착정권140)에게 소비에트 권력을 피탈당

---

140) 알렉산드르 바실리예비치 콜차크(러시아어: Алекса́ндр Васи́льевич Колча́к, 1874~1920)

한 바 있었으나 콜착정권 붕괴 이후 사회혁명당과 멘세비키가 '정치중앙'을 결성하고 '크라스노쇼코프'는 완충국가 건설을 위해 중앙을 설득하여 중앙에서는 이를 승인하였다. 그러나 지역 볼세비키가 신속한 소비에트 재건을 요구하게 되고 '크라스노쇼코프'는 지정학적 상황(일본의 대규모 군 파병)을 고려하여 볼세비키를 설득하여 1920년 4월에 '극동공화국'141)을 건설하였다. 이는 1918년의 극동소비에트 건설142) 노력은 지정학적 미고려가 패착의 원인임을 고려 '크라쇼노쇼코프'의 지역중심 전략을 발전시켜 지정학적 사고로의 변환을 통해 '극동공화국'을 건설하게 된 것이다.

극동공화국은 소비에트 러시아와 일본 제국 사이에 있는 완충국가로서 이 '극동공화국'은 소비에트 러시아가 서족 남쪽 국경에 집중할 수 있도록 숨 쉴 틈을 만들고 러시아나 일본 사이의 직접 충돌을 방지하기 위해서 건설되었고 일본군이 철수한 다음 1922년 11월 '소비에트 사회주의 공화국 연방(USSR)'에 다시 합병되었다. 극동의 볼세비키 당원이던 '알렉산드르 미하일로비치 크라스노쇼코프'는 1918년 극동에서 소비에트 권력을 건설, 강화 보존하기 위해서 노력하였다.

는 러시아 제국의 제독, 군사 지도자, 극 탐험가였으며 러시아제국 해군에 복무하여 러일전쟁과 제1차 세계대전에 참전했다. 러시아 내전 중에 시베리아에서 반공주의 정부를 설립하고 1918년부터 1920년까지 러시아 백군의 다른 지도자들에 의해 "전체 러시아 육해군의 최고자-최고 지도자, 지휘관"으로 인식되었다. 그의 정부는 시베리아 남서부의 옴스크에 위치하였다. 그러나 백군의 통합을 위한 그의 노력은 실패로 돌아갔다. 콜차크는 소수 민족을 위해 자치를 고려하는 것을 거부했고 볼세비키 좌파가 아닌 사람들과 협력하는 것을 거부했으며 외부 지원에 크게 의존하였다. 이는 콜차크를 "서방의 꼭두각시"로 불리게 만듦으로써 공산주의 세력의 사기를 드높이는 데에만 일조하였다. 자신의 백군이 다 허물어질 정도가 되자 그는 체코슬로바키아 군단에 의해 배신을 당해 포획되었고 지역 사회주의 혁명당에 넘겨진 다음 얼마 후 볼세비키측에 의해 처형되었다.

141) 극동 공화국(러시아어: Дальневосто́чная Респу́блика) 또는 치타 공화국은 1920년 4월 6일에 러시아 소비에트 연방 사회주의 공화국의 극동영토에 소비에트 연방과 일본군의 점령지구 간의 완충지역이 필요했기 때문에 세워진 명목상의 독립국가이다. 독립국가를 표방하였지만, 실제로는 극동 공화국 정부가 볼셰비키가 수립한 소비에트 연방의 조종을 받고 있었다. 영토는 현재 러시아의 자바이칼 변경주, 아무르주, 유대인 자치주, 하바롭스크 변경주, 프리모르스키 변경주를 포함한다. 당시 1920년 10월 수도는 베르흐네우딘스크(현재의 울란우데)였고, 후에는 치타였다. 1922년 11월 15일 시베리아에 출병하여 러시아 혁명에 개입한 일본군이 철수하자, 극동 공화국은 전 러시아 중앙행정위원회의 행정령으로 소비에트 연방으로 합병되었다. 초대 대통령은 알렉산드르 크라스노쇼코프이다.
142) 크라쇼노쇼코프는 '극동 소비에트 지역위원회'를 '극동 인민위원 소비에트'로 개칭함

그는 '극동 소비에트 지역위원회'를 '극동 인민위원 소비에트'로 개칭하여 지역의 조건과 상황을 중시하고, 시베리아 중앙집행위원회 중심의 '이르쿠츠크 볼세비키'는 중앙에 더 의존적인 중앙정치를 중요시하였다.

또한, 시베리아는 동부 백군들의 수장인 알렉산드르 콜차크 정권과 그리고리 세묘노프의 백군, 그리고 남쪽엔 중앙아시아 민족주의 세력과 러시아 극동의 젤레나 우크라이나와 시베리아 출병으로 개입한 일본군까지 엉켜서 국내의 군벌 세력들과 외부 세력들이 장악한 상태였기 때문에, 모스크바의 볼셰비키 세력과 극동의 볼셰비키 세력 간 영토는 사실상 분리되어 있는 것과 다를 바 없었다. 이러한 배경 때문에 볼셰비키 입장에선 극동 내에 볼셰비키 세력의 독자적인 소비에트 정권이 필요했다.

이러한 탄생 배경 때문에 겉으로는 개별 국가라고 하지만, 실질적으로 소비에트 러시아 휘하에서 보고/명령 체계를 따랐기 때문에 괴뢰국이나 다름없었고, 독자적인 군사조직으로 내세운 인민혁명군도 현지에서 형성된 파르티잔에 서부에서 온 노농적군을 충원한 형태에 가까웠다.

1920년 4월 6일, 결국 러시아 서부를 어느 정도 정리한 적군이 동부로 눈을 돌려 시베리아를 공격하기 시작했고, 마지막에 백군 최후의 수도인 블라디보스토크를 점령하자, 1922년 11월 16일에 러시아 소비에트 연방 사회주의 공화국으로 편입되어 소멸했다.

러시아 10월 혁명이후 소련(소비에트 사회주의 연방 공화국)이 탄생되기까지 적백내전을 치루면서 레닌 등 러시아 공산당 즉 볼셰비키들은 러시아를 중심으로 유럽 및 시베리아, 아시아 등 전세계 공산화를 추진하기 위하여 '공산주의자 인터내셔널' 즉 '코민테른'을 창설하여 1919년 제1차대회를 시작으로 2차(1920), 3차(1921) 세계대회를 개최하면서 국제공산주의를 실현하고자했다.

그러나 유럽의 독일 등에서 혁명에 실패하면서 세계프롤레타리아혁명을 즉각 실현하고자했던 목표는 실패하고 말았으며 코민테른의 프롤레타리아 국제주의가 퇴색하고 소련 즉 소비에트 종주국과의 관계도 멀어지게 된다.

이 시기에 시베리아 및 동아시아지역에서는 코민테른의 세계공산화 전략 추진의 일환으로 이지역에 파견된 볼쉐비키들과 시베리아 및 중국 등 동아시아 각국에서 결성된 자생적 공산주의자들이 상호 접촉하여 이 지역의 공산화 작업이 탄력을 받으면서 진행되었다.

이러한 각국의 공산당 창당시기가 코민테른 1차대회(1919.3)와 2차대회 (1920.7~8)가 러시아에서 진행되는 기간과 겹치게 되는데, 1920년 5월, 상해에서 김립, 이한영, 김만겸 등이 중심이 되어 '공산주의자그룹'을 결성되었으며 코민테른 1,2차 대회 직후에 이르쿠츠크 고려공산당(1921.5)과 중국공산당(1921.7)이 창당되고 코민테른 3차대회(1921.7) 이후에 일본공산당이 결성(1922.7)되었기 때문에 이러한 유추가 가능하다.

1918년 6월 26일 동시베리아 하바로프스크에서는 이동휘, 박진순, 이한업 등과 같은 비귀착민들을 중심으로 '한인사회당'을 결성했으며, 1919년 8월 30일 상해 임시정부가 수립되자 이동휘는 上海 임정 국무총리로서 이동을 하게 되었다. 이들은 1920년 5월, 상해에서 김립, 이한영, 김만겸 등이 중심이 되어 '공산주의자그룹'을 결성 여운형, 박헌영, 조완구, 신채호, 안병찬, 윤기섭, 김두봉과 같은 민족진영 인사들을 가담시켰으며 코민테른 원동국(극동서기국)서기 보이틴스키, 김만겸 등의 주선으로 1921년 1월 10일 '고려공산당'으로 개칭하였다.

나. 중국 지역

절대왕정의 농업중심 국가였던 중국에 공산주의가 유입된 시기는 5·4운동이 일어났던 1919년 무렵이라는 것이 정설로 되어 있다. 이는 당시의 사회적 환경이 공산주의자들이 활동하기에 유리하게 조성되었기 때문이며 중국공산당의 창당은 러시아 혁명이라는 외재적 조건과 5·4운동이라는 내재적 조건 속에서 이루어졌다고 할 수 있으며, 이 과정에서 이른바 '초기 공산주의자들'이라고 불리는 일단의 선각자들이 보인 희생적 노력이 중요한 동력으로 작용했다고 할 수 있다. 1917년 10월 러시아에서 사회주의 혁명이 발발하여 소비에트정권이 등장한 후 마르크스-레닌주의는 1840년 아편전쟁 이래 제국주의의 침략과 청조(淸朝)의 무기력함에 대해 혐오감과 실망을 금치 못하고 있던 인접국가 중국에 즉각적이고 광범위한 영향을 미쳤다. 그 결과 1918년 북경대학에서 이대교(李大釗)[143]의 지도하에 마르크스주의 연구회가 창립되는 등

---

[143] 1889년 하북성(河北省) 낙정현(樂亭縣)에서 출생함. 1907년 천진북양법정전문학교(天津北洋法政專門學校)에 입학. 1913년 도일하여 와세다대학 정치본과에 입학. 1916년 귀국하여 1918년

각지에서 마르크스주의연구회가 생겨났다.

1919년 3월 소련은 세계의 공산화를 성취하기 위해 모스크바에서 '국제공산주의자 대표대회(Third International: Comintern)'를 개최하여 공산주의 확산의 지도적 임무를 부여하였다.144)

1920년 3월 코민테른 극동국(極東局)은 보이틴스키(Grigori Naumovich Voitinsky)를 중국에 파견하여 중국공산당 창당을 지원하도록 하였다. 보이틴스키는 먼저 북경으로 들어가 북경대학 교수이던 이대교와 접촉하였다. 그러나 보이틴스키는 당시 군벌(軍閥)의 지배하에 있던 북경에서의 활동에 제약을 느끼고 이대교의 소개로 상해(上海)에 머물고 있던 진독수(陳獨秀)7)를 찾아가 접촉하였고, 그 결과 1920년 5월 중국 최초의 공산주의자 그룹인 상해공산주의소조(上海共産主義小組)가 결성되었다. 이어 이한준(李漢俊)이 무한(武漢)으로 가 동필무(董必武)를 만나 공산주의 조직 결성을 상의한 결과 가을 무렵 동필무, 진담추(陳潭秋) 등이 중심이 되어 무한공산주의 소조가 결성되었다. 10월에는 이대교, 등중하(鄧中夏), 장신부(張申府), 장국도(張國燾) 등이 북경에서 공산당 조직을 결성하였다. 이 무렵 광동성(廣東省)에서는 개명(開明)된 군벌 진형명(陳炯明)이 국민혁명 지도자로서 명성이 높을 뿐만 아니라 러시아혁명에 대해서도 긍정적 입장을 지닌 손문(孫文)을 광동군정부(廣東軍政府)의 주석으로 추대하고, 진독수를 교육국장으로 초빙함에 따라 공산주의소조가 결성되는데 무척 좋은 조건을 갖추게 되었다. 진독수 밑에 북경대학 출신의 진공박(陳公博), 담평산(譚平山) 등이 참여함으로써 기관지「노동자(勞動者)」가 발간될 수 있었고 이러한 토대위에 광주공산주의 소조가 탄생될 수 있었다. 1920년 초기 상하이의 볼셰비키 활동의 증가는 블라디미르 빌렌스키와 관련이 있는데 이 극동전권위원 빌렌스키가 블라디보스토크에 도착, 상하이의 다양한 동아시아 혁명세력을 러시아공산당의 중앙집권적 통제를 시도하였다. 1920년 4월 중국을 향하여 떠나는 보이틴스키에게 빌렌스키가 내린 주요 사명은 상하이에 임시 '코민테른 동아비서부'를 건설하고 이 휘하에 중국부, 한국부, 일본부

북경대학 도서관 주임이 되었고, 후에 경제학 교수를 겸임함. 같은 해 신청년(新靑年) 편집에 참여하고, 진독수 등과 매주평론(每周評論)을 창간하여 마르크스주의를 적극 선전함. 1920년 3월 마르크스주의연구회 결성을 지도하고 같은 해 10월 북경공산주의소조를 창립하였음. 1927년 4월 소련대사관에서 군벌 장작림(張作霖)에 의해 체포되어 비밀경찰에 의해 처형됨. 李盛平 主編, 『中國近現代人名大辭典』(北京 : 中國國際廣播出版社, 1989), p.246.

144) 김성윤 엮음, 『코민테른과 세계혁명 1』(서울 : 거름, 1986), pp.70-82.

를 조직하여 동아시아의 혁명세력들을 통합하는 것이었다. 1920년 5월 상하이에 도착하자 마자 보이틴스키는 곧바로 '코민테른 동아비서부'를 설립하고 있으며 2개월 후에는 빌렌스키가 직접 북경에 도착, 재중국 러시아 공산당원 제1차 대표 대회를 소집, 이후 빌렌스키는 코민테른 2차대회 기간 1920년 7~8월에 당 중앙과 코민테른에 '코민테른 동아비서부'를 공식적으로 승인해줄 것을 요청하였다.

그러나 코민테른의 공식적 승인을 얻으려는 빌렌스키의 이러한 노력, 즉 보이틴스키에 의한 상하이에 '코민테른 동아비서부'를 설립계획은 이르크츠크의 '러시아 공산당 시베리아국 동방민족부(러시아 공산당 극동국의 후신) 설립 후에[145] 1921년 1월 "코민테른 극동서기국"을 이르크츠크에 건설하여 그전 상하이의 중국과 한국 "공산주의 그룹"들을 이 "코민테른 극동서기국"으로 흡수하므로써 보이틴스키, 빌렌스키가 주도하던 "코민테른 동아비서부" 설립계획을 대체한 것이다.

보이틴스키와 한인사회당 지도부와의 만남은 블라디보스토크를 떠나기 전부터 이미 계획되어 그와 같이 파견된 한국요원 김만겸은 블라디보스토크에서 한인사회당의 지도자인 이동휘, 김립 등과 민족운동을 함께 했었던 인물이며 1920년 5월 보이틴스키 도착 직후 '코민테른 동아비서부'의 한국부 산하조직이었던 "한국공산주의그룹"은 전신인 "한인사회당"이 바로 전환된 것으로 김만겸의 제안으로 이동휘, 여운형, 신채호, 안병찬, 최창식, 김두봉, 조동호 등이 가입[146]하였다. 이때 중국 혁명가들은 보이틴스키를 정식 코민테른의 대표로 인식하였으나 한국 공산주의 그룹은 보이틴스키를 소비에트 정부 대표로 인식하고 있었는 바 보이틴스키의 위상과 역할에 대한 중국과 한국의 공산주의자 그룹 간에는 인식 차이가 있었다.

보이틴스키와 김만겸 그리고 이들을 파견한 빌렌스키가 소련정부를 대변히여 상하이에 동아시아 혁명운동을 통합하는 코민테른 지부를 설립한다는 계획에 한인사회당 요원들이 적극 참여했으나, 보이틴스키가 1920년 9월 '한국공산주의 그룹'의 탄생을 코민테른에 보고하기 위해 김립과 계봉우를 모스크바로 파견 도중 즉 1920년 10월 말 베르흐네호진스크에서 박진순[147]을 만나

---

[145] 1920년 9월 15일, 코민테른 집행위원회는 원동에 코민테른 비서부를 조직한다는 결정 즉 '러시아공산당 시베리아국 동양민족부를 중심으로 비서부 조직사업이 착수되었다.
[146] 지도부: 이동휘, 김립, 이한영, 김만겸, 안병찬

면서 이 코민테른 동아비서부 설립계획은 동양공산당을 결성하는 임무는 보이틴스키가 아니라 박진순에게 전환되었다는 것을 확인하게 되었으며, 박진순은 코민테른 극동전권위원으로서 한인사회당원을 중심으로 코민테른 자금을 사용하고 '동양공산당'을 조직하기 위한 한·중·일 삼국 공산주의 회의를 개최하는 등 상하이에서 이 임무를 이끌어 가게 되었으나148), 그후 1921년 1월 다시 "코민테른 극동서기국"을 이르쿠츠크에 건설하게 되면서 코민테른 극동서기국으로 전환되었다.149).

---

147) 박진순은 동양공산당을 결성하는 임무와 그 추진자금을 받고 모스크바에서 돌아오는 중이었음.
  1920년 6월, 박진순은 다가오는 코민테른 제2차 대회 참석을 준비했다. 그는 당시 코민테른의 의장이던 지노비예프에게 자신에게 코민테른 대회 석상에서 한국문제와 동양문제에 대한 보고를 맡겨달라고 요청했다. 그해 7월, 박진순은 코민테른 제2차 대회에 의결권을 가진 정식 대의원 자격으로 참석, 대회 마지막 날인 8월 7일, 박진순은 코민테른 집행위원회 위원으로 선임되었다. 대회 종료후, 박진순은 '코민테른 재외전권위원'이라는 직위를 가지고 9월 초 상하이로 향했다. 그의 임무는 동양혁명을 촉진할 한·중·일 세 나라 혁명가들의 연합기관인 '동양공산당'을 조직하는 것이었다. 또한 앞서 지급약속된 200만 루블 중 40만 루블을 먼저 받아냈다. 상하이에 도착한 박진순은 이동휘 등 한인사회당 동지들을 만나고 중국과 일본의 공산주의자들을 접촉하며 '동양공산당' 조직 준비에 착수했다. 당시 상하이에는 블라디보스토크의 러시아 외무인민위원부 원동전권위원 빌렌스키가 파견한 보이틴스키와 김만겸이 코민테른 동아비서부를 설치하여 활동하고 있었으나 이들 동아비서부는 박진순의 지휘 아래로 들어와야 했다. 그러나 박진순이 모스크바를 떠난 직후인 1920년 9월 15일, 코민테른 집행위원회는 원동에 코민테른 비서부를 조직한다는 결정 즉 '러시아공산당 시베리아국 동양민족부를 중심으로 비서부 조직사업이 착수되었다. 1921년 1월 15일 코민테른 집행위원회 상무국은 러시아공산당 시베리아국 동양민족부를 코민테른에 이관하고 슈먀츠키를 원동 주재 코민테른 대표자로 임명한다는 결정을 내렸다. 이에 따라 이르쿠츠크에 "원동의 모든 공산주의사업과 일반적인 혁명사업을 조정하는 기관"으로 코민테른 원동비서부가 조직되었다. 조선문제에 대한 결정권도 코민테른 원동비서부로 이관되었다. 슈마츠키가 전권위원을 맡았고, 보이틴스키가 책임비서에 선임되었다. 이것은 코민테른 원동비서부의 조직은 '코민테른 재외전권위원'으로서 박진순의 직위를 정지시킨다는 것을 뜻했다. 이는 코민테른의 동양혁명 노선이 '지원'에서 '직접 지도'로 전환되었음을 의미했다.
148) 물론 박진순이 공식적으로는 여전히 '코민테른 재외전권위원'이라는 직위를 가지고 있기는 했지만 그가 그 직위를 맡을 수 있었던 이유는 코민테른 제2차 대회에서 한인사회당이 코민테른의 지부로 가입하고 한국혁명에서 그 역할을 인정받았기 때문이었다. 코민테른은 한인사회당을 동양혁명의 중추기관으로 인정하고 박진순을 통해 한인사회당을 간접적으로 지도하고 후원하는 역할을 하려고 했던 것이다. 그러나 코민테른 원동비서부의 설립은 기존에 박진순이 해왔던 사업을 모두 부정하는 조치였다.
149) 그러나 상하이에 동양공산당조직을 추진하던 이 계획은 다시 이르크츠크의 '러시아공산당 시베리아국 「동방민족부」를 설치하면서 그 휘하에 1921년 1월 '코민테른 극동서기국'을 이르크츠크에 건설하면서 이곳으로 전환하게 되었다.

다. 한국 및 일본

1) 한국

가) 국내 조선공산당의 결성: 1, 2, 3차 조공(朝鮮共産黨)

1919년 3·1 운동의 여파를 계기로 일본의 무단통치는 문화정치로 변화되었으며 1923년 7월 김찬, 김재봉, 조봉암, 김단야, 박헌영, 임원근, 홍종식 등이 중심이 되어 '신사상연구회'를 결성했고 이를 '화요회'로 개칭했다. 그러나 이보다 앞서 1920년 4월에는 차금봉의 조선노동공제회가 조선노동총동맹을 결성했으며, 11월에 조선청년연합회가 조직되었다. 이때 장덕수의 서울청년회는 여기서 이탈한 바 있다. 1924년 4월 20일 조선노동총동맹은 북풍회와 화요회를 가담시켰으나 서울청년회는 배제시켰으며 신흥 동맹계열인 조선청년동맹150)은 조선공산당의 예비군인 '고려공산청년회' 결성을 희망하였다.

드디어 1925년 4월 17일 조선노동총동맹과 조선청년총동맹을 결성한 '코르뷰르 국내부'는 화요회와 북풍회를 규합하여 '조선공산당'을 결성하였으며 조동우와 조봉암을 고려공산청년회 대표로 코민테른 총본부에 파견 1926년 1월 코민테른으로부터 승인을 받았으며, 이것이 국내에서의 최초로 결성된 제1차 '조선공산당'이었으나 1925년 '신의주 사건'151)으로 와해되고 말았다.

그 이후 1926년 3월 146명의 당원과 119명의 후보당원으로 제2차 공산당이 재건되었는데 당 지도부는 대다수가 화요회 출신으로서 이 2차 조공은 한국 공산주의 운동의 통일을 위해서 이르쿠츠크공산당은 중부시베리아에서 상해파 공산당은 동부시베리아 및 기타 해외지역에서 활동하도록 코민테른으로부터 승인을 받아 1926년 4월 25일 순종이 승하한 발인일 6월 10일을 기해 대규모 봉기를 계획하였으나 천도교에서 일하는 어느 여직공의 호기심으로 격문 2장이 발각되어 조선공산당 당원과 조직원들이 체포됨으로써 조선공산당 재건 계획은

---

150) 조봉암, 박헌영, 김태년, 임원근 등이 주축이 됨
151) 1925년 4월에 결성된 조선공산당과 고려공산청년회는 그해 5월 치안유지법이 시행되었음에도 불구하고 지하활동을 계속했다. 그러던 중 11월 22일 신의주에서 신만청년회(新滿靑年會) 회원의 폭행사건이 일어났다. 이를 계기로 조선에 공산주의 비밀결사가 조직되어 있다는 사실이 드러나 대검거선풍이 일어나게 되었다.

무산되고 지도급 세력들은 만주, 상해 등지로 망명하고 두 파벌의 대립은 격화되어 갔다.

제3차 조선공산당은 조선공산당에 참여하지 않았던 서울청년회와 동경에 기반을 둔 북풍회가 중심이 되어 조선공산당이 부활되고 공산청년회가 재건된다. 이 시기에 합법적 조선공산당 사상단체였던 정우회가 조직의 재건과 부활을 위해서는 분파투쟁의 청산, 사상의 단체의 통일, 그리고 조직 및 교육운동이 필요하며 본격적 정치 투쟁으로 전환을 강조하는 1926년 11월 15일에 정우회 선언 곧 방향전환론을 발표했다.

1927년 2월 21일 모든 사상단체의 단합과 통일을 위해서 스스로 해체를 결의한 후 민족진영의 진취적 인사들이 신간회를 발기하여 단일 전선 운동을 전개하자 당황한 일제는 신간회 제1차 중앙 집행위원회와 갑산화전민 사건 진상보고 연설회를 금지하는 등 이 신간회의 활동을 탄압하였다.

1927년 5, 6월에 코민테른은 조공당의 제3차 간부를 승인하고 신간회를 통해서 모등 민족 단체들을 공산당의 통제하에 두려고 했으나 ML파[152]와 이영의 서울파는 서로 일본 경찰에 밀고하는 등의 대립으로 일본경찰이 제3차 조선공산당 당원 다수를 검거를 하여 일망 타진된다.

제3차 조선공산당이 체포 검거된 후 1928년 2월 27일 12명의 공산주의자 대표들이 서울에서 모임을 가져 중앙집행위원회를 구성할 전형위원 3인을 선출하였으나 그중 2명이 경찰에 검거되어 옥중에서 4차 중앙집행위원화 간부 인선을 실시 차금봉을 당대표비서, 정치부장 안곽천, 조직부장 김한경이 임명되어 제4차 조선공산당을 결성하였으나, 4차 조공도 당의 내부 분열과 경찰의 감시로 1928년 3월 총사퇴를 결정하고 7월에 당원들이 속속 체포되면서 조선공산당은 1928년 12월 해체되고 그들의 활동무대를 상해로 옮기게 되었다.

이에 코민테른은 1928년 7월 조선공산당의 붕괴를 비판하면서 조선공산당에 대한 승인을 취소하고 조선공산당 재건을 촉구하는 코민테른 6차 대회의 결정사항인 12월 테제를 발표하고 한국공산주의 운동의 기본 방향을 제시하였다. 이에 조공당은 12월 테제에 따라 국내의 중앙을 1929년 6월에 해체하

---

152) 일월회계의 후꾸모도는 레닌주의이론을 내세우며 일월회원과 서울파를 설득하여 마르크스 레닌주의 동맹이라는 순수성을 신봉하는 집단으로 향성되었으며, 이것이 후일 ML파러 불리게 된 것이다.

고 만주총국과 1931년 10월에 일본총국도 해체성명을 발표했다.

나) 조선공산당 해체 이후(1928년~1945년) 공산주의 활동

1928년 이후로 제2차 세계대전 직후까지 한국에 공식적인 공산당은 성립되지 못했으며 1929년 이후 한국공산주의자들의 활동은 코민테른의 9월 테제에 맞게 이어졌는데, 즉각적인 당 재건보다는 대중적 기반을 확보하기 위한 전투적 독자적 투쟁을 지하에서 전개, 일본 제국주의뿐만 아니라 한국내 부르죠아 요소에 대해서도 투쟁하도록 하고 일국일당 주의 원칙을 엄격히 적용하여, 만주, 상해, 북경, 오오사카, 블라디보스톡, 모스크바 등지의 조선 공산주의자들의 조공당 재건운동이 추진되었다. 즉 모스크바 동방노력자대학에서 수학한 공산주의자들과 모스크바 및 블라디보스톡의 김철수와 같은 정예분자, 그리고 중공당 만주성 조직원 출신의 고광수, 그리고 상해의 박헌영, 조봉암과 일본에서 함국에 잠입하여 조공당 재건 활동을 벌인 이재휴 등 수 없이 많았다.

① 만주에서 국내로의 조공재건운동

해외에서의 한인공산주의 운동은 만주에서 가장 활발했었던 바 1930년 9월 홍남에서 '조공재건운동'을 계속하기로 했으나 이들이 중국공산당에 종속된 것을 알게 된 다른 많은 공산주의자들이 조공재건보다는 노동자, 농민에 대한 공산주의 교양훈련에 주력하기로 결정, '조선좌익 노동조합 전국평의회 조직준비위'를 결성 혁명적 노동조합, 농민조합을 확산하려 했다. 그러나 이 계획이 사전 발각되어 1931년 완전히 붕괴되었다. 1931년 코민테른은 제5차 전원회의에서 만주로부터 우수한 한인요원을 파견하도록 지시하고 파견된 한전중은 5개월 동안 서울, 홍남, 평양 등지에서 공산세포 조직에 성공했으나 1932년 4월 일본경찰에 검거되었으며 상해지부의 지원을 받던 김단야는 평양부근의 철강노조 내에 적색노조를 조직하려 했으나 1932년 9월 궤멸 되었다.

② 소련에서 국내로의 조공재건운동

소련은 코민테른과 프로핀테른의 직접 지령을 받는 공작원을 국내에 파견하여 활동을 전개, 흥남, 함흥, 평양 등 북부지역에 집중하여 세포조직과 핵심 인물을 포섭하여 시, 군 노동조직을 장악하려고 노력했으나 일본 경찰의 효율적인 감시망으로 인하여 어려움이 많았고 1937년 중일전쟁 발발로 한국공산주의 운동은 퇴조기에 접어들었다. 이때 화요회, ML파, 상해파 등 모든 파벌을 흡수한 '경성 콤그룹'이 있었으며 이 그룹의 조직책 김삼룡과 박헌영은 훗날 공산주의 운동에 두각을 나타냈다.

1945년 8월 해방 후 조선공산당 서울시당부는 서울계(일명 장안파) 이영, 최익환 등이 중앙위원회를 구성하였으나 박헌영 등이 모여 '조선공산당재건준비위원회'를 결성 장안파를 축출하고 '통합조선공산당'을 결성하였으며 이후 조선공산당은 미소공동위원회의 결렬과 조선정판사사건 등 미군정의 탄압강화, 우익의 테러, 미소 간의 평화국면 퇴조 등 정세 변화에 따른 통합적 지도력 강화의 필요에 따라, 남조선신민당, 조선인민당과 3당 합당을 하여 1946년 11월 '남조선로동당(남로당)'을 공식 출범시켰다.

2) 일본

가) 제1차 일본공산당(第一次日本共産党)

제1차 일본공산당(第一次日本共産党)은 1921년(다이쇼 10년) 4월 내지 1922년(다이쇼 11년) 7월에 설립된 이후 1924년(다이쇼 13년) 무렵 해산될 때까지 비합법조직으로서의 일본공산당이다. 이 시기 공산당은 제대로 된 정당이라기보다는 여러 사상단체의 집합체였다. 불법적 비밀결사로서 평민사나 매문사 시절의 소규모 서클적인 성격을 간직하고 있는, 일종의 오합지졸에 불과했다.

사카이 토시히코·야마카와 히토시·아라하타 칸손·와타나베 마사노스케·토쿠다 큐이치·사노 마나부·나베야마 사다치카·노사카 산조·우라타 타케오·요시카와 모리쿠니

1921년 4월 사카이 토시히코·야마카와 히토시·콘도 에이조·하시우라 토키오·와타나베 마츠히사·타카츠 마사미치 등이 도쿄에서 「일본공산당 준

비위원회(코민테른 일본지부 준비위원회)」를 비밀리에 발족시켰다. 이후 1922년(다이쇼 11년) 7월 15일 도쿄 시부야에서 『사회주의연구』지를 근거로 하는 사카이와 야마카와를 중심으로 결집하여 불법적으로(치안경찰법 위반이었다) 일본공산당을 창당하기에 이른다. 이 시기 주요 당원은 사카이 토시히코·야마카와 히토시·아라하타 칸손·와타나베 마사노스케·토쿠다 큐이치·사노 마나부·나베아먀 사다치카·노사카 산조·우라타 타케오·요시카와 모리쿠니 등이었다. 동년 11월 코민테른 제4회 대회에 대표를 파견하여 코민테른 일본 지부로 정식 승인되었다. 그러나 1923년 6월 일제히 검거되었고 (제1차 일본공산당 검거사건), 아라하타를 제외한 당 지도부 전원의 의사로 1924년 2월 해산했다.

제1차 일본공산당은 그전까지 흩어져 있던 60명 안팎의 일본 공산주의자들의 여러 동아리 연합체와 같은 존재로, 세포를 기초로 한 중앙집권적 조직이 아니었다. 그러나 파벌 영수의 거처를 중심으로 오모리 세포(칸손 그룹), 코우지정 세포(사카이 그룹) 같은 조직이 있었다. 사카이나 아라하타 등 메이지 시대부터 사회주의자 활동을 해온 세대 밑에서 핵심을 이룬 것이 신인회나 건설자동맹, 효민회 같은 학생운동 출신자였다. 예컨대 아라하타계의 수요회를 기초로 만들어진 이른바 오모리 세포는 건설자동맹의 타도코로 테루아키가 참여했다. 또한 효민회 인맥 중 우라타 타케오는 '농민운동' 그룹 세포의 중심이 되며, 여기에는 건설자동맹의 이나무라 류이치가 참여했다. 그 밖에 건설자동맹의 아사누마 이네지로·모리사키 겐키치 등도 제1차 일본공산당에 참여했다. 총동맹 안에도 공산당 그룹이 있었던 것은 확실한 것 같고, 신인회의 아카마츠 카즈마로·노사카 산조가 그 중심 인물이었다. 그 밖에 신인회계 인맥에는 이후 제2차 일본공산당의 중심 인물이 되는 사노 마나부·코이와이 키요시가 참여했다.

나) 제2차 일본공산당

제2차 일본공산당(일본어: 第二次共産党だいにじきょうさんとう 다이니지 쿄산토)은 1926년 12월의 제3회 당대회(고시키온천 대회)에서 재건된 이후의 비합법 조직 시대의 일본공산당을 가리키는 말이다.

종료 시점에 대해서는 전전 최후의 중앙위원 하카마다 사토미가 체포된 1935년 3월까지를 광의의 "제2차 일본공산당"이라 할 것이지만, 협의로는 1929년 4·16 사건에 의한 당원 대량검거로 조직이 괴멸될 때까지의 시기를 가리키고, 1929년에서 1935년까지는 별개의 용어들로 구분한다.

다) 내력

고시키온천 대회에서의 당 재건

제1차 일본공산당이 1924년 4월 해산 결의에 따라 자주적으로 해산하였으나, 코민테른은 이를 인정하지 않고 공산당 재건을 요구했다. 코민테른이 일본공산당의 세력을 과대평가하고 있었기 때문인데, 이는 일본공산당 측에서 당원 수를 부풀려 보고했기 때문이었다. 따라서 재건 요구를 거부하기가 어려웠다.

그래서 1925년 8월 사노 마나부를 중심으로 당재건을 위한 공산주의자 그룹 "뷰로"가 발족했다. 이 뷰로가 발전해서 1926년 12월 4일 제3회 당대회가 개최되어 일본공산당 재건이 결의되었다. 이 대회는 야마가타현의 고시키온천에서 아무개 회사의 송년회를 위장해서 모인 것으로, 17명이 모였다. 이 때 중앙집행위원으로 취임한 것이 와타나베 마사노스케·토쿠다 큐이치·사노 마나부·후쿠모토 카즈오·사노 후미오·미타무라 시로·나베야마 사다치카·이치카와 쇼이치 등이었고, 대부분이 후쿠모토주의의 영향을 농후하게 받은 활동가들이었다. 제2차 일본공산당은 제1차와 마찬가지로 비합법 정당으로서 결당된 동시에, 코민테른의 지도성을 승인하여 코민테른 일본지부로서의 성격을 가졌다.

라) 「27년 테제」[153]와 노농파의 형성

1927년, 코민테른은 후쿠모토주의와 야마카와주의의 대립으로 인한 일본

---

153) 27년 테제(일본어: 27年ねんテーゼ 니쥬나나넨테에제[*])란 1927년 코민테른에서 발령한 「일본문제에 관한 테제」(日本問題に関するテーゼ)의 통칭이다. 야마카와주의와 후쿠모토주의 양측을 모두 비판하고, 일본의 자본주의 및 혁명에 대한 구체적 분석을 시도하여 혁명의 성격을 규정했다.

당조직의 혼란을 해결하기 위한 일본문제위원회를 열었고, 일본공산당의 와타나베·후쿠모토·토쿠다·사노 후미오가 소환되었다. 반대측의 야마카와 히토시도 소환되었으나 불응했다. 동년 7월, 동 위원회에서 27년 테제를 발령하여 후쿠모토주의와 야마카와주의가 모두 부정당했고(일본에서 공표된 것은 1928년 3월), 1926년 일본 사상계를 휩쓸었던 후쿠모토는 실각해서 두번 다시 당권을 잡지 못했다. 이에 따라 12월 후쿠모토파가 일소된 새로운 당 지도부가 조직되었고, 당위원장에 사노 마나부, 기타 임원에 와타나베·나베야마·이치카와 등이 취임했다.

이듬해 1928년 2월에는 기관지 『적기』(이때는 셋키셋っきら고 읽었다)가 창간되었고, 같은 달 치러진 제1회 보통선거에서 공산당의 프론트 조직인 노동농민당(1926년 3월 창당)을 통해 야마모토 센지 등 2명의 당선자를 냈다.

한편, 제1차 일본공산당의 창당의 중심세력이었으나 제2차 일본공산당에 참여하지 않은 아라하타 칸손·야마카와 히토시 등 노장파 사회주의자들은 잡지 『노농』을 창간해 비공산당 사회주의자 집단 노농파를 출범한다. 공산당에서 이들을 제명했으나, 노농파 입장에서 보면 애초에 제2차 공산당에 참여한 적이 없으므로 이 제명 처분은 무의미한 것이다.

마) 3·15 및 4·16 사건과 궤멸

이러한 공산당 세력의 진출에 대하여 당국은 탄압을 강화하여, 1928년 3·15사건으로 지상당원 중심으로 전국에서 당원 약 1,600명이 검거되었고, 그중 484명이 기소되었다. 토쿠다 큐이치도 직전에 검거되었다. 또한 공산당의 프론트 합법조직들(노동농민당·일본노동조합평의회·무산청년동맹)에 대하여서도 4월에 해산명령이 내려졌다. 10월에는 와타나베 마사노스케가 대만에서 관헌에게 사살되었고, 그 전후로 후쿠모토 카즈오·코쿠료 고이치로가 검거되었다. 그러나 한편으로는 "적색조합주의" 노선을 내건 노동단체 일본노동조합 전국협의회(전협)이 결성(1928년 12월)이 되어 이후 공산당의 합법기반을 지탱하는 기둥 중 하나가 되었다. 그러나 1929년 4·16 사건에서 지하당원들까지 검거되어 339명이 기소되었고, 그동안 검거를 피해 온 사노 마나부·나베야마·미타무라·이치카와 등도 모조리 검거되면서 당중앙이 궤멸되었다.

좁은 의미에서의 제2차 일본공산당의 역사는 여기서 끝을 맺으며, 이후의 넓은 의미에서의 제2차 일본공산당은 무장공산당(1929년~1930년), 비상시공산당(1931년~1932년), 린치공산당(1933년~1935년)으로 세분화된다.

3. 동남아시아 지역 및 이슬람 사회주의, 아랍 사회주의

가. 동남아시아지역(베트남, 라오스, 캄보디아)

1) 베트남

가) 베트남 왕조

1802년 건국된 응우옌 왕조는 베트남 최후의 왕조이자 베트남 역사상 최대의 통일왕조다.

응우옌 왕조를 세운 응우옌푹아인은 연호를 가륭(Gia Long, 嘉隆)으로 선포하고 국호를 '대남'으로 바꾸었다. 특히 세워질 때부터 프랑스 등 서양의 후원을 크게 받았기 때문에, 후에의 궁정에 서양인 300여 명을 거주케 하는 등 나름 당시로서는 획기적인 정책을 유지하기도 했다. 또한 오랫동안 남북으로 갈라졌던 베트남을 통합하기 위해 온 노력을 기울였는데 운하와 도로를 만들어 교통을 원활히 만들었고 가륭률(嘉隆律)을 반포해 법률을 정비했다. 군사적으로도 태국과 손을 잡고 캄보디아를 갈라 먹는 등 여러 모로 많은 업적을 남겼다.

응우옌푹아인이 죽자 1819년 민망 황제가 제위를 계승했다. 민망 황제는 중앙집권화 정책을 펼치며 황제의 권력을 강화했다. 또한 세금 감면, 군비 축소를 통해 재정 건전화에 온 힘을 쏟기도 했다. 외적으로는 대단히 강경한 정책을 펴나갔다. 캄보디아에서 반란이 일어나자 대군을 보내 진압하고 아예 베트남에 편입시켜버렸으며, 태국, 라오스와도 전쟁을 벌이며 베트남 역사상 최대의 강역을 넓히는 성과를 올렸다. 특히 서구에게도 강경하게 나가 극도의 쇄국 정책을 펴 가톨릭 신자를 박해하고 선교사들을 몰아냈다.

그러나 민망 황제가 1841년 사망하면서부터 응우옌 왕조는 본격적인 내리막길을 걸었다. 티에우찌 황제, 뜨득 황제 등등 유약한 성정을 가진 황제들이 연달아 왕위에 오르며 나라는 갈수록 흔들렸다. 기아와 가뭄, 자연재해가 겹치면서 일어났고 곳곳에서 반란이 일어나며 민심이 흉흉해졌다. 그리고 무엇보다도 서양의 간섭이 갈수록 심해졌다. 프랑스, 미국 등 서구 열강들이 문호 개방과 가톨릭 탄압 중단을 요구하며 베트남 앞바다를 휘젓고 다녔던 것이다.

나) 청불전쟁[154]

베트남을 잡아먹은 것은 바로 프랑스 식민제국이었다. 1861년에는 70척의 군함을 파견해 베트남 남부로 진군했고 베트남은 제1차 사이공 조약을 맺으며 항복했다. 프랑스는 제1차 사이공 조약을 통해 다낭 등 3개 항구가 개항됐고 남부 6성이 사실상 프랑스의 손아귀로 넘어갔다. 프랑스는 여기서 그치지 않고 1872년 베트남의 기독교도들을 보호한다는 핑계로 하노이를 공격해 점령했다. 이때 맺어진 제2차 사이공 조약으로 응우옌 왕조는 남부 6성에 대한 프랑스의 소유권을 인정했고 프랑스는 하노이, 후에 등에 영사관을 개설할 권리를 얻어냈다.

제2차 사이공 조약이 체결되자 청나라가 개입해 프랑스를 쫓아내려 시도했지만, 청불전쟁에서 처참하게 패배하면서 프랑스의 베트남 지배는 사실상 확실해졌다. 응우옌 왕조 조정 내부에서도 분란이 끊일 날이 없었고, 1883년에는 제1차 후에 조약을 맺어 베트남이 프랑스의 보호령이 됐다. 결국 2년 후 1885년 제2차 후에 조약에서 응우옌 왕조의 외교권이 프랑스에게 넘어가고 보호국으로 전락하며 베트남은 완벽한 프랑스의 식민지로 추락했다. 그해 7월 보정대신들이 함응이 황제를 데리고 도망쳐 프랑스에 대항하는 '껀브엉 운동'을 벌였다. 프랑스는 무려 11년이 지나서야 겨우 껀브엉 운동을 진압할 수 있었다.

---

154) 베트남에 있었던 대남국의 종주권을 두고 1884년 8월에서 1885년 4월까지 청나라와 프랑스가 맞붙은 전쟁. 베트남은 청나라에 조공을 바치는 전통적 제후국이었기 때문에, 그런 베트남이 외세 프랑스 때문에 위기에 처한 이상 중국은 베트남을 도와야 할 당위성이 있었다. 무엇보다도 이미 2차 아편전쟁까지 일어난 마당에 유럽 열강의 영향권이 확장되는 걸 그냥 두고 볼 리가 없었다. 그러나 결국 청나라가 전략적으로 패배했고, 결국 프랑스의 베트남 식민지화가 가속화되었다.

다) 프랑스령 인도차이나(1885년~1945년)

1886년 통킹 전역을 성공리에 마무리하며 베트남 전체를 손아귀에 넣었다. 베트남을 먹어 치운 프랑스는 베트남을 크게 3개의 구역으로 나눴다. 하노이를 포함한 북부 지방을 프랑스령 통킹으로, 후에를 중심으로 하는 중부지방을 프랑스령 안남, 사이공을 중심으로 한 남부의 코친차이나로 나눈 것이다. 이 중 프랑스는 남부의 코친차이나만을 직접 통치하였고, 프랑스령 통킹과 프랑스령 안남은 형식상 응우옌 왕조의 황제들에게 맡기고 실질적, 간접적으로 통치하고 있었다. 그러던 중 1887년에 안남과 통킹, 코친차이나 지방을 모두 묶어 프랑스령 인도차이나를 세웠고, 응우옌 왕실은 허수아비일 뿐 실질적인 권력은 전혀 없는 괴뢰 정권 수준으로 격이 낮아졌다.

프랑스는 베트남의 발전에 별 관심이 없었고 어떡하면 더 많은 재물을 뽑아먹을 수 있을까 궁리하기 바빴다. 프랑스 식민당국은 세율을 높이고 소금을 전매, 마약인 아편을 공공연히 판매해 막대한 수익을 올렸다. 제1차 세계대전 동안 7만 명의 인력을 징집해 전선에 투입했고 엄청난 양의 물자와 군수품을 징탈해 갔다. 프랑스의 압제가 너무 심해서 1880년대부터는 베트남 시골을 중심으로 기아와 영양실조가 만연했다. 프랑스인들이 지나친 억압 정책을 펼치면서 베트남인들의 삶은 날로 피폐해져가 반감이 만연했고 주이떤 황제는 궁에서 도망쳐 베트남 반군에 합류하려 시도하기도 했을 정도였다.

베트남인들은 껀브엉 운동 등을 통해서 프랑스의 굴레에서 벗어나기 위해 끊임없이 노력했다. 그러나 1900년대 들어서 프랑스의 식민기 시대에 태어난 세대들이 성인이 되며 조금씩 독립운동의 방향이 바뀌기 시작했다. 이들 역시 독립을 갈망했지만, 껀브엉 운동이 옛 봉건왕조 시대로 회귀를 주장했다면 이들은 근대화와 공화정을 추구했다. 이 과정에서 판보이쩌우가 등장해 동두 운동과 두이탄 운동을 벌였다. 이로 인해 쯔꾸옥응으가 널리 퍼져 문맹률이 빠르게 감소하기도 했다. 그러나 상대적으로 온건한 움직임이었음에도 불구하고 프랑스는 이 운동마저도 억눌렀고, 이에 절망한 혁명가들은 인근 중국과 러시아를 모방해 더 급진적이고 무력적인 방법의 투쟁으로 전환한다.

수많은 독립단체들이 등장하기 시작했다. 판보이쩌우는 광저우에서 베트남유신회를 창설했고 1927년에는 베트남 국민당이 세워졌으며 마르크스주의를 따르는 공산당도 무려 3개나 창설됐다. 1930년 코민테른은 호찌민을 홍콩으로 파견해 베트남 내에서 분열된 공산주의 세력을 하나로 통합해 베트남 공산당을 만들었고, 나중에는 민족주의적 색채를 싫어했던 스탈린 때문에 '인도차이나 공산당'[155]으로 이름을 바꿨다. 호찌민은 프랑스, 소련 등지에서 공산주의 활동을 벌이며 1920년대 후반부터 베트남의 독립과 공화화에 애썼으나 30년대 들어서 프랑스의 무지막지한 탄압으로 공산당 조직은 거의 무너지기 일보 직전 수준으로 몰렸다.

　1930년 2월 3일 코민테른에서 파견된 호찌민(胡志明)이 베트남 국내의 여러 급진적 사회주의 정당을 규합해 인도차이나 공산당을 창설하였다. 같은 해 10월의 제1회 중앙위원회에서 코민테른의 지시를 받아 《인도차이나 공산당》으로 개칭하였고, 초대 총비서로 쩐푸(Trần Phú, 陳富)를 선출했다. 1935년에는 최초의 당대회인 제1차 당대회를 (베트남 본국은 당시 프랑스의 식민지) 마카오에서 거행했다. 1945년에는 베트남 민주공화국(북베트남, 초대 국가주석은 호찌민) 성립 후, 인도차이나 전쟁을 보다 광범위한 기반에서 전개하기 위해 월맹(베트남 독립 동맹회)에 합류하면서 인도차이나 공산당은 해산되었다.
　1951년 2월에는 베트남 북부의 투옌꽝 성(宣光)에서 제2차 당대회가 개최되어 호찌민을 당주석으로 하는 《베트남 노동당》을 재발족한다. 1960년의 제3차 당대회는 수도인 하노이에서 열렸고, 여기에서 '남베트남의 해방'과 '북부의 사회주의 건설'을 결의하였다. 1969년 9월 2일 호찌민이 사망하자 공석이 된 당주석의 자리에 당 제1비서였던 레주언(黎筍)이 직무를 계승했다. 북베트남이 베트남 전쟁에 승리하면서, 베트남 노동당은 제4차 당대회를 열어 다시 베트남 공산당으로 개칭했고, 이는 현재까지 이어졌다.
　그러나 1979년에 크메르 루주를 몰아내고 캄보디아에 군사 개입을 하게 되고 국제적으로 고립 상태가 되자 경제적인 어려움이 한동안 계속되었다. 1986년 7월 레주언이 사망하면서 쯔엉찐(Trường Chinh, 長征)이 총비서가 되었지만 12월에 열린 제6차 당대회에서 도이머이 노선이 채택되어 응우옌반린(Nguyễn Văn Linh, 阮文靈)이 총비서가 되었다. 그리고 이것은 중국을 모방한 일당독재체제의 유지와 외국자본 도입에 의한 경제성장의 추구가 기본정책이 되었다. 1991년에는 도므어이(Đô Mùói, 杜梅)가 총비서가 되었고, 1997년부터는 레카피에우(Lê Kha Phieu, 黎可漂), 2001년부터는 농득마잉(Nông Đức Manh, 儂德孟)이 총비서를 맡다가, 2011년부터 응우옌푸쫑이 총비서로 집권했다.
　2006년 4월에 열린 제10차 당대회에서는 그 직전에 발각된 오직 사건으로 교통 운수부 차장이 체포되어서 악화되는 당관료의 부패에 대한 농득마잉 총비서의 책임을 묻는 소리가 강해졌기 때문에, 반대파가 응우옌민찌엣를 세워 중앙위원의 자유선거로 총비

---

155) 베트남 노동당, 인민혁명당이 기반인 베트남 유일 합법정당이다. 오늘날 베트남 국부인 호찌민이 이끌던 정당이었다.

서를 선택하기로 결정되었다. 직전에 응우옌이 사퇴했기 때문에 투표는 행해지지 않고 농 총비서는 재임되었지만, 이는 당원의 의식 변화를 상징하는 사건으로서 베트남 국외에 크게 전해지기도 했다.

2) 라오스

라오 인민혁명당은 1930년에 호찌민에 의해 세워진 인도차이나 공산당을 그 모태로 생성되었다. 원래 인도차이나 공산당은 베트남인들로 이루어졌지만 프랑스령 인도차이나 전역으로 뻗어 나가며 1936년 라오파가 형성되었다.

1940년대 중반 라오인 당원을 모집하기 위한 운동이 일어났다. 1951년 2월, 인도차이나 공산당은 제2차 대회에서 당의 해산과 인도차이나의 3국을 대표하는 3개의 당으로 나뉘었다. 쑤파누웡 왕자가 이끄는 빠텟 라오로 알려진 독립운동이 베트남 독립동맹회와 연계하여 인도차이나 전쟁을 치르는 동안 인민당은 1955년 3월 22일 제1차 대회에서 그 성립을 공식적으로 선언하였으나 여전히 비밀 조직으로 남아 있었다. 제1차대회는 3~400명 정도의 당원을 대표하는 25명의 대표자들이 참석했다. 인민 당원들은 1975년까지 빠텟 라오를 통해 활동해 왔다.

1956년 빠텟 라오의 분파인 라오스애국전선이 성립, 수 차례의 연립 내각에 참가하였다. 1960년대 빠텟 라오는 미국의 지원을 받는 라오스 정부를 대상으로 내전을 일으켜 북동부 지역을 점령하였다. 1972년 2월의 제2차 당대회에서 라오스 인민당은 라오스 인민 혁명당으로 이름을 바꾸었다. 1975년 봄 빠텟 라오의 군대가 전국을 장악, 미국의 지원을 받던 기존 정부를 1975년 5월에 무너뜨리고 라오인민혁명당이 정권을 잡게 되었다. 그리고 1975년 12월에 이르면 왕도 폐위시켜 인민공화국을 선언하게 되었다. 제3차 당대회는 1982년까지 열리지 않고 있었다가 1986년의 4차, 1991년에 5차 당대회가 열리는 등 4~5년마다 당대회가 열리고 있다.

3) 캄보디아

캄보디아에서 크메르 공화국과 크메르 루주가 캄보디아의 정권을 잡기 위해 벌어진 내전이며, 인도차이나 전쟁의 일부다. 사실상 베트남 전쟁의 영향을 많이 받았다.

캄보디아 내전(1967년 3월 11일~1975년 4월 17일)이 일어나기 전, 옆나라 베트남에서는 베트남 전쟁이 발발했다. 베트남 민주 공화국은 베트남 공화국을 전면적으로 침공하기에는 미국이 직접적으로 참전하기에 라오스와 캄보디아를 통해 간첩과 군사 물품을 보내는 일명 호찌민 루트 전략으로 베트남 공화국을 공격했다. 이렇게 캄보디아 내에 베트콩과 북베트남군이 무단으로 캄보디아에 침투했으며, 캄보디아군은 이들을 쫓아내기 위해 교전을 벌인다. 그러나 캄보디아의 무장 반란세력인 크메르 루주는 베트콩과 협력하여 캄보디아를 공산화시키기 위한 내전이 발발했다.

한편 베트남 전쟁 중 미국, 한국, 태국, 호주, 뉴질랜드 등 여러 연합국이 베트남 공화국을 도우러 파병을 했고, 캄보디아에도 베트콩, 크메르 루주 수색을 위해 미군과 베트남 공화국군이 파병되었다. 그러나 캄보디아의 동부 지역은 베트콩이 모두 점령한 상태였으며, 동부에서는 크메르 루주의 반란이 지속되었다. 연합군의 도움으로 베트콩과 크메르 루주의 진격 속도는 늦출 수 있었지만, 베트남 공화국의 상황은 더욱 나빠졌다. 베트남 공화국의 동부 영토는 베트콩 수중에 떨어졌으며, 라오스 왕국도 절반이 넘는 영토가 공산주의 세력이 장악했다. 캄보디아는 수도와 그 주위의 작은 영토를 제외한 모든 영토가 크메르 루주, 베트콩에게 점거당했다. 베트남 공화국에서는 구정 대공세 이후 미국은 더 이상 전쟁을 지속할 수가 없어 단계적 철수를 결정했고, 1973년에는 미국과 한국을 제외한 모든 연합국이 철수했다.

1975년 캄보디아 전역이 크메르 루주에게 점령당했고, 크메르 공화국이 멸망하면서 공산 국가인 민주 캄푸치아가 설립되었다.

나. 이슬람 사회주의(Islamic socialism)

1) 개요

이슬람 사회주의란 이슬람과 사회주의의 만남을 지향하는 사상이다. 유사한 사례로 유교 사회주의, 기독교 사회주의, 신비주의나 토속신앙에 근거한 사회주의 등이 있다. 사실 기독교와 이슬람이 겹치는 교리가 있고 경제에 대한 관점도 비슷한 부분이 있다 보니 사회 정의 차원에서 기독교 사회주의와 비슷한 주장을 하기도 하였다.

2) 역사

카를 마르크스와 블라디미르 레닌의 사상을 접한 아랍인 사상가들에 의해서 사회주의와 이슬람을 결합한 정치이론이 여럿 탄생했다.

특히 레닌은 저서 제국주의론(1916년)에서는 식민지에서 억압받는 무슬림 민족들을 혁명의 주체 중 하나로 삼고 러시아 제국의 무슬림 소수민족들에게 자치권을 확대해야 한다는 이론을 내세워 상당수 무슬림 사상가들에게 호감을 주었다.

이들 이론가는 이슬람 제국이 초창기에는 복지국가로써의 면모를 보여주었다는 점에서 많은 영감을 얻었으며 여기서 이슬람 사회주의 이론이 탄생했다. 아랍 사회주의나 아랍 내셔널리즘과는 똑같은 사상은 아니지만 서로 어느 정도 겹치는 면이 많았고 실제로 나세르, 카다피의 자마히리야(카다피주의도 포함)와 바트당이 영향을 적지 않게 받았지만 수단, 차드, 아프가니스탄도 패망한 데다 소련을 포함한 공산권의 붕괴 후에는 사회주의에 대한 새로운 시도는 보기 어려워졌으며 사회주의답지 않게 기독교와 쿠르드, 투아레그 등을 비롯한 타종교와 소수민족들을 열심히 탄압하고 북아프리카 지역에선 아랍인을 우대하는 등 민족차별까지 하면서 정당성을 잃었다.

소련의 이슬람계는 보통 자디드 운동156)으로 통용되는 편인데 이슬람 사회주의는 주로 특정 국가와 정권의 정치사상을 분류하는 용어이기 때문이다. 다만 소련에서는 사힛 알 부카리157)가 편찬되어 역사적 상징성이 강했던 부하라에 이슬람 신학교를 세워서 제3세계 무슬림들에게 이슬람 사회주의를 홍보하기도 하였는데 후술할 이슬람 사회주의의 모든 기원이라고 할 수 있다.

이슬람 사회주의도 내부에서 계파가 갈린다. 아랍 사회주의와 마르크스-레닌주의의 영향을 받은 이란, 소말리아, 아프간 등은 진보주의, 파키스탄과 방글라데시를 비롯한 쪽이 보수주의로 대략 분류된다. 이슬람 사회주의 진보는 기존 공산권과 밀착하면서 세속주의적인 모습을 보였고 이슬람 사회주의 보수는 신정정치, 반세속주의적인 모습을 더

---

156) 이슬람과 모더니즘이 결합된 이념. 기원에 대해 여러 가지 설이 있으며, 아랍권에서는 이집트 알아즈하르 대학교의 셰이크(원로 학자)였던 무함마드 압두가 창시한 것으로 보고 있다. 그리고 중앙아시아에서는 자디드 운동이라고 하여 러시아 제국의 세속 학문과 이슬람 학문을 융합하는 형태로 비슷한 시기에 약간 다른 형태로 나타났다.
역사적으로 이슬람 역사에서 최초로 등장한 근대화 이념이다. 19세기부터 20세기 초까지 이슬람권의 근대화/현대화를 주도했던 이념이기도 하다. 19세기 중엽에 그들 스스로 살라피야(سلفي)라고 칭했는데 이는 20세기 후반에 생긴 이슬람 근본주의식 살라프파가 아닌 전근대 당시 이슬람 전통을 준수하면서 이슬람 사회를 지키기 위해서는 서양의 변화를 수용하고 서양과 타협해야 한다는 사상이다.

157) 이슬람 수니파에서 가장 권위있는 하디스 편집본

보였다.

3) 지역별 이슬람 사회주의

아랍 사회주의가 대표적이지만 지역, 민족별로 다양한 바리에이션(변형)이 있다.
리비아에서는 무아마르 카다피 시절 자마히리야로 구체화되었다.

수단의 가파르 니메이리가 대표적인 이슬람 사회주의자였으나 역시나 독재자로 타락하면서 같은 공산당원도 숙청하고 나중에는 이슬람 사회주의 보수처럼 샤리아까지 도입하려고 했다. 이후 독립된 이슬람주의자였던 오마르 알 바시르에 의해 축출되었으나 소련은 미련을 버리지 못하고 알 바시르도 지원했고 수단은 소련 공산당 보수파가 집권할 때까지 소련을 지원했지만 소련의 행적을 따라가는 암울한 상황이다.

대부분 아랍 사회주의 국가들이 친소 성향이 강했거나 친소에 집중되었던 데 비해 팔레스타인은 친중 성향도 같이 있었기 때문에 파타는 마오주의의 영향도 강하게 받았다. 물론 소련-아프가니스탄 전쟁 때에는 반대였던 적도 있었다.

이란에서도 이슬람 사회주의가 대도시 지역을 중심으로 나름대로 유행한 적이 있으며 대표적인 인물로 '알리 샤리아티'가 있지만 '아야툴라 루홀라 호메이니'가 집권한 후 한동안 반대자들을 때려잡고 상당수 이슬람 사회주의 조직(인민전사기구)이 이라크 정부와 손을 잡으면서 이란 국민의 어그로(화)를 끈 덕택에 국내 기반을 완전히 상실했다. 다만 일부 조직이 활동하고 있기는 하다. 현재 가장 유명한 것은 이란 인민전사기구인데 흥미롭게도 이란의 정통 사회주의 정당이었던 투데당(민중당)과 그리 사이가 좋지 못했다. 보통의 이슬람 사회주의는 진보/보수로 갈리고 좌파는 기성 공산권과 긴밀하게 지냈지만 인민전사기구는 이슬람 근본주의 성향이 강해 유물론을 주장하는 마르크스-레닌주의는 용납할 수 없었다. 이후에는 이란 혁명 초기 소련측에서 이슬람 정권을 은근슬쩍 지지하면서 투데당에 신정에 협조하라고 지시해 정작 이슬람 사회주의 무장투쟁 단체였던 인민전사기구측이 크게 탄압을 받았고 정통 공산당인 주제에 정권에 협력하며 평화롭게 세를 불리던 투데당은 이란-이라크 전쟁 때 모조리 숙청당했다. 다른 사회주의 라인이었던 페다이네 할크도 마찬가지로 박살났고 이때 투데당은 굉장히 세를 불렸는데 이란 해군 총사령관이 투데당원이었다.

인민전사기구는 전쟁이 발발하자 이라크를 비판하면서 프랑스에서 망명 활동을 하면서 잘 나갔는데 프랑스에서 추방당하자 그만 이라크로 갔고 이게 전술한 그 엄청난 어그로였다. 이라크에서 이란 침략군을 꾸리고 이라크의 이란 공격에 참가하는 등 매국노 활동을 제대로 해 버렸다. 이후 인민전사기구는 이라크에서도 내쫓겨 지도자인 라자비 부부를 숭배하는 사이비 종교로 전락해 버렸고 알바니아나 미국 등지에 흩어져 있으며 오히려 투데당은 아직도 이란 지하에서 활동하고 있다!

인도네시아의 수카르노는 사회주의 사상의 일종인 마르하엔주의158)를 창시했지만 수카르노 본인이 무슬림이었던 것과 별개로 이슬람 사회주의자로 분류되지는 않는데 유럽의 많은 기독교도 사회주의자가 꼭 기독교 사회주의자로 분류되지는 않는 것과 비슷하다. 수카르노는 이슬람보다도 다민족, 다종교 국가인 인도네시아의 통합을 더욱 우선시했고 마르하엔주의도 유신론이나 영성을 인정하기는 하지만 이슬람적 가치를 직접 참조하지는 않기 때문이다. 인도네시아 이슬람 사회주의 사상 및 정당은 수카르노의 국민당보다도 오히려 역사가 길다. 네덜란드령 동인도의 초기 토착민 정당 중 가장 중요한 정당으로 꼽히는 이슬람연합(Sarekat Islam, Syarikat Islam)이 진보적인 이슬람 사상을 따르는 정당이었고 이 정당의 초기 지도자 초크로아미노토(H. O. S. Tjokroaminoto)가 인도네시아의 저명한 이슬람 사회주의자로 꼽힌다. 그러나 이슬람연합당이 수하르토 시대 정당 통폐합 이후 완전히 몰락한 관계로 오늘날 인도네시아 원내 정당 가운데 이슬람 사회주의 정당은 없다.

이슬람 사회주의를 채택하지는 않았지만 방글라데시도 이슬람 사회주의의 영향을 어느 정도 받았다. 실제로 동파키스탄 시기에 설립되어 1971년까지 있었던 파키스탄 '아와미 연맹'159)이 방글라데시 아와미 연맹의 전신이기도 했으며 이 시기 파키스탄 아와미 연맹은 이슬람 사회주의를 추구했다. 그래서 방글라데시의 사회주의와 민족주의, 민주주의, 세속주의 등 건국 4대 원칙들이 헌법에서 표방되며 대표적 정당인 아와미 연맹의 이념들도 네 가지 이념에 해당된다. 또 다른 정당인 방글라데시 자유당(Bangladesh Freedom Party)은 방글라데시 민족주의와 이슬람 사회주의를 표방하고 있다.

---

158) 마르하엔주의는 수카르노가 창시한 사회주의 이념이다. 국내에서는 잘 알려지지 않은 이념이다. 수카르노주의는 보통 마 르하엔주의를 의미한다.
159) 방글라데시의 정당. 2009년부터 장장 15년간 방글라데시 정치권을 압도해온 집권 여당이었으나, 독립유공자 후손들에 대한 공무원 할당제 시행 방침으로 촉발된 2024년 시위 결과 셰이크 하시나 총리가 사임한 뒤 국외로 도피하고 의회 해산 및 조기 총선 실시가 확정되면서 사실상 집권당의 지위를 상실했다.

다. 아랍 사회주의

1) 개요

범아랍주의(Pan-Arabism)에 기반한 사회주의 이념. 아랍 사회주의자들은 아랍 지역의 주류 좌익세력이다. 20세기 중반에 아랍 지역에서 이집트가 4차 중동전쟁에서 선전한 것과 알제리의 독립으로 절정을 이루었으나 20세기 후반 소련의 몰락과 붕괴 후 타격을 받기 시작하고 쇠퇴하면서 이슬람주의가 유행했다. 이들이 주로 내세우는 슬로건은 "단결, 자유, 사회주의"다.

2) 역사

아랍 사회주의는 20세기 중반 이후 크게 두 범주로 나뉘는데 정통 아랍 사회주의적 성향의 '나세르주의(Nasserism)' 및 나세르주의에서 갈라진 일파인 '카다피주의'와 개량 아랍 사회주의 성향의 '바트주의(Ba'athism)'가 있다.

이라크 인구의 20% 정도를 차지하는 '수니파 아랍인'과 프랑스 식민지배 시절부터 권력을 잡아 종교적 소수자에서 실세로 등장한 시리아의 '알라위파'는 자신들의 입지를 보완, 강화하기 위한 차원에서 바트당을 중심으로 아랍 사회주의 정권을 수립 유지했다. 바트주의는 학자에 따라 정통 사회주의가 아닌 극우 민족주의 내지 파시즘에 가깝다는 평을 받기도 한다.

수에즈 운하 문제로 영국과 갈등을 빚은 후 소련의 지원을 받은 이집트, 반미 성향이 강했던 리비아, 알제리 전쟁 당시 소련의 지원을 받은 알제리도 아랍 사회주의의 영향을 강하게 받았다.

3) 성향

기본적으로 세속적 내셔널리즘에 기반한 이데올로기이며 세속주의를 지향한다. 보통 아랍 지역에서 반서방 성향의 세속주의 독재정권이라고 한다면 아랍 사회주의 계열인 경우도 적지 않다.

이들은 반제국주의를 추구하기 때문에 미국을 중심으로 하는 서방세계에 명백히 비

우호적이지만 정작 아랍 사회주의 자체가 서구적 내셔널리즘에 기반한 이념인 데다 주 기조는 세속적이고 좌파적이라서 이슬람주의자들과도 적대적이다.

아랍 사회주의자들의 가장 큰 업적은 아랍계 기독교인의 권리를 향상 및 보장하고 여성 인권신장에 다소 기여했다는 점이다. 물론 20세기 후반 이슬람주의자들이 세를 키웠다. 다만 아랍 사회주의자들도 마인드가 20세기적 사고에 머물러 있는 경우가 많아서 특히 이집트와 시리아에서는 우민화 정책을 적극적으로 시행하며 이집트에서는 군부가 경제의 대부분을 장악하고 산업부문을 방만하게 운영하여 경제성장이 자꾸 뒤처지게 만들고 있다. 이들도 이슬람 근본주의자 못지않게 소수민족을 탄압하는 경우도 있다.

아랍 사회주의 정권들은 종교적 보수주의자와 친서방 자유주의의 저항에 직면한 경우가 많아 매우 권위주의적인 정부를 구성한 경우가 많다.

4) 대표적인 아랍 사회주의자

나세르주의자
- 가말 압델 나세르 - 나세르주의의 이념적 토대
- 무아마르 카다피 - 나세르주의의 발전과 개혁을 주도한 지도자(자마히리야, 카다피주의)

바트주의자
- 미셸 아플라크(Michel Aflaq) - 바트주의 창시자, 정교회 신자로 아랍계 기독교인 입장에서 아랍 무슬림과 아랍계 기독교인은 다 함께 민족주의를 통해 서구의 침탈에 맞서 단결해야 하며 예언자 무함마드는 아랍 민족주의의 영웅이라는 해석으로 유명해졌다.
- 하페즈 알아사드 : 시리아의 제18대 대통령이자 독재자. 알라위파 집안 출신으로, 1970년 쿠데타로 1971년부터 30년 동안 시리아 대통령직에 종신 집권, 차남 바샤르 알 아사드에게 자리를 세습했다.
- 바샤르 알아사드: 시리아의 제19대 시리아 대통령이자 세습 독재자.
- 아흐마드 하산 알바크르:이라크 제 4대 대통령이다. 1968년 무혈 쿠데타로 바트당 정권을 세웠으며 1968년 7월 17일 대통령으로 선출되었으며 1979년 7월 16일 병으로 사임 후 1982년 10월 4일 사망했다. 정권은

부통령이었던 사담 후세인이 이어받았다.
- 사담 후세인 : 이라크의 정치인이자 전직 국가원수로 제5대 이라크 대통령이자 독재자

기타
- 야세르 아라파트 - 팔레스타인의 정치인이자 PLO의 수장이기도 했다.
- 조지 하바쉬(George Habash) : 팔레스타인의 공산주의 정당 팔레스타인 인민해방전선(PFLP)의 창시자. 사회주의는 립서비스에 가깝고 딱히 사회경제적으로 두드러지는 포지션을 표방하지 않는 아라파트, 파타와 달리 사실 하바쉬와 PFLP가 훨씬 더 팔레스타인에서 주도적인 사회주의 좌파에 가깝다. 아랍 사회주의 세력 자체가 세계적으로 떡실신한 21세기에는 남예멘과 더불어 실제 정치세력도 어느 정도 있는 경우이기도 하다.
- 아메드 벤 벨라(Ahmed Ben Bella) : 알제리의 초대 대통령
- 우 아리 부메디엔 : 알제리의 2대 대통령
- 압둘 알 카림 카심 : 이라크의 전 총리. 초반에 나세르주의의 노선을 따르던 나세르주의자였지만 집권 후 나세르주의와 결별하고 독자적 노선을 택했다가 1963년 바트당 쿠데타로 실각했다.
- 가파르 니메이리 - 옛 수단의 사회주의자 정치인.

5) 과거 및 현재 아랍 사회주의 국가

- 과거 : 이집트(1956~1970), 북예멘(1962~1990), 이라크(1963~1979), 리비아(1969~2011), 수단(1969~1989), 알제리(1964~)
- 현재 : 시리아(1970~), 사하라 아랍 민주 공화국(1973~), 팔레스타인(1994~)

V.
결론 :
20세기 전반 극동지역에서 진행된 침략과 항쟁, 혁명의 역사와 교훈

1. 20세기 전반의 동아시아의 국제정세 및 공산화 추진 결과

2. 1917년 볼세비키 혁명이후 공산화되었던 국가들의 이후 상황

3. 자본주의(민주주의) 체제의 우월성

1. 20세기 전반의 동아시아의 국제정세 및 공산화 추진 결과

가. 20세기 전반에 동아시아 즉 극동에서 벌어진 중요 역사적 사건들은 중국, 한국, 일본, 시베리아 연해주 등에서 19세기 후반부터 이어진 서세 동점의 세계적 추세에 편승되는 유럽 열강들의 타겟트가 된 중국 일본 한국과 같은 동아시아 지역의 전 근대적인 왕조국가에서 일어났다. 이 지역에 열강들의 함포외교라고 불리는 강제 개항요구를 통하여 일본은 '미일우호통상 조약'을 체결하고 명치유신이라는 개혁정책으로 선진 과학기술을 먼저 받아들여 근대화에 성공하고 동아시아의 강자로서 제국주의 국가의 반열에 올라 인접한 청일전쟁에서 승리한 후 조선을 병합하고 여순·대련지역을 조차하는 등 혼란한 중국지역으로 계속 진출하기 시작했다. 이후 삼국간섭으로 제동이 걸렸으나 러일전쟁에서도 승리하면서 요동반도를 다시 점령하는 등 러시아의 남진 및 동진을 막으려는 영국과 일본은 영일동맹을 체결하였다.

나. 중국과 조선은 전근대적인 군주와 신료들의 실정으로 근대화에 성공하지 못하고 허약한 국력과 군사력으로 외세의 침략에 효과적으로 대응하지도 못하였으며, 조선은 일본에 병합되고 중국은 1911년 신해혁명으로 청나라가 망하고 말았다. 러시아는 청일전쟁 이후 요동반도를 점령한 일본에 대해 삼국간섭으로 이를 청에 반환시키고 이후 러시아가 일본이 반환한 여순 대련항을 조차하자 분노한 일본과 충돌한 러일전쟁에서 승리한 일본은 영국과 동맹을 체결, 러시아의 남진을 막고 이 지역에서의 패권을 인정받기 위해 미국과도 가쓰라 테프트 조약을 체결하였다. 이와 같이 20세기 초반 유럽 열강과 일본 등 강대국들이 약육강식, 합종연횡의 패권다툼을 벌리고 있을 때 러시아에서는 볼셰비키 혁명이 일어나 러시아 로마노프 왕조를 무너뜨리고 4년 간의 적백내전에서 승리한 레닌의 볼셰비키 정권은 인접 15개 국가들을 연방으로 통합 소비에트 연방공화국을 수립하였으며 내전 중에 코민테른(제3 인터내셔널)을 창립하여 단기간내에 유럽 및 전 세계를 공산화시키고자 하였으나, 소비에트 군대의 바르샤바 진군 즉 폴란드 침략전쟁에서 패하고 독일 노동자들의 혁명 봉기가 처참한 패배[160]로 끝나자 코민테른 3차대회에서 세계프롤레타리아 혁명을 곧

---

160) 1920년 8월의 소비에트 군대의 폴란드 바르샤바 잔군과 1921년 3월의 독일 노동자들의 봉기

바로 실현한다는 당초의 목표를 포기하고 러시아 국익위주의 중앙집권적 조직원칙으로 그 추진 방향을 수정하였다. 이와 같이 새롭게 수정된 세계혁명 추진개념에 의해 코민테른 극동서기국을 창립하고 이 코민테른 극동서기국의 주도하에 이르쿠츠크 고려공산당과 상해 중국공산당 등 시베리아 중국, 조선, 일본 등 아시아 지역의 공산주의혁명을 추진하기 시작한 것이다.

　　다. 한편 유럽지역에서는 독일, 오스트리아, 이탈리아의 삼국동맹측과 영국, 프랑스, 러시아의 3국협상 측이 제1차 세계대전을 시작했는데 이것은 19세기 말부터 아시아, 아프리카 지역의 식민지 확장 경쟁의 연장으로 볼 수 있다. 아시아 지역에서는 영국이 일본과 동맹을 맺고 중국 및 조선지역에 대한 러시아의 진출기도를 봉쇄하려고 했으나, 1차대전시는 협상국 측에 가담, 독일과 맞섰지만 전쟁 중에 일어난 러시아 혁명 성공을 위해 독일에 항복하고 체결한 브레스트-리토프스크 조약161)은 1918년 3월 3일 소비에트 러시아의 볼셰비키 정권과 동맹국(독일 제국, 오스트리아-헝가리 제국, 불가리아 왕국, 오스만 제국) 사이에 맺어진 평화조약으로, 이 조약의 결과 러시아는 제1차 세계대전에서 이탈하고 동부전선이 마무리되었다. 볼셰비키 정권은 독일군과 오스트리아군의 진격을 더 이상 막아낼 여력이 없었기에 절대적으로 불리한 이 조약을 받아들일 수밖에 없었는데 볼셰비키 정권이 당장 적백내전을 치러야 하는 상황이라 러시아의 입장에서는 불가피한 것이었다.

　　라. 그러나 적백 내전이 종료되고 소비에트 연방이 수립된 이후 유럽지역에서의 혁명봉기를 포기하고 시베리나 및 연해주 루트를 이용하여 중국 및 조선지역에 공산

---

161) 1918년 3월 3일, 제1차 세계대전 당시 동맹국과 신생 소비에트 러시아[3] 정부가 브레스트에서 맺은 조약으로서, 소비에트 러시아는 전쟁 종결의 대가로 독일 제국에게 다음과 같은 것을 약조하였다. 소비에트 러시아는 폴란드, 우크라이나, 핀란드, 캅카스, 발트 3국(정확히는 라트비아와 에스토니아) 등 약 70만 ㎢의 영토에 대한 지배를 완전히 포기할 것. 소비에트 러시아는 독일 제국에 60억 마르크의 배상금을 금으로 지불할 것. 소비에트 러시아는 적위대를 해체할 것. 이 조약의 결과 소비에트 러시아는 러시아 제국 시절 삼국 협상으로 맺어진 모든 합의에 대한 불이행을 천명하게 되었다. 1918년 11월 독일이 연합국에게 항복하자 브레스트-리토프스크 조약은 사실상 파기되었다. 그러나 조약 결과 독일과 정전하게 된 볼셰비키는 러시아 내전에 집중할 수 있게 되어 결과적으로 내전에 승리했으며, 이후 폴란드, 핀란드, 에스토니아, 라트비아, 벨라루스, 우크라이나, 리투아니아 등 브레스트-리토프스크 조약으로 인해 상실한 러시아 제국 영토의 수복을 천명하게 된다. 그리고 제2차 세계대전을 거치면서 소비에트 연방은 핀란드와 폴란드 일부를 제외한 나머지 국가들을 모두 재합병하고 폴란드는 위성국으로, 핀란드는 중립국으로 만듦으로써 그 목표를 대부분 달성한다.

주의를 확산하기 위해 코민테른 극동서기국의 지원하애 중국 및 일본, 조선지역의 공산당 창당을 위한 지원을 강화하였다. 1차 세계대전은 종료되었으나 베르사이유 강화조약의 가혹한 조항에 불만을 품은 독일은 젝트의 비밀 재군비를 통한 유럽지역 재석권을 추진하게 되었고, 아시아 지역에서는 일본이 대동아공영이라는 구호를 내걸고 만주사변 및 중일전쟁 등을 일으키면서 중국의 동북지역을 계속 침공하였다. 중국은 신해혁명 이후 수립된 국민당 정권과 장기간의 전쟁을 치른 일본이 진주만 기습으로 시작된 미국과의 태평양전쟁 패전으로 중국과 조선에서 일본군이 철수한 후 모택동의 중국공산당은 장개석의 국민당정부와의 오랜 내전 끝에 승리하며 중국공산화에 성공하였다.

마. 한편 적백대전을 성공적으로 종료한 소련은 과거 동청철도 부설권과 관련하여 청나라로부터 획득한 동청철도부설권을 러일전쟁에서 패하는 바람에 남만주 철도 부설권은 일본에 넘어 갔으나 소비에트 연방(소련)이 동청철도의 이권을 계승했다.

코민테른 3차대회 이후 세계적화 추진전략 방향을 수정한 소련은 유럽에서의 혁명봉기가 실패하자이 프롤레타리아 혁명의 대상지역을 동아시아 지역으로 전환하고 코민테른 극동서기국의 주도하에 중국, 조선 등 극동지역의 국가들을 공산당 창당지원 활동을 강화해 나갔으며 2차 세계대전시에는 연합국의 일원으로서 참전하여 1945년 5월에 연합국에 항복한 독일과 8월에 미국에 항복한 일본이 합병했던 한반도에 소련군을 진주시켜 세계 프롤레타리아 해방이라는 적화 야욕을 추진해 나갔다. 그 결과 독일과 한국은 동서 또는 남북으로 분단된 채로 2차대전 종결되었으나 그들의 세계적화 야욕은 계속 추진되어 1949년 말 중국이 공산화되고, 1950년 한반도 무력적화를 위한 김일성을 사주하여 6.25 침략전쟁을 일으키게 하였다.

바. 2차 세계대전은 독일중심의 추축국과 연합국과의 대결에서 연합국의 승리로 끝났으며 소련은 연합국의 일원으로서 세계적화 야욕을 숨긴 채 서부 전선에서 독일군을 추격하며 독일의 항복을 받고 동독지역을 점령하여 공산정권을 출범시켰으며, 동부 태평양지역에서는 1945년 8월 뒤늦게 대일참전을 개시 만주 한반도 방면과 남사할린 방면, 쿠릴열도의 3개 방향으로 공세를 취해 참전 댓가로 러일전쟁시 빼앗겼던 남사할린을 반

환받고 쿠릴열도를 병합했으며 한반도 38선 이북을 점령하고 북한 공산정권을 수립시켰다.

　　사. 중국이 모택동에 의해 공산화된 이후 미국을 중심으로한 서방진영과 소련을 위시한 공산진영은 세계를 양분하여 민주주의와 공산주의라는 이념을 중심으로 새로운 긴장상태, 즉 냉전이라는 새로운 개념의 전쟁을 시작하게 되었다.

　　그러나 공산주의 경제 이론에서 주장하는 대로 "능력에 따라 일하고 일한 만큼 혹은 필요에 따라서 분배받는다"고 하는 인간 노력과 노동의욕을 상실케하는 이론으로 수십년 동안 국가를 운영해 온 결과 이 공산주의 국가들은 프롤레타리아의 낙원이 아닌 빈곤의 평등이라는 경제적으로 피폐해진 결과를 초래하고 말았으며 이에 공산주의 종주국이던 소련부터 15개국으로 분리되면서 대다수의 공산주의국가들이 공산주의를 버리게 된 것이다. 이에 따라 2차대전 이후 형성되어온 이념전쟁 즉 냉전체제는 종식되었으나, 등소평의 '흑묘백묘론(黑猫白描論)'[162] 즉 경제분야에서는 자본주의 개념을 도입하여 중국은 짧은 시간에 경제가 발전되면서 소련에 이은 공산주의국가들의 종주국화되면서 여전히 온 세계가 종식되었다고 여기던 이념전쟁 즉 대립 현상이 동아시아 지역에는 아직 잔존하고 있는 것이다.

　　이것은 무엇을 말하는 것인가? 마르크스와 엥겔스 등이 주창한 공산주의 경제이론의 모순 및 허구성을 증명해주는 것이며 사유재산제도의 부정과 노동자의 근로의욕을 상실케 하는 이러한 이론은 허구이며 프롤레타리아 즉 노동자의 해방과 그들의 천국을 가져다 준다는 그 구호는 거짓 선동에 불과했다는 말이다. 그들을 착취 억압하던 지주들과 공장주들을 몰아내고 그 자리를 농민 노동자들이 차지하는 줄 알고 목숨 걸고 혁명에 동참했지만 그 자리에는 공산당 간부라는 새로운 지배계급이 나타나 근대 이전 군주 및 봉건제하의 노예나 농노보다 못한 생활이 주어지게 되었다. 결론적으로 이러한 공산주의 이론은 그럴듯한 말과 구호로 노동자나 농민을 현혹하고 공산당 일당독재의 공산주의 세상을 실현하고자 한 옳지 못한 이론이라는 것이 증명된 것이다.

---

162) 흑묘백묘론[黑猫白描論] 1970년대 말 중국의 개혁과 개방을 주장하던 덩샤오핑이 펼친 경제 정책. 검은 고양이든 흰 고양이든 고양이는 쥐만 잘 잡으면 되듯이, 자본주의든 공산주의든 상관 없이 중국 인민을 잘살게 하면 그것이 제일이라는 정책이다.

2. 1917년 볼세비키 혁명이후 공산화되었던 국가들의 이후 상황

가. 공산주의를 표방했으나 붕괴/멸망(체제전환)한 국가들의 현황은 소련, 유고, 폴란드, 헝가리, 체코, 독일, 불가리아, 루마니아, 알바니아, 몽골, 아프가니스탄, 예멘, 모잠비크, 앙골라, 에티오피아, 캄푸치아 인민공화국, 베냉, 콩고, 소말리아, 마다가스카르 등으로서 소련, 몽골을 제외하면 대부분 2차대전 직전과 직후 또는 1960, 70년대에 공산화되었다가 소련해체 직전 직후에 붕괴된 나라들이 대부분이다.

    소비에트 사회주의 공화국 연방 (1922~1991) [163]

    유고슬라비아 사회주의 연방 공화국 (1943~1992)

    폴란드 인민공화국 (1944~1989)/헝가리 인민공화국 (1949~1989)

    체코슬로바키아 공화국 (1945~1960)

    체코슬로바키아 사회주의 공화국 (1960~1990)

    독일 민주 공화국 (1949~1990)/불가리아 인민공화국 (1946~1990)

    루마니아 인민공화국/루마니아 사회주의 공화국 (1947~1989)

    알바니아 인민공화국/알바니아 사회주의 인민공화국 (1946~1992)

    몽골 인민공화국 (1924~1992)/아프가니스탄 민주공화국 (1979~1992)

    예멘 인민 민주 공화국 (1967~1990)/모잠비크 인민공화국 (1975~1990)

    앙골라 인민공화국 (1975~1992)

---

[163] 소련 구성국의 독립: 리투아니아 1990년 3월 11일, 14/라트비아, 1990년 5월 4일,13/아르메니아1990년 8월 23일12/1991년 소련존속 투표(1991년 3월 1일)11조지아, 1991년 4월 9일,10/에스토니아,1991년 8월 20일,9/우크라이나,1991년 8월 24일,8/벨라루스,1991년 8월 25일.7/몰도바, 1991년 8월 27일,6/아제르바이잔,1991년 8월 30일.5/우즈베키스탄 1991년 8월 31일,4/키르기스스탄,1991년 8월 31일,3/타지키스탄, 1991년 9월 9일,2/투르크메니스탄, 1991년 10월 27일.2/로베자 조약(1991년 12월 8일),(러시아 탈퇴)/카자흐스탄1991년 12월 16일,1/소련 붕괴(1991년 12월 26일)

사회주의 에티오피아 임시 군사정부 (1974~1987)

에티오피아 인민민주공화국 (1987~1991)

민주 캄푸치아/캄푸치아 인민공화국 (1975~1979/1979~1989)

베냉 인민공화국 (1975~1989)/콩고 인민공화국 (1970~1991)

소말리아 민주공화국 (1969~1991)/ 마다가스카르 민주 공화국 (1975~1992)

나. 이와 같이 19세기부터 불어닥친 공산주의의 빛과 그림자, 이는 19세기 말부터 20세기 초 유럽지역의 시대적 상황(산업혁명 및 인권혁명, 그리고 제국주의와 동맹과 협상, 세계대전과 러시아 혁명) 속에서 어렵고 암울한 국가, 지역의 어려운 계층 사람들에게 희망적이고 꿈같은 환상으로 다가왔다. 산업 근대화 이후 지주, 공장주들에게 착취당하던 농민, 노동자들 즉 산업화의 결과로 초래된 도시 노동자에 대한 낮은 임금 및 노동 착취, 빈부의 격차 확대 그리고 농민들에 대한 지주들의 가혹한 처우 등은 프롤레타리아 해방이라는 구호로 다가온 공산주의자들의 선전 선동 등 이른바 지상낙원이 곧바로 실현될 것 같은 장밋빛 환상을 품기에 충분했던 것이다.

다. 이러한 국제적 국내적 상황에서 1,2차 세계대전을 치루고 나서 공산주의의 종주국 내지 코민테른의 주동적 위치였던 소련은 유럽의 많은 국가들을 공산주의 국가로 만들었고 시베리아 및 극동 아시아 지역까지 이 공산주의를 수출, 세계적화를 추진하면서, 이러한 이념전쟁의 한 축으로서 미국을 주축으로 하는 서방진영과 대립하는 공산진영의 대부로서의 역할을 하기 시작했다. 하지만 이러한 볼셰비키 혁명을 주도하던 레닌이 죽고 그 뒤를 이은 스탈린은 공산당 중심의 공산주의 체제를 중심으로 "프롤레타리아 국제주의"보다는 "일국 사회주의 이론"을 내세우며 공산당 일당독재 국가의 모습으로 변질되기 시작했다.

라. 마르크스, 엥겔스 등에 의해 제시된 공산주의 이론(철학적, 경제적, 사회적 이론)은 어떠한 문제점과 과장된 내용이 있는가?

즉 이 이론의 허구성을 검토 및 분석해 보면,

첫째, 노동의욕을 상실케 하여 노동 생산성을 저하시키는 경제이론이며 그 이유는 무엇보다 똑같이 일하고 똑같이 분배받는데 누가 더 열심히 일하려고 하겠나? 즉 인간의 창의성, 성실성, 노력을 말살 및 사장시키는 이론이라는 것이다.

둘째, 국가보다 상층에 위치한다는 당(黨) 즉 공산당의 일당 독재, 공산당 이외의 다른 당은 허용하지 않는 공산주의는 국민을 위한 올바른 정치제도가 아니며 민주주의의 모습이 아니다. 이는 고인물이 썩는 것과 같이 반드시 부패164)하게 되어 있다.

마. 러시아 혁명 이후 공산화된 국가의 실태를 보면 전반적으로 경제가 낙후되어 빈곤의 평등을 초래했고 국민 기본권 말살(자유권, 평등권, 참정권, 사회권, 청구권 등)되어 언론, 출판, 집회, 등의 자유가 없는 독재국가로 변질되었다.

결국 공산주의 종주국이던 소련연방은 해체(1991)되어 15개 연방으로 분리 독립되었으며, 후발 공산국가 중공도 등소평에 의해 경제정책은 자본주의 경제를 도입한 이후 비약적으로 발전하였으나 여전히 공산당 일당독재 국가의 모습을 유지하고 있다.

김일성 우상화 및 주체사상만을 강요하는 북한은 1970년 중반부터 경제상황이 악화되어 국가 배급제도 불가능하게 되고, 국경지역의 꽃제비 등장 등 전체 인구가 대한민국의 절반 정도로 감소되었으며 공산주의 체제의 변질로 악독한 일인 독재체제, 반체제 인사에 대한 무자비한 탄압, 숙청을 자행하고 있으며 이러한 공산주의 국가의 전반적인 실태는 공산당 일당독재로 부패하기165) 쉬우며 노동 생산성 저하로 인한 국가적 빈곤과 경제적으로 낙후되어 있음을 보여 준다.

---

164) 캄보디아 앙쿠르와트 여행시 공항 직원들의 행태를 보고 놀랐다. 씨엠립 공항검색대를 통과할시 "One dallor, One dallor"를 외치며 요구하는 공항직원들, "아직도 이런 자들이 있는 나라가 있는가?" 하는 의구심이 들 정도였다.
165) 자본주의 국가도 일당 일인 독재는 부패: 필리핀 마르코스

3. 자본주의(민주주의) 체제의 우월성

전 세계 동·서양 각 지역별 국가라는 개념의 집단이 생긴 이후 이 국가를 다스리는 지도자들이 어떤 생각으로 이 해당 국가를 통치해 나갔겠는가?

국가라는 큰 개념의 집단이 오랜 기간 존속하기 위해서는 국민, 영토, 주권이라는 기본적인 구성요소 이외에 통치제도와 법령 그리고 외침에 대비하는 군대와 국가적 사업추진을 위한 예산, 조직 같은 것이 필요하다.

개인이든 국가이든 힘이 있는 자가 그렇지 못한 자를 지배 복속시키는 사례는 흔한 일이었으므로 대륙의 각 지역별 국가들의 흥망성쇠는 그들의 보다 나은 생존과 생활을 위한 자본과 부의 축적 등의 욕구를 충족하기 위한 노력과 투쟁의 결과로 귀결되어 왔다고 볼 수 있다.

유럽 중동, 아시아 아메리카, 아프리카 등 각 지역별로 국가가 생성되고 이들 국가들이 발전되어 가는 과정에서 군사력을 동원하여 인접 국가를 침략해 왔던 역사의 사례는 고대로부터 근대에 이르는 기간에는 흔했다. 이와 같이 다른 나라의 영토를 힘으로 빼앗아 영토를 확장하거나 식민지화하는 일은 왕과 그 휘하 장군, 신하들의 좋은 리더십, 훈련, 사기, 군기 등 각종 전승의 필수 요소들이 구비 및 결합되어 경제력 및 군사력 등 국력이 강력해졌을 때는 얼마든지 가능했으며 또 이러한 국가들의 영토 확장 사례는 고대의 페르시아제국이나 알렉산더제국, 동로마제국, 오스만제국 등에서 여실히 나타났으며, 근대에도 신성로마제국이나 오형제국, 대영제국을 위시한 유럽 열강 제국주의 국가들의 식민지 쟁탈의 역사에 서도 여실히 나타났다. 그러나 현대에 와서는 국력이 강하다고 해서 인접국가 등 타국을 함부로 침략 합병하는 것은 거의 불가는 할 뿐만 아니라 국제사회의 지탄과 제재를 피할 수 없으므로 결국 강대국이나 선진국으로 가는 방법은 군사력 이외에 경제력이나 외교력 그리고 국가내부의 좋은 정치상황, 그리고 국민들이 믿고 따르는 정치제도와 영속적인 국가이념이 요구된다.

그렇다면 고대로부터 시대별로 어떠한 국가의 정치체제 및 제도가 모범적으로 국민들의 생활과 인권이 보장되는 긍정적인 형태이었는가?

이에 대한 정답은 시대별 지역별로 해당 지역 국민들에 차이가 있을 수 있지만 대체적으로 공통적으로 들 수 있는 국민들의 여망은 크게 볼 때는 "안전"과 "복지" 그리고 "자유"와 같은 생존 및 인권에 직결되는 요소와 국가나 지역 공동체 사회 내에서 국민의 기본권 즉 인권 보장을 위한 참정권 등으로 대별 될 수가 있다.

그런데 현대국가들의 상황을 관찰해 볼 때 선진국이라는 개념, 그리고 복지국가라는 개념이 충족되는 국가는 일반적으로 정치체제나 이념상으로 자유민주주의 내지는 자본주의 국가라고 보여지고 있다. 그 이유는 공산주의 체제와 이념으로 설립된 소련이나 중공, 북한과 같은 국가들은 국민 즉 개인의 자유와 권리를 공산당이라는 국가 위에 있는 초법적인 조직을 위해서 희생 및 침해 그리고 통제 및 제한되는 부분이 존재하고 있기 때문이다.

따라서 이러한 공산주의 국가와 당이 통제하는 체제하에 있는 인민 특히 노동자 농민들은 많은 공산주의자들이 항상 내세워 온 그 프롤레타리아트가 주인이 되는 그런 나라 그런 세상이 아니었기 때문이다. 공산주의 체제의 국가는 집단노동, 공동생산, 배급제와 같은 개인이나 기업의 자유로운 이윤 추구가 제한되는 경제활동을 추진하기 때문에 생산 효율성이나 상품의 품질이 떨어질 수밖에 없다는 기본적인 이치나 원리를 간과한 결과이다.

국민들의 먹고 사는 문제와 직결되는 국가나 기업의 생산량의 감소와 생산 품질의 저하는 당연히 국가 발전과 경제력 향상에 장애가 될 수밖에 없으며 이 농업이나 공업 생산량의 감소는 공동생산, 공동분배를 시행하는 공산주의 국가들에게는 개인에게 돌아가는 배급량이나 품질이 떨어질 수밖에 없는 것이었다.

이와 같이 못 살고 헐벗은 농민과 노동자들에게 공산당이 항상 주장해 온 바와 같이 그들만이 세상의 주인이 되고 잘먹고 잘사는 프롤레타리아들의 지상낙원이 온다는 것은 이들을 혁명에 동원하기 위한 선전 선동술에 지나지 않는 거짓 선전이었다는 것이 공산주의를 경험했거나 오늘의 공산주의 국가들에게 증명된 것이다.

현재 전 세계의 수많은 국가들을 분석해 볼 때 개인과 기업의 자유로운 경제활동과 투표권 등 참정권과 같은 자유와 기본권이 보장되는 국가는 대체적으로 서방진영의 자유민주주의 및 자본주의 체제의 국가이다.

　소련이 공산주의를 포기한 것은 이러한 사실의 실체적 증명이다. 중국이 공산주의 정치이념과 체제는 유지하면서 경제체제를 자본주의체제로 전환한 이후 북경 상해 등 대도시를 중심으로 비약적인 경제발전을 해온 결과를 바탕으로 공산주의체제를 유지해 온 국가들의 대부 내지 종주국과 같은 모습을 보이려고 하고 있지만 여전히 일당 독재의 공산당이 주도하는 공산주의 정치제도를 유지하는 한 일반적 국민의 기본권 보장이나 복지와 자유 측면에서 서방 자유민주주의 국가와 결코 비교될 수가 없는 것이다. 더군다나 이 공산주의 국가가 1인 장기 독재 정권을 유지하려고 하는 한 이런 정권의 권력 속성상 부패하게 되어 있으며, 일반 국민들의 자유와 평등 원리에 기초한 참정권과 같은 기본권 즉 인권이 제대로 보장이 될 수가 없다. 이것은 서방과 중동 그리고 소련 등, 자본주의 및 공산주의 국가들이 수십년간 이어져 왔던 역사 즉 정치 및 경제발전의 역사를 돌아다보면 확실히 알 수가 있는 것이다. 국가와 국민의 안전과 복지 자유와 생존 및 인권 차원의 문제는 구호나 선전 선동과 같은 일시적이고 거짓된 정치활동이나 경제활동으로는 일반 국민들의 이러한 중요한 기본적 욕구를 충족시킬 수 없다는 것을 말해준다. 따라서 이러한 현 세계 지구상의 모든 정치제도나 이념, 경제체제에서 아직까지 선진 서방의 자유민주주의와 자본주의체제를 따라갈 수 있는 체제, 이념은 아직까지는 없다는 것을 말해준다.

VI.
부록

#1 아편전쟁
#2 태평천국의 난
#3 명치유신
#4 제국주의 국가 현황
#5 극동공화국
#6 청일전쟁
#7 의화단 운동
#8 러시아 혁명
#9 신해혁명
#10 러일전쟁
#11 인터네셔널의 역사
#12 중국공산당과 코민테른
#13 국공합작
#14 동청철도 부설권, 남만주철도 부설권
#15 크림 전쟁

#1. 아편전쟁

1. 개요

영국과 청나라가 영국의 대청 아편 수출을 계기로 벌인 아편전쟁. 영미권에선 1839년 9월 4일~1842년 8월 29일 사이의 전쟁으로 기록한다.

19세기 중반에 대영제국이 청나라와의 무역에서 우위를 점하기 위하여 값싼 인도산 아편을 밀수하였고, 이 결과로 벌어진 일련의 전쟁을 말한다.

아편전쟁(阿片戰爭, Opium Wars)은 1840년과 1856년 2차례에 걸쳐 영국과 청나라의 무역수지 문제로 일어난 전쟁이다. 계속 청으로 유출되는 은화(銀貨)를 영국이 다시 회수하기 위해 청에 아편을 밀거래한 것이 원인이다.

흔히 대영제국이 청나라에 아편을 밀수하기 전까지는 중국이 아편에 무지한 것으로 알려져 있지만, 아편은 명나라시대부터 황실, 귀족, 관료들이 즐기고 있었다. 이미 청나라 최전성기인 옹정제 시대에 일반인들이 아편을 흡연하는 것을 금지시키기도 했었다. 대영제국은 저렴한 인도산 아편으로 중국 아편 가격을 폭락시켜, 사회 최하층까지 아편에 손을 대게 함으로써 사회기반 자체를 무너뜨려 버렸다. 이에 청나라 도광제는 임칙서를 광동성에 파견하여 아편 문제를 해결하려고 하였으나, 제1차 아편전쟁이 일어나며 영국에 참패하였다. 제2차 아편전쟁은 영국, 프랑스, 러시아가 참전하여 수도 베이징까지 약탈 유린당했다. 아편전쟁에서 청나라가 완패함으로써 중화사상은 뿌리째 흔들리게 되었다. 이후, 본격적으로 서양의 세력이 동양으로 점점 진출하는 서세동점(西勢東漸)의 시대가 개막된다.

아편전쟁의 배경

중국 아편의 역사

중국의 아편은 당나라 시대에 아랍에서 들어와서 약으로 사용되기 시작했다. 그러나 명나라 시대가 되면서, 아편이 문제가 되기 시작한다.

명나라 9대 황제 효종(1487~1505) 때는, 아편이 황실과 귀족들 사이에서 성욕을 일으키는 미약(媚藥)으로 사용되기 시작했다. 이는 명나라 시대의 방중술과 육보단 등으로, 성을 기교 측면에서 주로 연구하고 탐닉한 결과였다. 이후 황실과 상류층에서 아편은 회춘약과 미약으로 유행하였다. 실제로 명나라 만력제의 유골에서는 아편의 주성분인 모르핀이 다량 검출되었다. 만력제 때인 1572년에는 마카오가 금, 은, 도자기과 함께 아편을 무역할 수 있도록, 중앙 조정에서 승인까지 해주었다.

청나라 시대의 아편

청나라 초기에는 여전히 아편이 명나라처럼 황실과 상류계층에서만 유행하였다. 그래서 아편은 부와 교양의 상징처럼 여겨졌다.

16세기에 담배가 도입되면서 무엇을 피우는 문화가 중국에 도입된다. 17세기가 되면 담배는 중국 노동자들에게 보급될 만큼 일반화되기 시작한다. 이러한 시점에서 청나라 내에서의 아편 경작 면적은 점점 늘어나서, 아편의 가격이 떨어지기 시작했다. 이에 선망의 대상인 아편은 사회 각계로 퍼져나가기 시작했다. 청나라는 이미 옹정제 때 아편의 폐해를 알고, 일반인들이 아편을 흡연하지 못하게 금지시키기도 했었다.

영국의 무역 적자

처음에 영국은 산업혁명으로 발명한 방직기계에서 생산한 면직물을 청나라에 판매하였다. 그러나 엄청난 인구를 가진 청나라였기에, 그들이 가내수공업으로 생산한 면직물이 영국산 기계 면직물보다 오히려 저렴했다. 그리고 영국의 일반가정은 월수입의 5%를 차 구매에 사용했는데, 영국과 청나라의 무역 규모의 90%를 차가 차지하면서, 영국의 적자는 늘어갔고 막대한 영국의 은이 청나라로 유입되었다. 이에 영국은 무역적자를 타개할 목적으로, 값싼 인도산 아편을 축구공 모양으로 만들어 약상자에 넣어 밀무역으로 청나라에 유통시켰다. 명목상 청나라에서 아편은 약으로만 유통이 가능했기 때문이다. 인도산 아편을 중국에 판매하면 1,000배의 이익이 남을 정도로, 인도의 아편은 저렴했다. 이에, 청나라의 아편 가격은 폭락하기 시작했고 사회 최하층까지 아편에 손을 대게 되면서, 사회기반이 무너지기 시작했다.

청나라의 아편 수입량은 1770년대에 연평균 200상자였다. 그러다 1838년에는 1년에 4만 상자까지 수입되기에 이르렀다. 이에 아편 중독자도 급격히 늘어났다. 1800년 이전에 3억명 중에 아편중독자가 10만 명이었지만, 1839년에는 1,000만 명이 사용할 아편이 수입되었다. 참고로 아편전쟁 후에도 아편중독자는 계속 늘어나서, 20세기 초에는 4,000만 명이 아편에 중독되었다. 그리고 국민당 정부 시절에는 상하이 시의회 등 정부가 아편을 공급하기까지 했다.

청나라의 대응

호문소연(虎門銷烟). 아편을 폐기하는 임칙서

1838년 12월 31일 도광제는 아편문제 해결을 위해서, 임칙서를 흠차대신(欽差大臣)과 광동수사로 삼았다. 참고로 도광제는 아들 3명을 아편중독으로 잃었던 인물이다. 이때가 되면 청나라 어전회의 도중에 대신들이 아편을 피울 정도였다.

임칙서는 아편 21,306상자를 압수해 폐기하고, 마약상인 60명을 체포했다. 그리고 영국상인들에게 아편무역을 중단할 것과 아편밀매를 하면 자산을 몰수당하고 사형을 시키겠다고 했다. 그리고 영국 빅토리아 여왕에게 편지를 보내서, 자신의 행동이 어쩔 수 없었음과 아편무역에서 영국이 손을 떼도록 호소했다.

천비해전

임칙서가 영국 아편을 폐기한 후에, 영국 해군 수병이 중국인을 살해한 사건이 발생했다. 청나라는 마카오에서 영국인들을 추방했다.

제1차 천비해전

1839년 11월 3일에 중국 광동성 주강 하구 호문(虎門) 해협의 입구에서 일어난 해전이다. 영국의 작은 무장상선 2척과 청나라 정크선 29척이 싸웠는데, 청나라 정크선 26척이 파괴되었다. 이에 흠차대신 임칙서는 서양화포 300문을 사서 강안포대에 배치하여 주강방어선을 구축하고, 미국제 철제 증기선까지 사들였다.

영국의회의 아편전쟁 참전 가결

영국은 천비해전을 통해 청나라 군대가 형편없음을 알아챘고, 아편전쟁을 일으키기로 했다. 그러나 영국의원들 사이에서도 아편때문에 전쟁을 일으킨다는 사실이 부정적이기도 했다. 전쟁을 위한 예산 표결이 271대 262표로 가결되자, 후에 영국수상이 되는 토리당 의원 글래드스턴은 영국양심의 무게가 고작 262표냐 라고 비판했다.

제1차 아편전쟁

1840년 6월 여름에 전쟁은 본격화 되었다. 11월에는 청나라가 영국에게 대패했다. 청나라는 임칙서를 면직시키고, 기선(琦善)에게 강화교섭을 맡겼다. 영국은 함선 48척과 군인 4,100명이 베이징의 통로인 다구(大沽)와 천진(天津)을 위협하며, 총독 기선(琦善)과 협상했다. 그러나 합의가 불발되자, 전쟁은 재개됐다.

제2차 천비해전

1841년 1월 7일 오전 8시에서 중국 주강 하구에서 일어난 해전이다. 영국 해군 함대가 청나라의 대형 정크선 함대를 물리치고, 임칙서가 만든 포대 11개를 무력화시켰다. 전투는 4시간 만인 정오쯤에 끝나버렸다. 영국군의 피해는 부상 38명뿐이었지만, 청나라는 사망 277명, 부상 467명, 포로 100명이었다. 청나라 흠차대신 기선(琦善)은 아편 배상금 600만 냥, 청나라의 핵심 항구 5곳 개항, 홍콩 할양 등을 포함한 '천비가조약(川鼻假條約)'을 체결하기로 했다. 그러나 도광제는 '서양 오랑캐에게 은은 하사할 수 있으나, 영토를 내어줄 수는 없다'고 하였다. 결국 기선은 재산을 몰수당하고, 귀향 보내졌다.

난징조약

1841년 3월 15일 광저우에 청나라 백전노장인 참찬대신(參贊大臣) 양방이 왔고, 전투가 재개됐다. 청나라는 사흘 만에 영국에게 전함 수십 척이 침몰당하고, 대포 400문을 빼앗겼다. 양방은 서양의 눈부신 군사기술을 술법으로 여겼다. 그는 부녀자의 소변을 모으고, 호랑이 날과 시에 태어난 장수를 모았지만 소용 없었다. 3월 20일에는 영국의 압박에 밀려 도광제 몰래 통상까지 허용해줬다. 도광제는 양방의 거짓보고에 속아 승리하고 있다고 착각했다.

도광제는 적을 섬멸해 버리라며, 위내대신 겸 어전대신이던 혁산을 내려보냈지만 연패를 거듭했다. 결국 혁산은 5월 26일 광저우성에서 영국에게 항복하였고, 청나라군을 광저우 밖 200리 이상으로 물리고 일주일 이내에 600만 냥을 바치기로 하였다. 그는 자비까지 털어서 이틀이나 배상금을 빨리 납부했다. 그러나 도광제에게는 승리를 하여 성을 되찾았다고 거짓보고를 올렸다.

결국 1841년 8월에 아편전쟁은 재개되었고, 영국군 1만명은 광둥성을 초토화시키고 양쯔강으로 북상했다. 1842년 3월에는 청나라 혁산이 45,000명의 군대를 이끌고 영국군 1,000명에게 대패한다. 1842년 6월에는 상하이, 1842년 7월에는 난징의 핵심 기지인 진강까지 함락되었다. 이런 상황에서 맺게 된 조약이 난징조약이다.

그 내용은 다음과 같다.
1. 홍콩을 영국에 할양한다.
2. 광저우·상하이 등 5항(港)을 개항한다.
3. 개항장에 영사(領事)를 설치한다.
4. 전쟁배상금으로 1200만 달러와, 몰수당한 아편의 보상금으로 600만 달러를 지불한다.
5. 독점상인을 없앤다.
6. 수출입 상품에 대한 관세를 제한한다.
7. 청나라와 영국 두 나라 관리는 대등한 자격으로 교섭한다.

제2차 아편전쟁
영국의 불만

영국의 청나라에 대한 무역은 제1차 아편전쟁 후에도 여전히 아편에 의존하고 있었다. 그러나 중국이 아편의 자체 생산을 늘리고, 난징조약에서 관세를 제한해 준 덕분에 자유무역의 효과가 생겨 청나라 차의 영국 수출량이 오히려 증가되어 버렸다. 그리고 여전히 면직물은 청나라의 것이 품질도 좋았고 가격도 저렴했기에, 영국의 무역적자가 다시 시작되었다. 또한 광둥성에서 대영항쟁까지 전개되고 있었다.

애로호 사건

이런 상황에서 청나라 정부가 애로호라는 청나라 배를 단속하였다. 애로호가 해적질을 하고 다녔기 때문이다. 그런데 이 배의 선원들은 모두 청나라 사람이었지만, 선주가 영국인이었다. 영국은 청나라가 애로호 단속 과정에 영국국기를 바닥에 던져 모욕했다며, 다시 전쟁을 선언했다. 그러나 사후조사에서 영국국기는 발견되지도 않았다.

영국하원은 전쟁을 부결시켰고, 제1차 아편전쟁을 비판했던 글래드스턴(Gladston)은 정부 불신임안까지 제출했다. 그러나 수상이었던 파머스턴(Palmerston)이 하원을 해산시키고, 투표를 통과시켰다.

열강들의 참전

영국에 이어 프랑스도 선교사가 처형된 것을 빌미로 전쟁에 참가하기로 했다. 여기에 러시아와 미국까지도 참전의사를 밝혔다.

톈진조약

영국과 프랑스 군대는 광저우(廣州)를 침략한 후, 양쯔강을 거슬러 올라가면서 북상했다. 이때, 청나라에서는 태평천국운동이 일어나 남경까지 함락된 상황이라 서양군대에 적극적으로 대응하지 못했다. 이때, 러시아까지 청나라 영토 내로 진격해 들어왔다. 열강 연합군은 톈진을 점령하고, 1858년 6월 톈진조약을 맺었다. 그 내용은 다음과 같다.

1. 아편무역의 합법화
2. 전쟁배상금 지불
3. 개항 항구 확대
4. 베이징에 외국 외교관 상주 허용
5. 기독교 공인
6. 중국 노동자 수출
7. 장강 통행
8. 외국인 중국 내륙 여행 자유화

다구포대 전투

톈진조약이 체결되었지만, 영국군과 프랑스군은 청나라의 후속조치가 미흡하다는 핑계로 계속 진격하여 1859년 베이징 근처까지 이르렀다. 이때, 다구포대의 청나라군이 대포를 발사하여, 영국과 프랑스 함대에게 큰 피해를 입혔다. 이에 영국과 프랑스 함대는 퇴각하였다.

그러나 영국과 프랑스는 병력을 증강하여, 1860년에 영국군은 173척의 함대에 2만명, 프랑스군은 33척의 함대에 6,300명을 이끌고 되돌아왔다. 영국과 프랑스 함대는 발해만의 주요 항구를 초토화시켰고, 다구포대로 가서 복수했다. 그리고는 톈진에 상륙하여, 베이징으로 진격했다. 그러자 함풍제와 신하들은 열하로 피신했다.

팔리교 전투

베이징에서 30리 떨어진 팔리교 방어에 나선 청나라 장수는 몽고 출신의 49세 장군 승격림심(僧格林沈)이었다. 그는 태평천국운동 반란군을 진압하며, 당시 청나라 최고의 명장으로 대접받았다. 청나라의 총병력은 27,000명이었고, 이 중에서 몽골기병이 중심이 된 기마병이 12,000명이고 보병이 15,000

명이었다. 반면, 영국은 4,000명, 프랑스는 8,000명으로 청나라의 군대의 3분의 1 수준이었다. 승격림심의 기마대는 영국과 프랑스 군대를 향해 돌격했으나, 대포와 라이플 소총에 쓰러져갔다. 몇 시간 만에 전투가 끝났고, 청나라는 12,000의 기마병 중에 10,000명이 전사하고 2,000명이 살아남았다. 반면 영국군은 2명, 프랑스군은 3명이 전사하여 서양 군대는 총 5명만 전사했다.

베이징 조약

영국군과 프랑스군은 이어서 베이징을 점령하고, 청나라 황제의 별궁인 원명원을 약탈하였다. 원명원은 청나라 황제에게 바친 진상품을 보관하는 보물창고였다. 그리고 건물을 불태워버렸다. 결국 청나라는 영국, 프랑스, 러시아와 베이징 조약을 맺었다. 텐진 조약에 더하여, 개항 도시를 늘리고, 전쟁배상금도 늘어났으며, 영국에 홍콩을 할양했다. 그리고 러시아에게 연해주까지 빼앗겼다. 참고로 제2차 아편전쟁으로 얻은 청나라의 유일한 이득은 태평천국운동을 진압한 것이다. 청나라와 서양 열강이 협력하게 되자, 홍수전은 두려움에 자살하고 남경이 함락되고 태평천국은 멸망해 버렸다.

[출처 ☞ https://namu.wiki/아편전쟁]
[출처 ☞ https://ko.wikipedia.org/wiki/아편전쟁]

#2. 태평천국의 난

태평천국(太平天國, 1851년~1864년)은 중국 청나라 말기에 홍수전이 세운 기독교적인 이념의 신정(神政)국가였다.

발생
배상제회의 등장

홍수전은 광동성 화현(花縣)의 객가 출신으로 여러 번 원시(元試; 과거의 초기 단계)에 실패했기 때문에 약 40일간 병석에 누워있게 되었는데, 이때 불가사의한 꿈을 꾸게 되었다. 꿈의 내용은 상제(上帝) 야훼라 생각되는 금색 머리에 검은 도포를 입은 기품이 넘치는 노인에게서 "이 검으로 사악함을 물리치라"는 계시와 함께 파사검(破邪劍,사악함을 물리치는 검)을 선물 받고, 또 중년 남자로부터 요사스러움을 없애는 도끼를 받았다는 것이었다.

홍수전은 병이 완치되자 광저우에서 시험을 보기 위해 방문했을 때, 침례교 선교사로부터 《권세양언》(勸世良言)이라는 전도지를 받고 이전에 본 불가사의한 꿈의 의미를 이해하였다. 노인은 야훼이고, 중년 남자는 예수이며, 자신은 예수의 동생이라고 자신이 꾼 꿈을 기독교적인 논리로 이해한 것이다. 이 불가사의한 꿈과 기독교의 접합은 로버트 모리슨이 성서를 해석할 때 '하느님'을 음대로 '갓'(God)이라 표기하지 않고, '상제'란 말로 번역한 것과 비슷한 것이라 생각된다.

홍수전은 기독교의 가르침 중에서 특히 야훼, 즉 '천부상주황상제'(天父上主皇上帝)만이 유일신이라는 교리를 강하게 의식하여 우상파괴를 열심히 진행했다. 원래 다신교적인 전통을 갖고 있던 중국에서는 유교, 도교, 불교를 기리는 묘(廟)가 많았으나, 홍수전은 이것을 파괴하고 다만 상제만이 존재한다고 주장했다. 그 때문에 고향인 광동성에서의 선교활동은 일족과 몇 사람의 찬동자를 얻는 데 그쳤다. 홍수전은 효과적인 포교방법을 모색한 끝에 〈원도구세가〉(原道救世歌), 〈원도성세훈〉(原道醒世訓)이란 포교 문서를 집필했다.

1847년 태평천국의 전신이라 할 수 있는 기독교적인 조직인 배상제회를 광동성 계평 금전촌에서 창설했다. 이 땅에서 처음 소수에 불과했던 찬동자 중 한 명인 풍운산이 포교활동을 벌여 약 3,000명의 신도를 얻고, 홍수전을 맞이하여 그를 지도자로 삼았다. 배상제회의 참가자는 가난한 농민, 광산노동자, 객가 등의 가난한 민중들이 중심이었다. 고향 화현에서 뜻을 이루지 못하고, 이곳 계평현에서 성공한 커다란 이유 중 1가지는 병조복 등의 현세 이익중시의 포교였다. 단순히 종교적 열의와 윤리를 설명하지 않고, 지금 현재의 생활에서의 이득을 강조한 풍운산은 다수의 신도를 얻을 수 있었다. 그러나 조직의 확대는 공권력 및 그 지역 토지의 유력자와의 마찰을 생기게 하였다. 풍운산을 시작으로 배상제회의 구성원의 체포가 차례로 이루어지자, 홍수전은 이때까지의 종교 활동에서 정치혁명으로 옮겨갈 것을 결정했다.

1850년 배상제회는 금전촌에 집결해 단영(團營)이란 군사조직을 결성했다. 여기서는 남녀를 엄격히 구분하고, 각각 남영, 여영에 입영시켰다. 그 이전부터 새소리를 내어 위장하고, 총포 및 대포 등의 무기를 비밀리 제조하여 혁명을 위한 준비를 진행해 나갔으나, 금전촌에 집결하는 과정에서 청나라 조정의 군대 및 자경단과 몇 차례 충돌이 발생했다. 금전촌에 집결한 사람들은 1만에서 2만 정도라고 알려져 있으나, 그중에서 성인 남자는 약 3천 명에 불과했다. 그러나 이들보다 몇 배 많은 청나라 군대를 격파하면서 혁명의 불길이 일어나게 되었다.

태평천국의 건국

1851년 1월 11일 금전촌에서 배상제회는 국호를 태평천국(太平天國)으로 하고, 홍수전을 천왕(天王)이라고 칭하였다. 그러나 실제로 이때부터 태평천국을 칭했느냐에 대해서는 여러 가지 설이 있어서 명확하지 않다. 정식으로 정해진 것은 그로부터 얼마 후인 3월 23일이었고, 이날을 등극절이라 불렀다. 국호를 지정함으로써 청나라 조정에 대해 공공연한 반기를 들었던 태평천국이었으나, 남경에 머무르는 것은 잠시뿐 각지를 전전하며 이동했기에 그 의미로는 유적적이었다. 태평천국군의 진로는 다음과 같다. 즉 금전촌에서 등현(藤縣)을 거쳐 영안(永安; 현재의 광서 장족 자치구 몽산현(蒙山縣)을 함락시켰다. 등현에서는 뒤에 이야기할 후기 태평천국을 맡게 된 명장들이 참가하게 된다. 영안에서 반년 동안 주둔한 태평천국은 이곳에서 관직제도 및 관작 등을 설치하고, 나라의 체계를 정비했다. 이때 천왕 아래의 다섯 간부는 다음과 같았다.

익왕 석달개(翼王 石達開) 동왕 양수청(東王 楊秀淸) 서왕 소조귀(西王 蕭朝貴)
남왕 풍운산(南王 馮雲山) 북왕 위창휘(北王 韋昌輝)

이 중에서 양수청은 천부하범, 소조귀는 천형하범이라 칭하면서 각자 야훼와 그리스도의 계시를 받았다고 말하고, 이것을 빌미로 스스로 명령을 내렸기에 서서히 홍수전의 발언력은 약해져 갔다.

태평천국의 확장

태평천국은 초기에는 작은 세력이었지만, 하층민들을 크리스트교의 교리를 전파함에 따라서 선풍적인 인기로 인하여 세력을 확장해 나갔으며 후에는 과거 송의 수도와 동진의 수도 즉 한족들의 피난 정권의 수도였던 난징마저 점령하게 되는 등 한족들의 땅이라고 불리는 곳을 함락해 나갔다. 또한, 그들은 반만주 정권이며 한나라 정권을 부흥시키려는 운동으로서의 힘을 가지게 되어 이는 곧 만주족, 즉 청나라에 불만을 가진 이들을 태평천국의 세력으로 넓혀나감과 동시에 여성인권 상승으로 여성들의 참여도를 이끌어 내고 또, 농민에게 토지를 나누어주는 사회주의적 정책으로 인하여 많은 농민들이 세력으로 가담하게 되었다.

남경 공략

청나라는 이전 제1차 아편전쟁에서 국력을 소모했고, 또한 정규군은 광대한 국내에 분산 배치할 수 밖에 없었기 때문에, 정면에서 공격하는 일도 불가능한 사태가 벌어졌다. 그리고 대중을 흡수하여 거대해진 태평천국군은 청나라군을 여러 번 격파했다. 그러나 식량과 화약이 바닥났기 때문에 태평천국군은 영안을 뒤로하고, 양수청의 의견을 따라 북상하여 호남성, 호북성을 목표로 삼았다. 청나라군과 충돌을 되풀이하면서 북상을 계속했으나, 1852년 6월 호강(湖江)에 도착할 때 남왕 풍운산이, 9월 장사 공략 때에는 서왕 소조귀가 전사했다. 두 왕의 전사는 태평천국 수뇌부 사이의 역학관계를 미묘하게 변화시켜 후에 천경사변의 원인이 되었다. 그러나 전사 직후는 청나라군과의 교전이 복수전의 색채를 폈기에 매우 높은 사기를 얻게 되는 결과를 낳기도 하였다. 구이린, 장사는 결과적으로 공략에는 성공하지 못했으나, 12월 하순에는 한양, 한커우를 함락하고, 기어코 1853년 1월에는 무창)을 함락하였다. 무창은 태평천국군이 처음으로 함락시킨 성도였고, 이곳의 점령으로 막대한 금은재화를 얻었다. 여기서 또 한 번 양수천의 의견에 따라 남경 방면을 목표로 나가기로 해 수륙양면군을 편성하여 3월 19일에 태평천국군은 장닝(江寧; 난징을 함락시키고, 이곳을 천경(天京)이라 이름을 바꾸고, 태평천국 왕조를 세우게 되었다.

태평천국군의 팽창 이유

구이린을 공격할 때는 격전 끝에 5,000명까지 감소할 정도였으나, 그 후 난징을 함락시킬 때는 태평천국군은 20만 명 이상의 병력을 갖추게 되어, 수륙 양면군을 편성할 정도에까지 이르렀다. 이러한 급격한 팽창에는 이유가 있었다.

그 배경으로써 청나라 조정의 증세였다. 잇단 전쟁에 쓰이는 전비조달 및 패전 후의 피해배상을 지불하기 위해 청나라 조정은 법에서 정한 것보다 몇 배에 달하는 세금을 특히 동남 해안부의 지방에서 징수했다. 거기에 '은귀전천'(銀貴錢賤)의 현상도 실질적 증세를 민중에게 강요했다. 당시 토지세는 은으로 납부해야 했기 때문에 사람들은 동전을 은으로 교환하여 납부했다. 그때까지 은 1량 = 동전 1,000문이었던 것이 동전 2,000문 이상이 되었다. 이러한 불공평한 세금에 불만을 갖게 된 서민이 대거 태평천국군에 참가한 것이 급격히 팽창하게 된 요인 중 하나가 되었다. 그리고 그동안 아편전쟁의 여파로 인해 전후 많은 비적이 횡행했는데, 이들을 태평천국이 흡수한 것도 팽창의 요인이었다. 난징조약으로 인해 교역이 광동 1개 항구로 한정된 결과, 국내의 물류통로가 극변하게 되어, 이때까지 화물수송에 관련했던 사람들의 대부분이 실업자가 되어 비적화되었다. 또 향용이라 불린 임시모집병이 아편전쟁 후 해산되어 이들 중에도 비적화가 되기도 했다.

교리

태평천국 운동을 일으킨 홍수전은 꿈 이야기를 근거로, 자기가 여호와(야훼)의 둘째 아들이자 예수 그리스도의 동생이라고 주장했다. 그의 주장에 따르면, 백발의 노인이 도끼를 주면서 오랑캐를 물리치라고 했으며, 그 옆에는 청년이 있었다는 것이었다. 물론 꿈의 진위 여부는 알 수 없으나, 홍수전의 주장은 당 청나라에 반대하는 이들의 신념이 기독교라는 새로운 종교를 통해서 발전했다는 것을 말하고 있다. 태평천국의 토지 균분 제도는 즉, 토지를 지주들에게 몰수하여 농민들에게 공평하게 나누어준다는 제도는 농민들에게 상당한 지지를 얻었다.

서양의 태평천국 인식

중국에 기독교 국가가 세워졌다는 정보를 전해들은 유럽인은 처음에 태평천국에 대해 비상한 관심을 가졌다. 그러나, 태평천국 운동은 유럽 열강세력들과 청나라 간 맺어진 난징조약에 의해 배상금을 강제로 더 징수하게 되어 그것이 농민들에게 더욱더 짐이 되고 불만으로 퍼져 나아가 태평천국을 건국하는 계기가 되는데, 이때 반봉건 반외세적 운동을 외쳤던 것과 홍수전이 '자신을 하느님의 둘째 아들이자, 예수의 동생'이라고 하는 교리적인 '이단성' 등으로 인해, 유럽 열강세력들은 태평천국 진압에 가담하게 된다.

멸망

천경을 도읍으로 정한 이후 태평천국은 점차 많은 내부 문제에 직면하였다. 홍수전의 조카 홍인간이 태평천국의 재정립을 위한 개혁정치를 하려던 중에, 1860년대에 본격화된 청나라와 서구열강의 협공으로 1864년 6월 1일에 질 것을 예감한 천왕 홍수전은 자살하고 7월 천경이 함락되면서 태평천국은 멸망하였다.

평가

재산을 공유하고 토지를 농민들에게 고르게 분배하는 사회주의적 성격과 미국의 대통령 제도를 받아들이고자 한 민주주의적 성격을 갖춘 기독교적 색채를 표현한 사회 운동이라는 의미를 갖고 있다.

[출처 ☞ https://ko.wikipedia.org/wiki/태평천국]
[출처 ☞ https://namu.wiki/w/태평천국의 난]

#3. 명치유신

메이지 유신(일본어: 明治維新 메이지 유이)은 막번 체제를 해체하고 왕정복고를 통한 중앙 통일 권력의 확립에 이르는 광범위한 변혁 과정을 총칭한다. 메이지 유신은 학문상 명칭이며, 당시 고잇신(일본어: 御一新) 등으로 불렸다. 메이지 유신의 개시 시기는 1868년이며 종료 시기는 1871년 폐번치현(廢藩置縣), 1873년 지조개정(地租改正), 1877년 세이난 전쟁(西南戰爭), 1889년 헌법 발표 등 여러 설이 있으며 정설은 확립되지 않았다.

배경

에도 막부는 외교에 관한 권리를 독점하고, 일본인의 출입국과 무역을 관리, 통제, 제한하기 위해서 오랫동안 쇄국 체제를 유지해 왔다. 그러나 1856년부터 1860년에 걸친 아편전쟁 이후 동아시아로 진출하려는 서구 제국주의의 물결은 더욱 거세지고 있었다. 1853년 미국의 동인도함대 사령관 매슈 페리 제독이 밀러드 필모어 미국 대통령의 개국 요구 국서를 가지고 일본에 왔다.(흑선 내항) 이에 막부는 1854년 미일화친조약에 이어 1858년에는 미국을 비롯하여 영국, 러시아, 네덜란드, 프랑스와 굴욕적인 통상조약(안세이 5개국 조약, 安政 五個國 條約)을 체결하였다.

그러나 이 조약은 막부 정부에서 고메이 천황의 칙허 없이 처리했다는 점 때문에 이에 반발한 반막부 세력이 일어나 막부 정부와 대립하는 혼란기를 겪었다. 그러다가 260여 년이나 내려오던 도쿠가와 막부가 1866년 사카모토 료마를 내세우는 삿초 동맹에 패배하였고, 1867년에는 대정봉환과 왕정복고가 이루어졌다.

동맹

1866년 '사쓰마번'의 지도자 '사이고 다카모리'와 '조슈번'의 '기도 다카요시' 사이 삿초 동맹이 이뤄졌다. 이 두 지도자는 고메이 천황을 지지하였다. 이들은 사카모토 료마가 천거했는데 도쿠가와 쇼군 지배에 도전하여 천황의 권력을 회복하기 위해서였다. 1866년 12월 25일 고메이 천황이 세상을 떠나자 1867년 1월 9일 메이지 천황이 뒤를 이었다.

개혁의 내용

메이지 정부는 주로 구미 열강 국을 따라 잡기 위해, 개혁을 모색하였다. 학제, 징병령, 지조개정(地租改正) 등 일련의 개혁을 추진하고, 부국강병의 기치하에 유럽과 미국의 근대 국가를 모델로 하여, 민주화와 인권운동을 탄압하고 천황이 주도하여 일방적 자본주의 육성과 군사적 강화에 노력하였다.

중앙 행정

메이지 천황의 도쿄 행행(르몽드 일러스트, 1869년 2월 20일)

막번체제의 붕괴로, 중앙집권 국가의 확립을 서둘러야 했던 신정부는, 율령제를 기초로 한 명칭을 부활시켰다.

왕정 복고의 대호령으로 인해, 막부나 섭정, 간파쿠의 폐지와 일본 천황의 친정이 결정되어, 일본 천황 아래로 총재(総裁), 의정(議定), 산요(参与)로 나뉘게 되는 관제가 시행되었지만, 메이지 천황은 아직 어렸기 때문에 그것을 보좌하는 체제가 필요했다. 거기서, 메이지 원년 4월 21일, 정체서(政体書)가 공포되었고(정체서 체제), 다음 해 율령제의 2관 8성을 본뜬 2관 6성제가 발족한다. 구체적인 행정 기구로써는, 태정관(太政官)과 신기관(神祇官)을 두어, 태정관 아래에 각 성(省)을 두는 율령제가 모사되었지만, 그 후 민부성에서 공부성으로 분리되거나, 형부성으로부터 사법성으로의 개편 등 무수한 개변이 필요했기 때문에, 제도가 안정되지 않았다. 또한 입법부인 좌원(左院, 후 원로원(元老院)), 우원이나 지방관 회의등도 설치, 폐지가 반복되었다. 메이지 중앙의 개혁은 1885년 내각 제도의 발족으로 간신히 안정된다.

또한, 입법부에 관해서 기도 다카요시등이 메이지 초부터 의회개설을 주장하였지만, 의회제도를 발족시키기 위해선, 관제 개혁, 민도(民度), 국민 교육등의 부분에서 미성숙하여 시기상조였기 때문에, 오쿠보 도시미치를 중심으로 유사전제(有司専制)라고 불리는 사쓰마, 조슈 번의 파벌에 의한 관료를 중심으로 한 개혁 체제가 유지되었다. 그러나 자유민권운동의 고조와 여러 제도의 정비에 의한 개혁의 성숙으로 인해 1881년《국회 개설 조서》가 발포되었다. 동시에 이토 히로부미에 의해 헌법 제정의 움직임이 본격화되어 그 심의를 위한 추밀원이 설치되었다. 1889년 일본 제국 헌법이 공포되고 1890년 제국의회가 발족함으로써 동아시아에서 처음으로 입헌 군주제가 도입되었다.

당초 교토에는 구폐(舊弊)가 많다고 하여, 오사카 천도론이 오쿠보 도시미치를 중심으로 주창되었다. 그러나 교토에서 옮기는 것에 대해 반대가 많았고, 에도 성의 개성도 있어, 에도를 도쿄로 하는 것으로 결정되었다. 메이지 천황의 2번 도쿄 행차로 의해 태정관도 도쿄에 옮겨져, 도쿄가 사실상의 수도가 되었다.

지역 행정

메이지 정부의 지방 행정으로, 도쿠가와 가를 슨푸번으로 이동, 교토, 나가사키, 하코다테를 정부 직할 '부(府)'로 한 것 이외는, 원칙으로서 이전의 번체제가 유지되고 있었다. 그러나, 부국강병 목적의 근대국가 건설을 추진하기 위해서는, 중앙집권화에 의한 정부의 지방 지배 강화가 필요했다.

우선, 메이지 2년의 판적봉환으로 구 번의 영주가 자발적으로 판(토지), 적(인민)을 천황에게 반납하여, 다시 지번사(知藩事, 지한지)로 임명되어, 번의 영지와 영주의 분리를 도모할 수 있어, 중요 지역이나 옛 막부부 직할지였던 부, 현과 함께 '부번현 체제(府藩県体制)'가 된다. 그러나, 중앙집권화를 진행시켜, 개혁을 전국적으로 망라하려는 데에 있어 번의 존재는 방해가 되었고, 번 측에서도 재정의 핍박이 계속되어 자발적으로 폐번을 신청하는 번이 잇따랐다. 1871년 8월 29일, 사쓰마, 조슈 번 출신의 지도자에 의해 폐번치현이 실시되어 도도부현제도 설치(당초에는 3부 302현, 직후 정리되어 3부 72현), 중앙정부로부터 지사를 파견하는 제도가 실시되었다. 이것에 대해선, 령제국의 지명을 이용하지 않았기 때문에, 도시명이 부현명이 된 곳도 적지 않다. 그러나 사쓰마번의 시마즈 히사미쓰이외는 눈에 띈 반발은 없었다.

여러 제도의 개혁

폐번치현(번을 폐지하고 모두 현으로 바꾸는 것)과 태정관 제도의 개혁을 거쳐 중앙집권 체제가 갖추어짐으로써, 간신히 옛 막부 시대의 제도를 개혁할 준비가 갖추어졌다. 거의 동시에 궁중 개혁도 이루어져, 구래의 궁중직이나 궁녀 폐지, 사족을 중심으로 한 시종 등이 메이지 천황을 개혁 군주에 어울리는 천황으로 양육하게 된다. 막부 말기에는 병약했던 메이지 천황도, 사족에 의한 양육 때문인지 건강도 회복하여, 서양식 입헌 군주로서의 마음가짐도 배워, '메이지 국가' 원수로 어울리는 존재가 되어 갔다. 특히 헌법 제정 과정에서의 추밀원 심의에 모두 참석하였고, 또 국회 개설 전후 입헌 정치 미성숙기에 수상이 빈번하게 사임, 교대했을 때에도 정국의 조정자로서 중요한 역할을 담당하였다.

신분 제도에서는, 에도 막부 아래의 '사농공상'의 구별을 폐지, 구 무사 계급을 사족, 그 이외를 평민으로 하여, '사민평등'을 구가하는 한편, 구 구게, 다이묘나 일부 승려 등을 새롭게 화족으로서 특권 계급으로 함과 동시에, 궁내성 지배 아래로 두게 되었다.

또한, 유신 정부는 서양의 여러 제도를 연구하기 위해 이와쿠라 도모미를 정사, 오쿠보 도시미치, 기도 다카요시 이토 히로부미 등을 부사로 하는 이와쿠라 사절단을 구미에 파견하지만, '잔류 정부'로 불리며 일본에 남은 사이고 다카모리, 이노우에 가오루, 오쿠마 시게노부, 이타가키 다이스케, 에토 신페이, 오키 다카토 등에 의해서, 차례차례로 개혁은 진행되어 갔다.

주 개혁으로는 학제(学制) 개혁, 지조(地租) 개정, 징병령, 그레고리력 채용, 사법 제도 정비, 단발령 등이 있다. 다만, 이런 개혁은 급격하게 진행되었기 때문에 모순도 적지 않았고, 사족이나 농민의 불만을 사서, 후에 정한론으로 이어졌다 라고도 말해진다. 구미 사절에서 귀국한 이와쿠라나 오쿠보가 정한론을 지지하지 않았고, 더욱 더 오쿠보 밑으로 내무성이 설립됨으로써 여러 개혁의 정리가 이루어지게 된다.

또한, 같은 시기에 민간에서 이루어진 문명 개화의 움직임, 육식 보급과 철도 개통 등과 함께, 신시대 '메이지'의 분위기가 양성되었다.

경제 및 산업분야에서는 부국강병, 식산흥업의 슬로건 아래, 도미오카 제사장을 비롯한 관영공장이 만들어지는 등, 정부 주도의 산업육성이 시작되어, 서양식 공업 기술이 도입되었다. 금융제도에서도 통화단위로 '엔'을 도입(1871년), 국립은행 조례에 의한 국립은행(내셔널 뱅크)을 거쳐, 통화 발행권을 독점하는 중앙은행으로써 일본 은행을 설립(1882년) 하는 등, 자본주의적 금융제도의 정비도 이루어졌다. 유통 분야에서는, 우편제도, 전신망의 정비, 철도 및 선박 운수(민간 우편 기선 미쓰비시 회사와 국책 회사인 공동 운수 회사의 경합을 거쳐 일본 유센 회사가 되었다.) 등의 정비가 이루어졌다. 이러한 자본 활동에는, 실직한 대신 녹봉을 얻은 화족의 자산에 의한 투자 활동도 배경에 있었다.

이러한 개혁에는 적극적으로 서양 문명의 선진 제도가 받아들여지는 과정에서, '고용 외국인'이라고 불리는 외국인이, 기술 지도, 교육 분야, 관제, 군제 정비 등 여러 가지 분야에서 고용되어 근대국가 건설을 도왔다.

종교정책

불교

종교적으로는, 고대의 제정일치로 돌아가는 개혁인 점에서, 1867년 음력 1월 17일에 제정된 직제에는 하느님을 7가지 필두에 두어, 음력 3월에는 신불분리령이 내려졌다. 신불분리령의 주 의미는 불교 배척이 아닌, 에도 시대까지의 신불절충에서 불교와 신도의 혼합에서 양자를 분리하는 것이었지만, 당시의 복고적 시운은 불교조차도 외래의 종교로서 강하게 배척하는 폐불훼석으로 향했다.

기독교

1612년 기독교 금령에 의해 막부의 질서에 반대하는 반국가적 종교로 규정되어 탄압받던 기독교는 메이지 정부에 의해서도 계속 금지되어 기독교 지도자 총 140명은 하기(66명), 쓰와노(28명), 후쿠야마(20명)로 나뉘어 강제로 이주되었다. 그 후, 메이지 2년(1869년) 12월 7일에는, 기독교인 약 3,000명을 가나자와 및 10개의 번으로 분산 이주시켰다. 하지만 메이지 4년(1871년) 11월, 이와쿠라 도모미 특명 전권, 신도 국교화 정책과 관련해서, 기독교 금지를 해제해도 즉시 구미가 조약개정에는 응하지 않을 것이라는 회의적인 생각에 근거한 정부내의 보호파의 반대뿐만 아니라, 종교계나 일반 민중에서도 '사종문(邪宗門)' 금지 해제에는 반대하는 목소리가 강해 분규(紛糾)하였으나,

1873년 2월 24일 금지 고찰(高札)을 제거, 그 뜻을 각 구니에 통고, 이주된 기독교도들이 마을로 돌아오자 드디어 종결되었다.

외교 정책
이와쿠라 사절단

신정부의, 최대 목표는 구미 열강을 따라잡는 것이기 때문에, 구 막부 시대에 체결된 불평등 조약 개정이 급선무로 여겨졌다. 이와쿠라 사절단은 서구 여러 제도 조사도 목적이었지만, 조약 개정을 위한 사전 준비라는 면도 있었다. 실제로 교섭도 준비되었지만, 일본을 근대국가라고 보지 않는 구미제국은 상대가 되지 않았고, 아직 시기상조였다. 그 때문에, 우선 국내정책의 측면에서 국민들이 가진 외국인에 대한 반감을 제거하기 위해 외국인에 대한 공격을 법령으로 금지시키고, 만국공법을 수용하였으며 외국인이 국내 여행을 자유롭게 할 수 있도록 조치, 유럽화 정책 등 여러 정책을 시도했지만, 조약 개정 자체는 반세기에 미치는 부단한 노력을 필요로 했다.

개혁의 영향과 비판

주로 구 사쓰마번, 조슈번 및 일부 구게에 의한 전제 정치였기 때문에 '번파벌 정부'라고 야유를 받았다. 하지만 중급 관료 이상에 구 신판 번, 구 막부 신하였던 자도 적지 않았기 때문에, 일부 세력이 주도했다고는 하기 어렵다.

메이지 유신의 개혁은 새로운 제도로 인한 모순을 낳기도 했지만, 단기간에 입헌제도 달성에 성공하였기 때문에 아시아에서는 메이지 유신을 모범으로 개혁, 독립운동을 실시하려고 하였다. 다만 대부분이 형태만의 개혁이나 일면만 파악한 '위에서 부터의 개혁'으로 시종하여, 성공한 예는 많지 않다.

전통주의자들은 신성한 천황제가 현대 문명에 양보를 강요당하는 문제에 대해 분개하고 있었다.

[출처 ☞ https://ko.wikipedia.org/wiki/명치유신]

[출처 ☞ https://namu.wiki/w/명치유신]

#4. 제국주의 국가 현황

가. 영국, 포르투갈, 스페인, 프랑스, 이탈리아, 네델란드, 덴마크 ,오스트리아 헝가리제국, 러시아, 대영제국

이 분야의 시초이자 끝판왕. 당시 해가 지지 않는 나라로 불릴 만큼 전 세계의 무려 4분의 1의 광대한 식민지를 가졌으며 인류역사상 가장 넓은 제국이었다. 거기다가 영국은 당시에 개척한 미국이나 캐나다와 오스트레일리아 및 뉴질랜드는 식민지가 아닌 자국 영토라는 개념으로 개척했다. 거기다가 당시에는 인도가 영국의 식민지였다. 이후 19세기~20세기 초반 당시 그레이트 게임으로 불리우는 對러 정책으로 러시아 제국과 가장 강한 대립각을 세우며 러시아의 세력 확장을 지속적으로 방해한다. 하지만 1차 세계대전 이후 자국 영토[166]가 1171년부터 계속된 피지배층 탄압과 부활절 봉기 유혈 진압을 못 견디고 독립운동 끝에 1922년에 독립한 것을 시작으로 세계 대공황과 2차 세계대전을 겪고 2차 대전 이후 식민지를 줄줄이 상실하며 1997년 마지막 남은 홍콩마저 떨어져 나가면서 역사의 뒤안길로 사라졌다. 이 중에서는 인도와 파키스탄, 방글라데시 등 별 마찰 없이 발을 뺀 사례도 있었고, 케냐가 독립하려고 할 때 군대를 동원해 식민지 독립운동을 유혈탄압, 학살하는 실책을 보이기도 했다. 현재도 영어나 국제 매너, 뛰어난 대중문화, 영국의 문화적 후손인 미국의 존재 등으로 전 세계에 소프트 파워적 영향을 끼치고 있다. 전 세계에 흩어진 잔존 해외 영토는 영국군과 동맹인 자유 진영 국가들의 전략적 요충지로 활용되고 있다. 그리고 대부분의 옛 식민지들과 동등한 관계로 연대하는 영연방을 이루고 있다. 홍콩의 경우 영연방은 아니지만 옛 식민지였던 역사로 인해 지금도 중국에 맞서 홍콩 인권 문제에도 개입하고 있다. 또 식민지보다는 교역지로 발전시킨 도시들의 경우 현재 세계의 주요 경제 중심지로 세계 경제에 매우 큰 영향을 주고 있다.

---

166) 아일랜드를 지칭함

포르투갈 제국

제국주의 국가 가운데 가장 먼저 발전하고 가장 먼저 몰락한 사례이며 유럽 제국주의의 시초이다. 대항해시대를 가장 먼저 열고 가장 처절하게 몰락했다. 기술력이 좋은 것도 아니고 영토도 별로고 내세울 게 없다. 애시 당초 신대륙에서의 이익도 제대로 얻어 먹은 건 스페인이지 포르투갈이 아니며, 인도네시아 같은 경우는 자기보다 훨씬 작은 네덜란드와의 경쟁에서 밀리고 타협하는 와중에도 티모르 섬 반쪽만 남겨 달라고 하는 비굴한 모습도 보여줬으며, 20세기에 인도가 독립한 후에도 옛날에 조차한 고아 지역을 계속 지배하려는 시대착오적인 정책을 고수하다 결국 인도군에게 참패하고, 주둔군 수천 명이 포로가 되는 굴욕을 당했다. 또한 1970년대에 앙골라, 모잠비크, 기니비사우 등 독립하려는 아프리카 국가에 공산주의 제재를 핑계로 군대를 보내서 한바탕 전쟁을 치렀다. 엄밀히 말하면 포르투갈은 산업혁명 이전인 18세기에 몰락해서 일반적인 제국주의 국가라고 보기는 힘들지만 인도양과 브라질을 지배하던 엄연한 식민제국이었다.

스페인 제국

대항해시대의 선두 주자로 재빨리 신대륙을 개척해 막대한 부를 얻었다. 한때 브라질, 가이아나, 수리남, 벨리즈를 제외한 중앙아메리카와 남아메리카의 대부분을 스페인이 차지했다. 다른 서양 제국주의 국가와 비교해서 그나마 온건한 편이기는 했어도, 스페인의 식민지배 역시 가혹했다. 가령 전세계 은 채굴량의 60% 이상이 쏟아져 나와 스페인에게 막대한 부를 가져다 준 볼리비아의 포토시 은광에서는 원주민들이 당시 유행하던 수은 아말감법에 강제로 동원됐다. 따라서 광산 주위 원주민들은 수은 중독과 노동 착취로 죽어갔다. 당시 유럽에 거대한 경제 팽창을 일으킨 신대륙의 막대한 광물들은 원주민들을 대상으로 한 노동 착취의 결과물이었던 것이다. 한편, 스페인은 북아메리카 지역의 멕시코나 미국 서남부 지역(캘리포니아, 텍사스, 뉴멕시코, 플로리다 등)도 식민지로 삼았다. 아프리카의 서사하라 지역과 적도 기니도 스페인의 지배를 받았다. 훗날 식민지들이 하나둘씩 독립해 나갔지만, 오늘날에도 스페인어를 모어로 사용하는 인구는 5억이 넘으며 옛 식민지들은 경제/문화적으로 스페인의 강한 영향을 받고 있다.

프랑스 식민제국

제2차 세계대전 이후에도 남은 몇 안 되는 전통적인 제국주의 국가. 영국과 가장 치열하게 영토 경쟁을 벌였고 지금도 전 세계에 해외 영토가 있으며 서아프리카를 중심으로 과거 식민지였던 국가에 막대한 영향력을 행사한다. 북서 아프리카, 인도차이나 반도, 기아나를 점령하고 청나라에도 여러 조계지를 건설해 착취했다. 많은 식민지 독립운동가들을 프랑스에서 직도입한 기요틴(단두대)으로 참수하기도 했다. 프랑스의 식민정책은 악명이 높아서 과거 프랑스의 식민통치를 겪었던 국가들은 모로코, 튀니지, 알제리 같은 북부 아프리카의 아랍계 국가들이나 베트남 등을 제외하면 아직도 내전, 반란, 독재 등으로 국가가 제대로 기능조차 하지 못하고 있는 국가들이 상당하며 그나마 정상적으로 기능하는 국가들도 선진국과는 거리가 멀다. 피지배국에 대해 가혹했던 것은 물론, 본국 피지배층마저도 세계 최초로 '자유, 평등, 박애'를 외치며 왕정을 뒤엎어 버리고 공화정이 잘 자리잡은 현재까지도 프랑스 정부와 갈등을 겪을 정도로 프랑스 지배층의 피지배층 탄압 문제는 유럽 내에서도 심각했다. 게다가 제2차 세계대전 당시 외세에 의한 점령을 겪으면서도 종전 후 베트남, 알제리 같은 식민지들에서 일어나던 식민지 독립운동을 전쟁을 일으켜 억누르려다 외교적으로 여러 국가들로부터 비난을 받고 군사적으로도 전쟁에서 패배해 본토에서 식민지에 집착하던 프랑스 제4공화국 정권이 붕괴된 이후에야 이들 식민지들의 독립을 인정하고 물러났다. 현재는 태평양의 몇몇 섬들과 프랑스령 기아나를 보유한다.

오스트리아-헝가리 제국

발칸 반도의 최강국으로 군림했다. 안다만니코바르 제도를 점령하거나 의화단을 진압할 때 군대를 파견하는 등 대외진출에 적극적이었다. 그러나 앞서 진출한 식민제국들의 방해로 해외진출에서 크게 성과를 보지 못했고, 주로 유럽 내에서 영토를 넓혔다.

벨기에 제국

벨기에 국왕 레오폴드 2세는 본국 영토의 80배에 달하는 콩고를 국왕 개인의 사유지로 점령했다. 그는 치하의 콩고 '자유'국에서 당시 제국주의 국가들도 강하게 비판할 만큼 잔혹한 통치를 펼쳤을 뿐만 아니라 착취 행위가 국가와 국민의 이익을 위해서라는 명분이라도 있었고 실제로 국익에도 도움이 된 다른 제국주의 국가들과 달리 이익이 들어오는 대로 개인 재산으로 집어넣느라 본국인 벨기에의 발전에 돌아가는 이익도 거의 없었다. 레오폴드 2세가 워낙 콩고에서 많은 문제를 일으켜서 독립한 지금도 콩고는 그 후유증을 겪는다. 결국 레오폴드 2세의 만행이 드러나자 1908년에 콩고는 벨기에에 강제로 반환되어 정부의 공식 식민지인 벨기에령 콩고로 바뀌었다. 한편 1차 세계대전 이후 벨기에는 독일이 지배하던 부룬디와 르완다를 차지했다. 이후 식민통치를 하면서 투치족과 후투족의 민족 갈등을 교묘하게 이용했는데, 이것은 훗날 르완다 내전의 주요한 원인이 된다.

이탈리아 제국

이전에는 오스트리아, 프랑스, 스페인의 세력 다툼이 있던 지역이었다. 통일 이후에는 사보이아 왕가를 주축으로 이탈리아 왕국이 성립되었으며, 아프리카의 소말리아, 리비아, 에리트레아를 식민지로 가진 제국주의 국가였다. 파시스트 정당의 베니토 무솔리니가 집권한 이후 추축국 동맹에 가입한 이탈리아는 에티오피아, 알바니아를 침략해서 점령하였고 이탈리아반도 안의 내륙국인 바티칸과 산마리노를 압박했으며 나치 독일과 함께 북아프리카와 동부전선에서도 교전했다. 1943년 항복한 이후 1947년 모든 식민지의 권리를 포기했다.

네덜란드 제국

예로부터 무역 국가, 해상의 지배자로 유명했고, 타이완 섬, 인도네시아, 스리랑카, 수리남, 미국 뉴욕, 일본 데지마, 케이프타운 등 남아프리카공화국 일부 지역들을 비롯하여 의외로 여러 식민지를 보유했다. 특히 식민지였던 인도네시아의 경우 본국보다 수십 배 거대했다. 영국에 가려져서 잘 알려지지 않아서 그렇지 자체적으로 동인도 회사도 운영하며 동남아와 인도양 일대를 지배한 강대국이었다. 특히 인도네시아는 독립할 때 4년에 걸쳐 전쟁까지 치른 끝에 국제사회의 압력으로 울며 겨자 먹기로 독립을 인정했다. 1975년 마지막 대륙 내 식민지인 수리남이 독립한 이후 남아 있는 아루바, 퀴라소, 신트마르턴은 명목상 네덜란드 왕국을 구성하는 구성국으로서 본국과 동일한 지위를 부여받았다.

덴마크 제국

노르웨이나 아이슬란드, 그린란드 페로 제도 같은 북유럽 일대에 영토를 많이 확보했으나, 타 대륙인 지금의 가나 해안 일부와 카리브 섬 일부, 인도 일부 지역,

안다만니코바르 제도를 지배한 적도 있었다. 특히 자체적인 동인도 회사를 갖추고 있었을 정도로 대외진출에 적극적이었다. 영국이 인도를 점령할 때 상대하기 가장 벅찼던 맞수는 프랑스였지만 의외로 덴마크와도 치열한 경쟁을 벌였다. 그러나 경쟁의 승자는 결국 영국이었고, 덴마크는 인도 일대의 모든 식민지를 영국에게 넘겼다.

러시아 제국

몽골(킵차크 칸국)의 지배를 200년 동안 받았으나, 독자적으로 힘을 키워 몽골을 몰아낸 뒤에는 옛 지배자 몽골에 버금가는 팽창주의를 선보였다. 원래는 모스크바 지역에서 몽골 지배자들에게 조공을 바치던 소규모 공국 중의 하나였으나 이반 뇌제가 다스리던 16세기 말부터 팽창을 시작하여 한때 자신들을 지배했던 몽골 세력 다수를 정복, 흡수하고 북동유럽과 중앙아시아, 이란 일부 지역과 만주, 청나라 북부, 북미 대륙 서해안(지금의 알래스카 일대)까지, 대영제국 다음으로 큰 제국을 건설했다. 프랑스와 나폴레옹 보나파르트 몰락과 함께 러시아가 러시아 제국으로 본격적으로 강력해진 19세기 초반 이후 20세기 초반까지 대영제국의 가장 강력한 견제 대상이었고 그레이트 게임을 벌인다. 부동항 확보를 위해 조선에도 관심을 보인 몇 안 되는 제국주의 국가였으나 영국과 일본에 의해 이러한 관심은 좌절된다. 이후 큰 전쟁을 치르는 와중에 혁명으로 멸망하고 사회주의 정권이 이를 계승한다. 새로 들어선 소비에트 연방은 블라디미르 레닌 시기에는 제국주의를 배격하고 식민지 독립을 지원하는 정책이 펼쳐졌다. 대표적인 것이 식민제국과 군벌의 밀착관계를 배격하던 중국의 쑨원을 도운 것이다. 하지만 이오시프 스탈린의 집권 이후 독소전쟁 등을 겪으며 소련 또한 제국주의 국가로 변질되었다는 비판을 받았다. 이러한 소련-러시아 제국주의는 21세기까지 이어졌다.

나. 미국, 오만, 오스만, 독일, 일본, 쿠를란트-젬갈렌

미국 식민제국

미국 독립의 원인은 여러 가지가 있지만 그 가운데 하나가 미국인들의 팽창욕 때문이었다. 식민지 시절 영국은 전비 부담으로 원주민과 충돌하는 것을 피하기 위해 미시시피 강 서쪽으로 식민지인들이 진출하는 것을 막았는데, 이에 대한 불만이 미국 독립전쟁의 한 원인이었을 정도로 미국은 호전적인 시작을 보였다. 미국은 영국으로부터 독립하자마자 사법체계를 무시하면서까지 개척의 이름으로 아메리카 원주민 공동체들을 침략했는데, 이때 직접적으로 살상하거나 재이주 과정에서 죽은 원주민들은 수십만에 이른다. 이를 합리화했던 말이 바로 명백한 운명이다. 심지어는 옛 주인인 영국 땅에도 눈을 돌려, 영국이 나폴레옹 전쟁으로 유럽에 묶여 있었을 때, 영국의 캐나다까지 공격하려고 깊숙히 몬트리올까지 진출했다가 패배했고, 그 여파로 워싱턴 DC도 점령당하고 백악관이 불타는 수모를 겪었다. 이후 당시의 초강대국 영국이 버티는 캐나다는 포기하고, 그 대신 혁명으로 어수선한 멕시코 땅에 눈을 들여 현재의 텍사스, 뉴멕시코, 유타, 캘리포니아, 콜로라도에 이르는 방대한 영토를 멕시코와의 전쟁으로 빼앗았다. 태평양까지 진출한 미국은 매튜 페리 제독의 흑선내항과 시모노세키 전쟁으로 적극적으로 일본을 식민지화하려 했으나 남북전쟁과 역량 부족으로 인하여 실패했고 이어 스페인으로부터 쿠바나 괌, 필리핀 등을 빼앗았으며 하와이를 무력으로 병합하는 제국주의적인 면모를 보였다. 필리핀에서 학살한 원주민들만 수십만에 달하며, 당시 미국 작가 마크 트웨인이 스페인 제국주의를 비난했다가 자국인 미국도 별반 다를 것 없다며 극렬히 비난했다. 19세기에 미국은 먼로 독트린을 제창해서 유럽국가가 남/북아메리카 문제에 개입하지 말아야 한다고 주장했는데, 이러한 먼로주의 근원에는 미국의 라틴아메리카에 대한 독점적 종주권 야욕이 있었으며 이에 따라 미국은 20세기 후반까지 라틴아메리카에 정치적 개입을 하였다. 2차 세계대전 후에는 일본, 남한, 서독 등을 잠시 통치하는 것을 시작으로 필요한 국가가 있으면 자본주의 쪽으로 무력 없이 회유하는 방법을 썼지만, 파나마 침공과 그레나다 침공 등 무력을 사용한 사례도 있었다. 현재도 주요 전략적 거점에 미군이 주둔하며 정치, 경제, 문화적 영향을 주고 있으나 이것은 제국주의가 맞는지에 이견이 있기 때문에 약간 논외이다. 미국에서 국가 차원의 제국주의는 사라지거나 소프트 파워로 바뀌었지만, 노예무역으로 대표되던 민간 차원의 제국주의는 미국 내 인종 갈등의 불씨가 되어 1865년 노예 해방 선언, 1964년 민권법 통과 등에도 불구하고 현재까지 이어져오고 있고 돌이나 델몬트, 그리고 중앙아메리카의 경제력과 토지를 장악한 유나이티드 프루트 컴퍼니 등의, 플랜테이션이나 위탁 생산으로 대표되는 초국적 기업의 경제적 제국주의 문제 역시 심각하며, 중국과 함께 문화제국주의 문제에 대해서도 논란이 심각한 나라이다. 한편 우주경쟁 시기 나사는 우주의 평화적 이용과 과학

연구에 주력했지만, 미국 공군의 경우 X-20 다이노소어 우주 전폭기나 신의 지팡이 등 타국을 견제하고 영향력을 행사하기 위한 우주 무기들을 기획한 바가 있다.

오만 제국

지금은 석유 수출과 관광업이 주업인 중동의 조용한 나라지만 한때 파키스탄 카라치, 아라비아반도부터 모잠비크까지 인도양을 주름잡고 페르시아, 오스만 제국과 함께 서아시아를 삼등분했던 꽤나 잘 나가는 국가였다. 하지만 식민지에 대한 취급이 가혹하고 악랄한 편이어서 한때 오만 제국의 지배를 받았던 탄자니아와 아랍에미리트, 케냐, 소말리아, 모잠비크 같은 아프리카, 중동 국가들에서는 지금도 오만에 대한 인식이 좋지 않다고 한다. 또한 이들은 포르투갈, 스페인과 함께 노예 무역으로 매우 악명이 높았다. 이들은 이란에 의해 세력이 위축된 이후에는 영국의 보호국이 되면서 제국주의의 가해자에서 피해자로 전락했다.

오스만 제국

오스만 제국의 통치는 정복지의 현지 지배 세력 중 협력하는 자들은 기존의 권리를 인정해 주고 그렇지 않고 저항하는 세력은 무자비하게 탄압하는 식으로 급속도로 팽창할 수 있었다. 제국의 피정복민은 각자의 종교에 따라 '밀레트(공동체)'로 분류하여 서로 다른 법으로 통치했다. 정교회 밀레트는 교회법이, 무슬림 밀레트와 유대인 밀레트는 각자의 율법에 기반한 법으로 운영되었으며, 세금 제도도 각 밀레트마다 다르게 적용되었다. 아르메니아 학살 문제 또한 해당 문서를 보면 알 수 있지만, 극단적인 튀르크 민족주의뿐만 아니라, 지방의 영향력을 거의 갖추지 못한 오스만 제국 중앙정부와 현지 유력가들의 불협화음 또한 문제되었다. 물론 오스만 제국이 근대 제국주의의 성격을 가지고 있는 면이 없지는 않지만 600여 년간 지속된 오스만 제국의 역사에서 이는 반동군주로 평가받는 압뒬하미트 2세의 통치 시기 이후 1차 세계대전 시기까지의 이야기이다. 동유럽국가와 아랍권 국가에서 오스만 제국에 대한 억압자로서의 이미지는 다른 문제로, 민족주의시대 이후 이들이 독립할 무렵, 그리고 신생 독립국가가 형성된 이후 신생국가에 정당성을 부여하기 위해 설정한 이데올로기적 설정이며, 21세기 들어와 오스만 제국의 다문화성, 지방 통치에 대해 재평가가 이루어지고 있다. 그렇지만 피지배국들에 대한 지배도 절대 온건하지만은 않았고, 피지배국 속주 내부에 민족, 종교간 분열을 조장하며 통치하기도 해서 과거 오스만 제국의 지배를 받았던 지역들은 불가리아나 그리스, 요르단처럼 일부 정치적으로 안정된 국가들을 제외하면 대부분은 민족, 종교 분쟁들이 끊이지 않는 화약고들이 많다.

독일 식민제국

독일 제국은 통일시기가 상대적으로 늦어 식민경쟁의 후발주자였다. 당시 아프리카의 나미비아, 탄자니아, 토고, 카메룬과 중국의 칭다오 등을 식민지로 보유했고 영국, 네덜란드와 함께 뉴기니 섬을 분할 점령하는 등 어느 정도 확보했으나, 타 유럽 주요국들에 비해 국가 체급 대비 식민지 수가 부족했다. 당시 아프리카 식민지 지역에서 현지 흑인 토착민들을 상대로 무임금 노동, 유혈진압, 인권 탄압, 학살 등을 가해 국제사회의 비판을 받았다. 1차 세계대전 중에는 중립국이었던 벨기에를 강제 점령하며 이 과정에서 학살을 가했다. 이후 독일혁명으로 제정이 폐지되고, 공화국으로 전환되었다. 베르사유 조약으로 모든 식민지를 상실했다.

일본 제국

보통 일본 제국을 제국주의 열강으로 분류하는 시기는 대략 청일전쟁 전후이다. 청일전쟁 이전에도 메이지 유신 무렵 아이누족이 살고 있는 북부 홋카이도 일대를 완전히 행정적으로 내지화하고 실질적 독립국이던 류큐 왕국(현 오키나와현)을 병합하며 가까운 일본 열도 부근에서는 제국주의 정책을 폈다. 그리고 청일전쟁을 일으켜 본격적으로 열도를 넘어 대륙 차원에서의 확장 정책을 시작했는데 청일전쟁의 결과로 중국의 본토였던 대만을 빼앗고 이후 유럽 열강과 더불어 의화단 운동에도 개입했다. 러일전쟁을 일으켜 러시아로부터 사할린 섬 남부 지역을 차지하고 대한제국을 차지하는 작업에 착수했다. 1차대전 이후 독일령 칭다오와 남양 제도를 점령하고 1931년에는 만주 사변을 일으켜 만주국이라는 괴뢰국을 세운다. 1937년에는 중일전쟁을 일으켜 중국 본토를 대대적으로 침략했고 1941년에는 미국과 영국 등 서구 열강들을 상대로 태평양 전쟁을 일으켜 초기에는 동남아를 점령하고 미국 서부 해안에 산발적인 공격을 가하기까지 하며 선전하는 듯했다. 그러나 연합군의 반격이 이어지고, 총공세 끝에 패전, 모든 점령지를 잃고 본토는 미군에게 점령되었다. 일본국 헌법 제정 후 지금의 일본국이 되었다.

쿠를란트-젬갈렌

현 라트비아 지역에 존재했던 공국. 폴란드-리투아니아의 봉신국이었다. 1651

년, 1654년 두 차례에 걸쳐 각각 아프리카와 아메리카에 있는 섬들을 식민지화하였다. 그러나 공국의 역량적 한계로 식민지를 오래 유지하지는 못했다. 공국은 종주국인 폴란드-리투아니아가 주변 열강에게 분할되어 해체될 때 같이 멸망하였다.

[출처 ☞ https://ko.wikipedia.org/wiki/제국주의]

#5. 극동공화국

극동 공화국(러시아어: Дальневосто́чная Респу́блика, ДВР 달네보스토치나야 레스푸블리카, 데베에르) 또는 치타 공화국은 1920년 4월 6일에 러시아 소비에트 연방 사회주의 공화국의 극동영토에 세워진 명목상의 독립국가이다. 수립은 블라고베셴스크에서 선포되었다. 독립국가를 표방하였지만, 실제로는 극동 공화국 정부가 볼셰비키가 수립한 소비에트 연방의 조종을 받는 형태의 괴뢰국이었다.

이것의 영토는 현재 러시아의 자바이칼 변경주, 아무르주, 유대인 자치주, 하바롭스크 변경주, 프리모르스키 변경주를 포함한다. 러시아 제국의 아무르주, 자바이칼주, 캄차카주, 프리모르스키주, 사할린주에 해당한다. 당시 1920년 10월 수도는 베르흐네우딘스크(현재의 울란우데)였고, 후에는 치타였다. 그리하여 이 나라를 지칭할 때 "치타 공화국"이라는 말도 쓰인다.

1922년 11월 15일 시베리아에 출병하여 러시아 혁명에 개입한 일본군이 철수하자, 극동 공화국은 전러시아 중앙 행정 위원회(부치엔카)의 행정령으로 소비에트 연방으로 합병되었다.

역사

초대 대통령은 알렉산드르 크라스노쇼코프이다. 극동 공화국은 10월 혁명 후 집권한 볼셰비키의 지지를 받아 건국되었다. 그 이유는 소비에트 연방과 일본군의 점령지구 간의 완충지역이 필요했기 때문이었다. 시베리아로 파병된 일본군은 약 7만 명이었고, 이들은 반혁명군 백군을 지원하였다. 일본은 1918년부터 태평양 연안과 블라디보스토크, 그리고 만주의 국경지대를 이미 점령하고 있었다. 그러나 1920년과 1922년 사이에 일본군은 러시아인들의 저항으로 어려움을 겪자 서서히 시베리아에서 철병하고 있었다.

처음에 극동공화국은 베르흐네-우딘스크에 설치되었다. 그러나 1920년 여름, 아무르 지구의 소비에트 정부가 극동공화국에 가맹하였다. 1920년 아타만 그리고리 세메노프는 자신의 본거지인 치타에서 축출되었다. 1920년 블라디보스토크가 마침내 극동공화국에 가입하였다.

1921년, 블라디보스토크와 그 주변에서 하얀 군대가 일본의 지원을 받아 반란을 일으켰고, 프리아무르 임시정부를 세워 이들 지구를 극동공화국에서 탈퇴시키려고 하였다. 그 지도자인 메르쿨로프 형제는 1922년 6월 실각하였고, 콜차크의 부하인 디테리흐스로 대체되었다. 극동공화국 군대는 이들을 격파하고 1922년 10월 25일 블라디보스토크를 점령하여 하얀 군대 세력을 뿌리뽑고 다시 통일을 이루었다.

극동공화국의 재통일은 아주 짧았고, 극동공화국 정부는 소비에트 연방에 합병을 청원해서 1922년 11월 15일 합병되었다.

영역

극동공화국의 서쪽 국경은 바이칼호의 선을 따라 몽골과 중국 국경에 다다랐으며, 현재의 외만주 지역을 점유하였다. 그리고 동쪽 국경은 축치 자치주와 캄차카 반도까지 이른다. 그러나 당시에는 내전 중이었기 때문에 사실상 행정력이 미치지 못하는 경우가 많았다. 부랴트 공화국은 소련과 극동공화국이 서쪽과 동쪽을 각각 분할하고 있었다.

[출처 ☞ https://ko.wikipedia.org/wiki/극동공화국]

#6. 청일전쟁

개요

청일전쟁(한국 한자:淸日戰爭)은 1894년 7월 24일부터 1895년 4월 17일까지 조선에 대한 종주권을 둘러싸고 청나라와 일본 제국이 벌인 전쟁이다. 1894년 7월 25일 일본 제국이 선전포고 없이 풍도에 주둔하고 있던 청나라 해군을 기습 공격하면서 청일전쟁이 발발했고, 이후 전쟁은 내내 일본 제국에 유리한 방향으로 흘러갔다. 1895년 3월 26일 펑후 제도 작전을 끝으로 청일전쟁의 모든 전투는 종료되었고, 청나라와 일본 제국은 시모노세키 조약을 체결해 전쟁을 끝냈다.

청일전쟁에서 청나라의 패배는 1861년부터 청나라가 추진했던 양무운동이 완전히 실패했음을 의미했으며, 일본 제국의 입장에서는 1868년 메이지 유신 이후 지속적으로 추진했던 근대화와 서구화의 결실을 맺었다고 볼 수 있었다. 아울러 이 전쟁으로 인해 청나라는 조선과 류큐 왕국에 대한 종주권을 완전히 잃었으며, 이로 인해 동아시아의 열강이 기존의 청나라에서 일본으로 완전히 바뀌게 되었고 일본 제국의 승리로 서구 열강은 일본을 자신들과 동등한 위치로 여기게 되었다.

청일전쟁은 청나라와 조선의 정치에도 영향을 미쳤다. 청나라 내부에서 캉유웨이와 쑨원 같은 사상가들은 청일전쟁의 패배로 청나라 사회 및 제도의 근본적인 개혁이 필요하다는 것을 깨닫고 개혁의 방향을 바꾸기 시작했다. 조선의 경우 1894년부터 시작되었던 갑오개혁이 1895년 일본 제국의 간섭과 친일파 중심으로 진행되었다.

중국에서는 갑오년에 일어났다고 하여 갑오전쟁, 일본에서는 일청전쟁, 서양에서는 제1차 중일 전쟁(영어: First Sino-Japanese War)이라고도 불린다.

배경
국외적 배경

신흥 제국주의 국가로서, 일본은 그 관심을 조선으로 돌렸다. 일본은 아편

전쟁 이후 청나라의 약체화를 목격하고, 만주를 비롯한 대륙침략의 전진기지로, 또한 러시아의 남하에 대응하기 위해 조선을 병합, 식민지화하려고 하였다. 사이고 다카모리를 중심으로 강경파는 정한론을 주장하였으나, 이토 히로부미를 중심으로 주류의 반대로 좌절되었으며, 조선에 대해 포함외교를 통한 통상 요구로 방향을 전환하였다.

일본은 과거 미국이 자기에게 했던 방식을 모방하여 운요호 사건을 구실로 조선에 통상을 요구하였으며, 1876년 2월 27일(음력 2월 3일) 강화도 조약을 체결하였으며, 조선에 부산, 원산, 인천 3개 항구를 개항시키며 경제침략의 발판을 마련하였다.

서양 열강에서 민중들이 왕조를 타도하는 흐름에 생기는 와중에 일본에서 막부가 타도되고 왕정이 복고되었다. 조선에서도 여러 개혁의 움직임이 일어나자 청나라에 도움을 요청하였다. 1882년 임오군란으로 대원군이 재집권하자, 청나라가 개입하여 대원군을 납치하고 난을 진압한 후 종주권을 구실로 조선의 내정에 간섭하였다. 이후, 조선에서는 대청 관계와 개화 정책의 노선을 둘러싸고, 기성 관료를 중심으로 청나라에 대한 사대를 받아들이고, 양무운동을 모델로 점진적 개혁을 추구하려는 동도서기파와 소장 관료층을 중심으로 청나라에 대한 사대를 거부하고, 메이지 유신을 모델로 급진적 개혁을 추구하려는 변법개화파 간 정치투쟁이 발발하였다.

변법개화파가 일본 공사관과 내통하여 1884년 갑신정변을 일으켜 정권을 잡았으나, 3일 만에 청나라 군사고문 원세개의 개입으로 반란은 진압되었다. 그 과정에서 청나라와 일본 군대 사이에 전투가 발생하였고, 패배한 변법개화파 인사들은 일본으로 망명하였다. 영국의 중재로 청나라와 일본은 사태를 수습하기 위해 이듬해 1885년 톈진 조약을 체결하였다.

조선으로부터 군대를 철수시킨다.

조선의 군대를 훈련하기 위한 훈련교관을 보내지 않는다.

변란 등의 중요 사건으로 어느 한쪽이 파병할 경우 상대방에 통보해야 한다.

조선에서 청일의 충돌

1894년, 갑신정변을 주도한 친일 개혁세력인 김옥균이 홍종우에게 상하이에서 암살당하였다. 일본은 그 유해를 일본으로 가져가려고 했으나, 청나라가 이를 막고 청나라의 전함에 실어 조선으로 보냈고, 조선에서 그를 다시 부관참시하였다. 일본 정부는 이를 직접적인 모욕으로 받아들였다. 이러한 상황은 1894년 동학농민운동의 봉기에 조선 정부가 청나라 정부에 지원병을 요청하였을 때 더욱 심해졌다.

청나라는 톈진 조약에 따라 파병 사실을 일본 정부에 알렸고, 엽지초 휘하 2,800명의 병력을 보냈다. 일본은 일본 내부의 정치적인 문제의 해결을 위해 원정군인 오시마 요시마사 휘하의 병력 8,000명을 조선으로 보냈다. 이들은 조선의 항의에도 1894년 6월 9일 이후 인천에 상륙, 7월 23일 고종 임금이 거하는 경복궁을 점령하였고, 조선군은 대항하였다. 고종이 직접 조선군에게 무기를 버리라는 지시를 내려 해산한다.

〈일청전사 초안〉은 그때 조선군의 발포가 오후 2시에 이르러서도 그치지 않아, 국왕이 사자(使者)를 보내, 조선군의 사격을 저지시키자, 비로소 총성이 완전히 끊어졌다고 기록하고 있다. 흥선대원군을 내세워 군국기무처를 설치하고 조선의 내각을 김홍집, 박정양, 민영달 등의 친일 인사로 교체하여 갑오경장을 실시하였다. 일본은 더 많은 병력을 조선에 파견하였다. 그러나 일본과의 국교가 단절된 청나라는 조선의 새 정부를 인정하지 않았고, 양국 간의 분쟁이 시작되었다.

진행

1894년 7월, 조선 내의 청나라 군대는 약 3,000~3,500명 정도였으며, 아산만을 통해서만 병력을 보충할 수 있었다. 일본의 목표는 우선 아산의 청국군을 봉쇄하고 일본 육군으로 포위하는 것이었다.

풍도 해전

1894년 7월 25일, 아산 근해를 순찰하던 순양함 요시노, 나니와, 아키쓰시마로 구성된 일본 제1유격대가 청나라 순양함 제원(濟遠)과 군함 광을(広乙)과 마주쳤다. 이들은 아산으로 물자를 나르는 또 다른 청나라의 군함 조강호와 만나기 위해 아산을 떠나 있었다. 1시간의 전투 끝에, 광을호는 화약고가 폭발하여 암초에 좌초되고 제원호는 탈출하였다.

청나라에는 런던의 인도차이나 증기 선박회사(Indochina Steam Navigation Company) 소유의 2,134톤급 영국 상선 가오슝호가 있었는데, 이 배는 청나라가 군대를 조선으로 수송하기 위해 대여한 것으로, 골즈워디(T. R. Galsworthy) 선장과 64명의 승무원으로 운영되고 있었다. 이 가오슝호는 1,200명의 군사와 보급품과 장비가 적재되어 있었으며, 조강호와 함께 조선으로 향하고 있었다. 청나라의 고문인 독일의 포병장교 하네켄 소령(Major von Hanneken)도 승선하고 있었고, 7월 25일에 도착할 예정이었다.

도고 헤이하치로 선장이 지휘한 방호순양함 나니와가 두 배를 가로막았다. 군함은 결국 포획되었고, 일본은 가오슝호에 나니와호를 따를 것과 승선한 유럽인들은 나니와로 옮겨탈 것을 요구하였다. 어쨌거나, 승선한 1,200명의 중국인들은 다시 돌아갈 것을 원했고, 영국 선장과 선원들의 생명을 위협하였다. 4시간의 협상 끝에, 도고 선장은 사격할 것을 명하였다. 유럽인들은 바다에 뛰어들었고, 중국인들은 이들을 사격했으며, 일본군은 승무원들을 구조하였다. 가오슝호의 침몰은 일본과 영국 간의 외교적 분쟁을 일으켰으나, 폭동에 대한 국제법으로 처리되었다.

성환과 평양 전투

성환 전투(成歡戰鬪)는 청일 전쟁 초기 풍도 해전과 함께 일본군이 벌인 첫 전투로 1894년 7월 28일에 충남 천안 외곽의 성환읍에 주둔한 청군을 공격하면서 시작, 아산 전투라고도 불린다.

전투 과정

조선에 들어와 서울에 군대를 주둔한 육군 소령 오시마 요시마사는 4,000명의 부대를 남쪽으로 돌려 청나라의 북양군을 추방시킬 계획을 세웠다.

아산에 주둔한 3,500명의 청군은 7월 25일에 풍도 해전에서 지원군을 잃어버렸고 결국 청군은 일본군에 대패해 약 500명의 사상자를 냈다.

결과 및 영향

이 전투에서 전체 병력 가운데 7분의 1을 잃은 청군은 평양으로 후퇴해 일본군과의 일전을 준비했고 8월 1일에 공식적으로 전쟁이 시작되었다.

이후 벌어진 평양 전투에서도 청군이 궤멸되어 한반도 내의 청군 세력을 소멸되게 된다.

1894년 평양 전투

친일 내각으로부터 청나라 군대를 몰아낼 권한을 부여받은 오시마 요시마사는 약 3,500명의 일본군 여단을 이끌고 한양에서 아산만까지 이동하여 아산과 성환(현재 천안시 서북구 성환읍)에 주둔한 4,000명의 청나라 군대와 대치하였다.

1894년 7월 28일, 양측 군대는 아산 외곽에서 다음 날 아침까지 전투를 벌였다. 청나라 군대는 점차로 병력을 잃어 평양으로 후퇴하였다. 청나라 군대의 사상자는 500명에 달하였으나, 일본군 측은 100여명에 불과했다.

8월 1일에는 공식적으로 청나라와 일본 간에 전쟁이 선포되었다.

8월 4일 이전 조선에 남은 청나라의 병력들은 평양으로 철수하였고, 청나라로부터 파견된 병력과 합류하였다. 15,000명의 수비군은 일본군을 저지할 것을 기대하면서 대대적으로 전투에 대비하였다.

9월 15일, 일본군은 여러 경로로 평양에 모여들었다. 일본군은 평양을 습격하여 청나라 군대를 항복시켰다. 어쨌든, 폭우와 어둠을 이용하여 잔존 병력은 평양을 빠져나와 의주로 향했다. 청나라 군대는 사망자 1,000명에 부상자가 4,000명에 달했으며, 일본군은 500명의 사상자가 발생했다.

일본군은 9월 16일 아침, 평양성에 입성하였다. 평양 전투 이후로 일본은 조선의 내정을 간섭하였고, 조선의 물자와 노동력이 일본군에 제공되었다. 이로부터 농민 봉기가 발생하였다.

황해 해전

압록강 전투 또는 황해 해전은 청일 전쟁에서 가장 규모가 큰 해전으로,

1894년 9월 17일 청나라의 북양함대가 일본의 함대와 압록강 하구에서 맞서 싸웠으며, 청나라 측은 화력이 우위에 있었음에도 선원들의 경험과 기동력의 열세로 참가한 10대의 군함 중 5척이 침몰, 3척이 파손되었으며, 850명이 사망하고 500명이 부상하였다.

반면, 일본군은 4척 파손에 사망자 90명, 부상은 200명이었다. 이로써 일본군은 제해권을 확보했으며, 4,500명의 청나라 군대가 압록강 부근에 상륙하였다. 북양함대는 여순항으로 피신하였다.

압록강 전투

평양에서의 격퇴로 청나라 군대는 조선의 북부를 떠나 압록강가의 요새에 방어태세를 갖추었다. 일본군은 병력을 보충한 후 1894년 10월 10일 빠른 속도로 만주로 진격했다. 10월 24일 밤, 일본군은 몰래 압록강을 건너 부교를 띄웠다. 다음날 오후에는 단둥 동쪽 호산의 주둔기지를 공격하였다. 오후 10시 30분, 청나라 군대는 방어 위치를 버리고, 다음날까지 단둥으로 후퇴하였다. 야마가타 장군이 지휘하는 제1군(3,5사단으로 구성)은 단둥을 향해 북쪽으로 진격하여 사망 4명, 부상 14명의 희생만으로 중국 영토에 발판을 마련하게 되었다.

가쓰라 다로의 3사단은 서쪽으로 도주하는 청국군을 쫓아 요동반도의 도시들을 점령하였다. 오오야마 이와오가 이끄는 일본 육군 2사단은 요동반도 남쪽 해안에 상륙하여 도시들을 점령하였고, 여순항은 일본군에 포위되었다.

여순 함락

1894년 11월 21일까지, 일본군은 여순항을 점령하였다. 일본군은 여순에 거주했던 수천 또는 2만 명의 시민들을 학살하였는데, 이를 '여순 대학살'이라 한다. 1894년 12월 10일까지 요동의 건양이 일본군 1사단에 점령되었다.

웨이하이 요새 함락

북양함대는 여순항을 거쳐 웨이하이 요새로 피신하였으나, 일본 육군의 공격을 받게 되었다. 웨이하이 전투는 육군과 해군이 동원되어 1895년 1월 20일부터 2월 12일까지 23일간 진행되었고, 웨이하이 요새는 일본군에 함락되었다. 일본군은 남쪽과 북쪽으로 진격하여, 1895년 3월에는 북경이 바라보이는 곳에 진지를 구축하였다. 3월 5일에는 잉커우 외곽에서 전투가 벌어졌다.

동중국해 점령

1895년 3월 26일, 일본군은 타이완 부근의 펑후 제도를 희생자 없이 점령하였고, 같은 해 3월 29일 가바야마 스케노리 지휘하에 타이완에 상륙, 점령하였다. 이에 따라 동중국해는 사실상 일본의 영역처럼 변하였다.

전쟁 종료 및 영향

청나라의 요청으로 1895년 4월 17일 청나라와 일본 사이에 시모노세키 조약이 체결되었다. 이에 따라 청나라는 조선이 완전한 자주독립국임을 확인하여 조선에서의 일본의 국제적 위치를 확립시켜 주었고, 배상금 2억 냥(兩)을 일본에 지급하였으며, 랴오둥반도·타이완, 펑후 제도 등을 할양하였으며, 통상상의 특권을 부여하였다.

그 결과 청나라는 무력함이 드러나 세계열강에 의한 청나라 분할 경쟁이 더욱 노골화되었고, 일본은 더욱 적극적으로 조선 침략의 야욕을 표시하여 필연적으로 러시아 세력과 충돌을 일으키게 되었다. 그러나 이후 요동 반도는 러시아·프랑스·독일의 3국 간섭으로 반환되었다.

조선 정부는 1895년 1월, 대내로 일본의 압박으로 종전의 청나라 연호를 폐지하고, 왕호를 대군주로, 왕비는 왕후로, 왕세자는 왕태자로 격상하여 호칭한다. 대외로 3국 간섭 이후에 러시아의 힘을 빌려 일본 세력을 몰아내고자 하였다.

일본은 이에 큰 위협을 느꼈고, 1895년 음력 8월 20일(양력 10월 8일)에는 주조선 일본 공사 미우라가 지휘하는 일본군의 2개 대대가 왕후의 침소인 건청궁에 난입하여 왕후를 시해하였다. 그 뒤 대군주에게 왕후의 폐출 조서에 서명을 강요하며 위협하였다. 대군주가 그것을 거부하자 왕태자(순종)에 칼을 대는 만행을 저질렀다. 일본은 조선을 압박하여 을미개혁을 실행하였으나, 민중들의 반발로 무산되었다.

　1896년 2월, 고종이 러시아 공사관으로 이동한 아관파천을 감행하여 조선 내에서 일본의 세력은 감소하였다. 이듬해 고종은 덕수궁으로 환궁하여 대한 제국을 선포하기에 이른다.

　한편, 동아시아에 대한 주도권은 중국으로부터 일본으로 옮겨졌으며, 청나라 조정과 중국 중심의 중화사상에 치명타를 주었다. 이러한 경향이 훗날 신해혁명으로 이어졌다. 이후 일본 제국은 러시아 제국과의 치열한 대립을 펼친다.

　또한, 청일전쟁이 일어나자 일본의 사상가인 후쿠자와 유키치는 출정한 일본군 병사들을 상대로 이대로 곧장 중국으로 쳐들어가 성경과 길림과 흑룡강 3성을 점령하여 일본의 수중에 넣고, 북경까지 진공하여 보물과 고서적 같은 귀한 재보를 약탈하라는 내용을 담은 글을 연일 신문에 발표하기도 했다.

[출처 ☞ https://ko.wikipedia.org/wiki/청일전쟁]

#7. 의화단 운동

의화단 운동(義和團運動)은 청나라 말기 1899년 11월 2일부터 1901년 9월 7일까지 산둥 지방, 화베이 지역에서 의화단(義和團)이 일으킨 외세 배척 운동이다. 의화단의 난이라고도 하며 1900년, 즉 경자년(庚子年)에 일어난 교난이라는 의미로 경자교난이라고 부르기도 한다. 또 의화단을 주먹을 쓰는 비적들이라는 의미의 '권비(拳匪)'나 '단비(團匪)'로 지칭하였는데, 따라서 의화단운동을 '의화단의 난', '권비의 난', '단비의 난' 등으로 지칭하기도 하였다. 산둥 지역에서는 일찍이 의화권(義和拳)이라는 민간 결사가 생겨나 반외세 운동을 벌이고 있었는데 1897년 독일이 산둥성 일대를 점령하자 의화권의 반외세, 반기독교 운동이 격화됐다. 의화권은 다른 민간 자위 조직에 침투해 통합을 이루고는 스스로 의화단이라고 칭했다.

"부청멸양"을 구호로 내건 본격적인 의화단 운동은 독일 로마 가톨릭 교회의 선교활동이 왕성했던 산둥성의 북부 지역에서 1898년 4월부터 일어나기 시작했다. 이 해 여름부터 비가 오지 않는 날이 계속되어 가뭄 피해가 극심해지자 많은 유민이 발생했는데 이들이 대거 의화단에 가입했다. 1899년 12월에 새로 부임한 산둥 순무(巡撫) 위안스카이는 열강의 요구에 따라 의화단을 강력히 탄압했는데 이것이 의화단 세력이 허베이성으로 번지는 계기가 되면서 의화단 운동이 더욱 격렬해졌다. 의화단은 철도, 교회, 전선 등 모든 외래적인 것을 파괴하기 시작했고 기독교도를 학살하기도 했다.

당시 의화단과 그들을 따르는 민중들의 분노는 극심하여 서양 남녀를 벗겨서 남성의 성기를 자르거나 여성의 음부를 짓뭉개는 좌용(銼舂)과 남녀를 벗겨서 불속에 넣어 아주 태우지 않고 익혀서 먹을 정도로 굽는 소마(烧磨), 물속에 넣고 삶아서 익혀 썰어 먹는 포팽(炮烹) 등이 벌어졌으며 그 외에도 사람을 산채로 묻어 죽이고(活埋), 팔과 다리 각을 뜯고(支解), 칼이나 작두로 머리나 허리를 통째로 싹둑 자르는(腰斩) 등의 살해 방식이 이루어졌다.

1900년 1월 서태후가 황제인 광서제를 폐위시키려고 했으나, 열강이 서태후의 의도를 간파하고 공동으로 압력을 가해 그 의도를 좌절시켰다. 이 때문에 청나라 정부의 수구파는 의화단의 배외 운동을 고무해서 열강에 압력을 가하고자 했다. 1900년 6월에 의화단이 베이징에 있는 외국 공관을 포위 공격하자 서태후는 그들을 의민(義民)으로 규정하고 열강에 선전 포고했다. 이에 러시아, 일본, 독일, 영국, 미국, 이탈리아, 오스트리아, 프랑스 8개국이 파병해서 베이징을 비롯해 양쯔강 이북 지역을 대부분 점령했다. 열강은 중국을 분할하지 않는 대신 보존하기로 결정하는 한편 청나라 왕조와의 협상을 거쳐 1901년 9월 7일에 강화 조약인 신축 조약(베이징 의정서)를 체결했다. 그 내용은 청나라가 제국주의 열강에 거액의 배상금을 지급하는 동시에 열강의 중국 내 군대 주둔권을 인정하는 것이었다. 이 사건으로 인해 중국의 반식민지 상태가 더욱 심화되었다.

[출처 ☞ https://ko.wikipedia.org/wiki/의화단운동]

#8. 러시아 혁명

1905년 혁명은 제국의 정치·사회 체제에 대한 불만으로 시작되어 평화시위를 하는 군중들을 군대가 무차별 살상함으로써 절정에 달했다. 엄청난 규모의 파업에 당면하자 황제는 헌법제정과 의회의 창설을 약속했다. 정부가 시베리아 횡단철도와 군대의 통제권을 다시 장악해 혁명이 막을 내렸다.

1917년 3월(구력 2월) 혁명은 차르 체제를 붕괴시키고, 11월(구력 10월) 혁명에서 볼셰비키는 권력 장악에 성공했다. 3월 혁명 후 급진사회주의자들이 지배하는 소비에트 권력이 막강해졌다. 볼셰비키 강령은 도시 노동자들과 사병 사이에서 큰 호응을 얻어 11월 볼셰비키와 좌익 사회주의 혁명당원들은 정부청사와 전략적 요지를 점거함으로써 무혈혁명을 성공시켰다. 볼셰비키를 중심으로 조직된 새 정부에는 레닌이 의장직에 취임했다.

개요
1905년과 1917년에 러시아에서 일어났으며 통상 러시아 혁명이라고 하면 1917년의 혁명을 가리키기도 한다.

〈1905년의 혁명〉

러시아 제국의 정치·사회 체제에 대한 불만은 1905년 이전 몇 년 동안, 특히 굴욕적인 러일전쟁(1904~05) 이후 다양한 사회단체의 시위로 폭발했다.

그들의 항거는 자유주의적 의사개진으로부터 파업에 이르기까지 복잡한 양상을 띠었으며, 학생소요와 테러범들의 암살이 포함되었다. '해방동맹'과 연계되어 있었던 이러한 시도들은 '피의 일요일'(1905.1.22)에 동궁(冬宮) 앞 광장에 집결해 있던 평화로운 시위군중들을 제국 군대가 무차별 살상함으로써 절정에 달했다. 총파업이 수도와 산업 중심지에서 뒤따라 일어났으며, 2월에 니콜라이 황제가 정부의 자문기관으로서 의회의 설립을 약속했지만, 이러한 제안은 파업중인 노동자와 농민, 심지어 젬스트보(지방자치적 농민공동체)의 자유주의자들이나, 4월경에 제헌의회를 소집할 것을 요구하고 있었던 진보적 전문 직업인들조차 만족시키지 못했다.

폭동은 비러시아 지역, 특히 폴란드, 핀란드, 발트해 연안지방, 조지아 등으로 확산되어 갔으며 민족주의적 색채가 가미되었다.

일부 지역에서는 반혁명세력인 '검은 백인단'의 극렬한 반대에 부딪히기도 했는데, 그들은 사회주의자들을 습격하고 유대인들에 대한 학살을 자행했다. 군대 또한 폭동에 가담했으며, 시베리아 횡단철도변에 주둔한 부대들이 반기를 들었다. 6월에는 오데사 항에 정박중이던 전함 '포툠킨호'에서 수병들이 폭동을 일으켰다. 자문의회의 선거절차를 알리는 8월 6일자 정부포고문은 더욱 큰 저항을 불러일으켰고, 9월 1개월 간 가중된 폭동은 10월과 11월 사이에 극도로 악화되었다.

10월 7일에 시작된 철도파업은 대부분의 대도시에서 총파업으로 발전되었다. 파업위원회의 구실을 한 '소비에트'는 이바노보스네센스크에서 최초로 결성되었다. 초기에 총파업을 주도한 것은 상트페테르부르크 소비에트였으나 사회민주주의자들, 특히 멘셰비키가 가담하자 혁명정부의 성격을 띠게 되었다. 소비에트는 모스크바·오데사 등 러시아 내 여러 도시로 급속히 파급되어 갔다.

니콜라이는 엄청난 규모의 파업에 당면하자 마침내 반응을 보였다.

그는 세르게이 율리예비치 비테의 자문을 받아 헌법제정과 의회(두마)의 창설을 약속하는 '10월선언'을 발표했다. 비테는 새로운 각료회의의 의장으로 임명되었다.

그러나 이러한 조치들은 의회 혹은 공화국에 대한 급진 반대파의 요구를 충족시키지 못했다.

혁명지도자들은 타협을 거절했으며 심지어 자유주의자들조차 비테의 내각에 참여하기를 거부했다. 그러나 일부 온건파는 만족스러워했으며, 10월 선언을 승리로 받아들인 많은 노동자들은 작업대로 복귀했다. 이것은 반대파의 제휴를 해체하고 상트페테르부르크 소비에트를 약화시키기에 충분했다.

11월 말 정부는 소비에트 의장이며 멘셰비키인 흐루스탈레프 노사르를 체포하고, 12월 3일에는 소비에트 건물을 점거하고 레프 트로츠키를 비롯한 사회주의 혁명가들을 체포했다.

그러나 모스크바에서는 새로운 총파업이 무르익고 있었다. 거리 곳곳에 바리케이드가 설치되고 무력충돌이 일어났으나 곧 진압되었다. 일부 악법을 철폐함으로써 핀란드는 질서를 회복했지만 폴란드, 발트 해 연안지역, 조지아에는 특별원정부대가 파견되어 무자비한 유혈진압을 감행했다. 1906년초 정부는 시베리아 횡단철도와 군대의 통제권을 다시 장악하게 되었으며 혁명은 사실상 막을 내렸다.

1905년의 봉기는 전제정치를 민주공화정으로 대체하지 못했고, 제헌의회 소집에도 실패했으며, 혁명의 지도자들은 거의 체포되었다.

그러나 제국 정부로 하여금 광범위한 개혁을 시행하지 않을 수 없도록 했는데, 그 가운데 가장 중요한 결실은 헌법의 기능을 수행하도록 제정된 '기본법'(1906) 및 합법적인 정치활동과 정당활동의 발전을 촉진시킨 의회의 창설이었다(두마).

〈1917년의 혁명〉

1917년에 두 차례에 걸쳐 일어난 혁명. 3월(구력 2월) 혁명은 차르 체제를 붕괴시켰고, 11월(구력 10월)의 혁명으로 볼셰비키는 권력장악에 성공했다.

차르와 러시아 국민들 사이의 유대는 1917년에 이르러 완전히 해체되었다. 정부의 부패와 무능은 누구나 명백히 아는 사실이었다. 1905년 혁명의 주요성과의 하나인 의회가 걸핏하면 해산되는 등, 반동정책이 계속되자 온건파들에게까지 불만이 확산되었고 러시아 제국의 지배를 받는 소수민족들도 점차 반항적으로 되어 갔다.

그러나 제국정권에 결정적으로 타격이 된 것은 제1차 세계대전에 참전한 러시아의 전쟁수행능력 부족이었다. 장비의 열세와 지휘관들의 무력함으로 인해 러시아 군대는 참패를 거듭했다. 전쟁은 2가지 면에서 혁명을 불가피하게 만들었는데, 러시아가 더이상 중부 유럽과 서유럽 국가들의 군사적 상대가 아님을 입증해 주었고, 러시아의 국민경제를 대책도 없이 파탄 직전에까지 몰고 갔다.

3월 8일, 수도 페트로그라드에서 식량부족을 견디다 못해 일으킨 시민의 봉기에는 대다수의 수도경비대도 참여했다.

니콜라이 2세는 3월 15일 퇴위를 선언하지 않을 수 없었으며, 300년 이상 지속되어온 로마노프 왕조는 니콜라이의 동생인 미하일 대공이 제위승계를 거절함으로써 종식을 고하게 되었다. 두마 위원회는 제정의 뒤를 이을 임시정부를 결성했지만, '페트로그라드 노동자·병사 대표 소비에트'가 경쟁세력으로 등장했다.

이 소비에트는 페트로그라드 시내와 외곽지역의 공장 및 군부대에서 선출된 2,500명의 대표자들로 구성되어 있었다. 얼마 지나지 않아 소비에트는 유럽 전쟁 참전을 지지한 임시정부 이상의 권력을 행사하게 되었다. 3월 14일, 소비에트는 임시정부의 명령이 아닌 오로지 소비에트의 명령에만 복종할 것을 군대에 지시한 유명한 '명령 제1호'를 공표했다. 임시정부는 그러한 명령을 철회시킬 능력이 없었다.

소비에트는 자신들이 실질적인 러시아의 정부임을 대내외에 선포할 수도 있었지만, 보수파의 쿠데타를 유발시킬지도 모른다는 우려에서 자제했다. 임시정부는 3~10월에 4차례나 개편되었다. 최초의 내각은 사회혁명당(SR) 당원인 알렉산드르 케렌스키를 제외하고는 전적으로 자유주의적인 각료들로 조직되었으며, 후속 내각들은 일종의 연립내각이었다. 이 가운데 어느 내각도 국가의 위기를 초래한 제반 문제들, 즉 농민들의 무단 토지점유, 비(非)러시아 지역에서의 소수민족 독립운동, 전선에서의 사기저하 등에 적절하게 대처할 수 없었다.

그러는 사이에 도시·촌락·군대에서 페트로그라드를 본보기로 삼아 많은 소비에트들이 형성되었다.

그들은 임시정부보다 민중들에 훨씬 더 가까이 있었다. 소비에트들에서는 거의 무조건적인 참전중지를 요구하는 패배주의적인 기운이 무르익어갔는데, 급진사회주의자들이 점차 소비에트 운동을 지배하게 된 것이 그 원인 중의 하나였다. 6월 16일에 소집된 제1차 전(全)러시아 소비에트 대회에서 최다석을 차지한 단일 블록은 사회혁명당이었으며, 그 다음이 멘셰비키와 볼셰비키 순이었다.

7월에 임시정부의 총리가 된 케렌스키는 라브르 게오르기예비치 코르닐로프 총사령관의 쿠데타를 진압했다. 그러나 그는 정치적·경제적·군사적 대혼란에 빠져드는 러시아의 현실 앞에서 속수무책이었으며, 사회혁명당은 좌익의 탈퇴로 인한 심각한 내분사태에 직면했다.

이렇게 임시정부의 권력이 쇠퇴해 가는 동안 소비에트와 소비에트 내부에서 볼셰비키의 영향력은 점점 확대되어 갔다. 9월 무렵에는 볼셰비키와 그들의 제휴세력인 좌파 사회혁명당원들이 사회혁명당과 멘셰비키를 제압하고, 페트로그라드와 모스크바 소비에트에서 다수파로 군림했다.

가을이 되자 '평화·토지·빵'을 약속하는 볼셰비키의 강령은 굶주린 도시 노동자들과, 이미 무더기로 부대를 이탈해 있던 사병들 사이에서 큰 호응을 얻었다.

비록 7월봉기는 실패로 돌아갔지만 혁명의 때가 무르익은 듯이 여겨졌다. 11월 7일 볼셰비키와 좌익 사회주의 혁명당원들은 정부청사와 전신국 및 기타 전략적 요지를 점거함으로써 거의 피 한방울 흘리지 않고 쿠데타를 성공시켰다(→ 색인 : 10월 혁명). 저항운동을 전개하려던 케렌스키의 시도는 물거품이 되고, 그 자신은 국외로 망명했다.

쿠데타와 때를 같이하여 페트로그라드에서 소집된 제2차 전 러시아 소비에트 대회는 볼셰비키를 중심으로 조직된 새 정부인 인민위원회를 승인했으며, 블라디미르 일리치 레닌이 의장직에 취임했다.

유라시아 대륙에 폭넓게 걸쳐 있는 러시아 제국에서 일어난 사회주의 혁명은 세계사에 프랑스 혁명에 못지 않은 거대한 영향을 미쳤다. 러시아 혁명이 세계적으로 확대된 정치적 메카니즘이 된 것은 1919년에 발족된 공산주의 인터내셔널(코민테른)이었다.

인류사상 일찍이 없었던 대규모 전쟁(제1차 세계대전)에 고통을 받고 있던 서구는 러시아 혁명을 성공시킨 공산주의에서 하나의 복음을 발견했다. 서구 각국의 사회주의 정당 내의 좌파들은 우파와의 대립이 격렬하게 되어갔으며 공산당의 결성을 서둘렀다. 러시아 혁명은 1918년에 독일에서도 계속되었으나 이것은 실패로 끝나고 말았다.

한편 구미의 여러 나라들은 러시아 혁명을 위험시했다. 볼셰비키들이 독일과 정전협정을 맺었기 때문에 처음에는 독일을 돕는 세력 정도로 여겼으나, 차츰 공산주의가 자본주의를 파괴할 만한 적이란 사실을 깨닫게 되었다. 소련은 이에 대항하기 위해 사회개혁을 서두르고 노동자를 체제 질서 속으로 편입시키려는 노력을 가속시켰다. 러시아 혁명은 공산주의 운동과 지도층의 개혁의욕이라는 이중의 의미를 갖고 있는데 대전 후의 서구에 혁신적인 파급효과를 미쳤다.

더욱이 제국주의적 세계질서로부터 피압박 민족을 해방시켜야 한다는 이념을 내걸었던 러시아 혁명은 대전 중에 태동된 식민지 해방운동에 확실한 방향을 제시했고, 민족해방운동을 고양시키고 촉진시켰다. 이러한 측면에서 코민테른 제2회 대회에서 채택된 '민족 식민지문제 테제'가 커다란 역할을 했다. 구체적으로는 중국에 미친 영향이 제일 컸으며, 쑨원[孫文]에서 시작하여 마오쩌둥[毛澤東]으로 완성되는 중국혁명의 사상적 기초가 되었다.

이러한 면과 밀접한 관계가 있는 또 다른 영향으로는 러시아 혁명이 종래의 국제 질서를 부정하여 국제정치에 새로운 요소를 가져왔다는 것이다. 러시아 혁명 정부는 러시아 제국이 지고 있던 대규모의 부채를 인수할 수 없다고 선언했다. 대전 후 유럽에 생겨난 베르사유 체제는 소련을 배제했는데, 이것은 베르사유 체제의 압박하에 있던 패전국이며 채무국인 독일이 소련에 접근하는 한 가지 이유가 되었다. 1922년 소련과 독일은 라팔로 조약을 맺었고 급기야 비밀리에 군사적 협력관계에 들어가게 되었다.

아시아와 중동의 여러 나라들도 소련과 새로운 외교관계를 맺게 되었다. 1919년 7월의 카라한 선언은 중국에 대한 소련의 모든 권익을 포기한다고 선언한 것으로서 전 세계 국민에게 강한 인상을 주었다. 소련과의 외교 관계는 영국으로부터 독립을 선언한 아프가니스탄에게 있어서 하나의 현실적 근거가 되었다. 소련의 정책은 때에 따라 국익 우선으로 기우는 적도 있었지만 러시아 혁명을 성공시킨 나라가 건재하고 있다는 사실은 서구 각국으로부터 독립하여 자립의 길을 걸으려는 여러 식민지 약소민족에게 현실적으로 상당한 힘이 되었다.

러시아 혁명의 영향은 정치·외교의 면에만 국한되지 않고 사상·문화의 면에도 폭넓게 미쳤다. 서구세계의 위기를 느끼고 있던 지성인들은 이 혁명으로부터 받은 정신적 충격을 바탕으로 하여 현대 사상과 예술을 새롭게 모색하게 되었다.

[출처 ☞ https://ko.wikipedia.org/wiki/러시아혁명]

#9. 신해혁명

　신해혁명(辛亥革命)은 1911년 청나라를 넘어뜨리고 중화민국을 성립시킨 중국의 민주주의 혁명을 말한다. 이 혁명은 중국 역사에서 처음으로 공화국을 수립한 혁명이기 때문에 공화혁명이라고도 불린다.

　1900년의 의화단 운동 이후 열강의 침략이 한층 강화되는 가운데 청나라 조정은 정치개혁을 꾀하는 이른바 '신정' 운동을 일으켰으나 세금 안 내기, 기독교 배척 등의 대중운동이 전국적으로 번져나가 입헌군주제를 향한 운동으로 발전되었다.

　이러한 정세 아래에서 손문(孫文, 쑨원)은 1905년 중국혁명동맹회(중국동맹회)를 결성하고 삼민주의를 제창하는 한편 혁명파를 지휘, 반청 무장투쟁을 전개했다. 1911년 청조는 철도 국유령을 내려 민영이었던 철도를 담보로 열강으로부터 차관을 얻어 재정난을 타개하고자 했으나, 이에 대한 광범한 반대운동이 일어나 마침내 대규모의 무장투쟁인 사천(四川, 쓰촨) 폭동으로 발전했다. 이를 계기로 10월 10일 혁명파의 공작으로 무창(武昌, 우창)에서 신군이 반란(우창봉기)을 일으킴으로써 신해혁명의 불길이 댕겨져 약 한달 만에 14성(省)이 이에 호응, 궐기했고 12월 말에는 17성(省)으로 확대되어 청조로부터 독립을 선포하였다.

　1912년 1월 난징에서 손문을 임시대총통으로 하는 중화민국 임시정부가 수립되었다. 그러나 혁명세력의 단결과 힘이 굳건하지 못함으로 인해 청조로부터 대권을 부여받은 원세개(袁世凱, 위안스카이)와 타협, 청나라 황제 선통(宣統)제의 퇴위로 청나라를 멸망시키는 데는 성공했으나 대신 손문이 사임하고 원세개가 대총통이 되었다.

　1911년이 신해년(辛亥年)이기 때문에 신해혁명이란 이름이 붙었다. 비록 이 혁명(제1차 혁명)으로 공화정이 세워졌지만 곧 원세개가 대총통이 되면서 이후 제제(帝制)의 야심을 가지고 혁명파를 탄압하는 한편 원세개의 독재정치가 시작되었는데, 1913년 7월 국민당에서 '원세개 타도' 운동을 벌이며 혁명을 호소, 봉기를 일으켰다. 이를 제2차 혁명이라 한다. 그러나, 원세개는 군대를 동원해 이를 진압해버렸다.

　이후 원세개는 1915년 일본의 '21개조 요구'를 수락하는 등 매판성을 드러냄으로써 이러한 원세개의 독재정치에 대해 민중들은 극심한 반발이 일어났는데 이를 '제3차 혁명'(호국전쟁)이라 불린다. 그리고 1916년 원세개 사후 내전과 군벌들의 할거로 혼란이 계속되었다.

무창에서 최초로 봉기가 일어난 10월 10일은 중화민국에서는 중요 국경일인 "쌍십절"(雙十節)로 기념하며, 중화인민공화국에서는 '신해혁명 기념일'로 지킨다. 신해혁명은 20세기 아시아에서 일어난 중요한 정치사적인 사건으로 여겨진다.

[출처 ☞ 흑룡강코리언 | 2014-01-17 | 편집 : 리상화]

#10. 러일전쟁

러일전쟁은 1904년 2월 8일에 발발하여 1905년 가을까지 계속된 전쟁으로 러시아 제국과 일본 제국이 대한제국에서 주도권을 쟁취하려는 무력 충돌이었다. 러일전쟁의 주요 무대는 만주 남부, 특히 요동 반도와 한반도 근해였다.

블라디보스토크는 러시아 제국이 사용할 수 있었던 유일한 부동항으로, 여름에 주로 이용되었으며 여순 항(당시는 포트 아서)은 연중 사용할 수 있었다. 청일전쟁 이후인 1903년 8월에 진행되기 시작한 차르 정부와 일본 간 협상에서 일본은 만주에서 러시아의 주도권을 인정해 주는 대신 한반도에서 일본의 주도권을 요구하였다. 하지만 러시아는 이를 거부하고 한반도를 북위 39도선을 경계로 북쪽은 러시아, 남쪽은 일본으로 하는 분할 통치안을 역제안하였으나 결렬되었다. 일본은 1904년 협상 결렬 후 러시아가 향후 전략적 이익을 위해 전쟁을 선택할 수 있다고 판단하고, 대한제국에 대한 독점적 영향력을 얻기 위해 전쟁을 선택하였다.

배경
러시아는 1890년대에는 중앙아시아의 나라들을 흡수하면서 중앙아시아를 가로질러 아프가니스탄까지 영토를 확장하였다. 러시아 제국은 서쪽으로는 폴란드에서 동쪽으로는 캄차카반도까지 뻗어 있었다. 러시아는 블라디보스토크에 이르는 시베리아 횡단 철도를 놓으면서 이 지역에서의 영향과 존재를 굳건하게 하려 하였다. 갑신정변 이후 러시아는 중국의 중재를 거치지 않고 조선과 독자적으로 수교하기에 이른다. 그러나 부동항을 확보하기 위한 러시아의 남하는 영국과 충돌하였으며, 발칸 반도 및 근동에서는 크림 전쟁으로, 중앙아시아에서는 아프가니스탄 전쟁으로 양국은 충돌하기에 이른다. 극동 방면에서는 조선과 러시아의 수교를 러시아의 남하로 간주한 영국은 조선의 거문도를 2년간 점령하였다.

한편, 일본은 1868년의 메이지 유신 이후, 서양의 사상, 기술적인 진보, 풍습 등을 받아들이려 했다. 19세기 말, 일본은 짧은 시간 내에 고립에서 벗어나 근대화된 산업 국가로서 모습을 드러내었으며, 청일전쟁 승리로 1895년에 청나라와 〈시모노세키 조약〉을 체결하면서 조선에서 청나라 세력을 몰아내고 랴오둥반도와 타이완을 얻어 새로운 강자로 떠올랐다. 그러나, 러시아가 이를 견제해 독일, 프랑스와 함께 일본이 소유하던 랴오둥반도를 청나라에 다시 되돌려줬고(3국 간섭), 이리하여 일본은 러시아와의 대립을 피할 수 없었다.

여순항 양도

1897년 12월, 러시아 제국의 함대가 여순항에 첫 모습을 드러냈다. 3개월 후, 청과 러시아 제국 간에 협정(러청 밀약)을 맺어 러시아 제국은 여순항과 대련만을 조차하여 주변의 물길을 이용할 수 있었다. 러시아 제국으로서는 부동항 확보가 전략상 중요하였고 1년 후에는 이를 확고히 하려고 동청철도를 놓기 시작하였다. 대련과 여순역이 소실되자 러시아 제국은 의화단에게서 철도를 보호한다는 구실로 만주를 점령하였다. 한반도에서는 아관파천 이후 정치적 우위를 확보하였다.

이 시기에, 일본은 대한제국으로부터 경부철도 부설권을 획득하여 한반도의 교통망을 장악하고, 도쿄의정서를 체결하여 러시아로부터 경제적 우위를 확보하였다.

이토 히로부미가 러시아와의 협상을 시작하였다. 그는 일본이 러시아군을 몰아내기엔 너무 약하다고 생각하였고, 러시아의 만주에 대한 권한을 인정하는 대신 일본의 한반도에 대한 권한을 인정할 것을 제안하였다. 이에 대하여 러시아는 만주에 대한 독점권과 한반도의 북위 39도 이북에 대한 중립지역 설정, 한반도의 군사적 이용 불가를 주장하였다. 그동안 일본은 러시아를 견제하던 영국과 영일동맹(1902년)을 맺었는데, 이는 "러시아가 일본과 전쟁을 벌이는 동안 러시아와 동맹을 맺는 나라가 있으면, 영국이 일본의 편으로 참전할 수 있다"라는 내용이었다. 이로부터, 러시아는 독일이나 프랑스의 도움을 얻기 위해서는 영국의 위협을 감수해야 했다.

그 뒤에 러시아 제국과 일본의 교섭이 진행되었으나 일본이 1904년 2월 4일부로 협상 중지를 선언했다. 일본은 2월 초에 마산포와 원산 등지에 일본군을 상륙시키는 등, 전쟁 준비를 진행하고 있었다. 또한 일본은 로스차일드 가문의 미국 대리인인 제이컵 시프로부터 전비의 40퍼센트에 이르는 공식지원과 상당한 비공식 금융지원을 받은 상태였다. 이로 인해 국채시장에서 모두의 예상을 깨고 일본이 승리했을 때, 로스차일드 가문은 상당한 수익금을 챙길 수 있었다.

진행

일본 제국은 1904년 2월 10일 러시아 제국에 선전포고하였지만, 선전포고에 앞서 2월 8일 여순항에 있는 러시아 제국의 극동 함대, 2월 9일에는 제물포항의 전함 두 척을 공격하였다. 일본의 공격 소식에 러시아 제국의 차르였던 니콜라이 2세는 아연실색하였으나 일본 제국이 선전포고하지 않고서 전쟁을 걸어올 수 있으리라고는 생각하지 않았고 장관들도 일본이 전쟁을 선택하지 않으리라고 판단하였다. 러시아 제국은 일본 제국과 전투한 지 8일 후 전쟁을 선포하였다.

대한제국은 이미 1904년 1월 23일 대외로 중립을 선포하였으나, 한성부를 점령한 일본의 강요로 2월 23일 한일의정서를 체결하였고, 5월에는 일본이 대한시설강령을 내세워서 중립을 유지할 수 없었다.

1904년 전투

만주의 남서부 요동반도에 있는 여순항은 러시아 제국의 주요 해군 기지로 요새화되었다. 아시아 본토에서 전쟁을 벌이려면 바다를 손에 넣어야 했으므로, 일본 제국의 첫 군사 목표는 여순항에 있는 러시아 제국의 함대의 축출이었다.

여순항, 제물포 해전

1904년 2월 4일, 러시아 제국의 태평양 함대 수십 척이 여순항을 떠났다는 정보가 일본에 입수되었다.

2월 6일 아침, 도고 헤이하치로는 사세보에서 제물포의 육군 상륙과 여순항의 공격을 목표로 함대를 발진시켰다.

2월 8일 저녁, 도고 헤이하치로가 지휘하는 일본 제국 함대가 여순항의 러시아 제국 군함에 어뢰를 이용하여 기습 공격하여 개전하였다.

공격에 전함 두 척이 대파되었고 이 공격은 다음 날 아침 '여순항 해전'으로 발전했다. 수차례의 결판나지 않은 해상 전투가 이어졌으나 도고 헤이하치로는 항구의 해안 포대에서 보호받는 러시아 제국의 함대를 충분히 공격할 수 없었으며, 러시아 제국의 해군은 1904년 4월 13일 제독 스테판 마카로프가 전사하여 어쩔 수 없이 항구를 떠나야 했다.

이 전투는 일본군 약 3천 명의 제물포 상륙을 은폐해 주었다. 그 병력은 인천에서 이동하여, 2월 9일에 일본제국은 러시아제국이 만주를 병탄할 위험이 있으며, 그 결과 대한제국의 영토보전이 위태롭다는 명분으로 황성(서울)에 군대를 진주시켜 대한제국 황성을 점령한다. 이어서 대한제국의 나머지 부분을 점령하였다. 당시 제물포 앞바다에는 각국 여러 전함이 정박하고 있었고 일본 제국 해군에 항의하였으나 오히려 위협받고 피신하였으며, 2월 9일 오후까지 14대2로 벌어진 일본 제국 해군과 러시아 제국의 해군 간 전투에서 러시아 제국 해군의 정예함인 바략함과 코리에츠함은 자침하거나 자폭하였다.

같은 날 일본 제국은 인천항에 병력 5만을 상륙시켰다.

1904년 2월 12일, 러시아 제국 공사가 철수하자 대한제국과 러시아 제국은 국교가 단절되었다.

압록강 전투

4월 말, 이테이 쿠로키가 지휘하는 일본 제국 육군은 러시아 제국군이 점령한 만주를 향해 압록강을 건널 준비가 되어 있었다. 단기간에 만주를 지배할 발판을 얻으려는 일본의 전략과 달리, 러시아 제국은 당시 이르쿠츠크 부근까지의 미완성인 긴 시베리아 횡단철도로 수송되는 지원 병력을 기다릴 시간 확보에 중점을 두었다. 1904년 5월 1일, 압록강 전투는 러일전쟁의 첫 육상전이 되었고 일본 군대는 저항 없이 강을 건너 러시아 제국의 거점을 공략하였다.

일본 군대는 만주 해안 곳곳에서 상륙하여 일련의 교전으로 러시아 제국군을 여순항으로 축출하였다. 1904년 5월 25일의 남산 전투를 포함한 이런 전투에서 러시아 제국군은 방어에만 전념하여 반격하지 않았다.

여순항 봉쇄와 황해 해전

일본 제국은 러시아 제국의 여순항 사용을 봉쇄하려고 하였다. 2월 13일~14일, 일본군은 시멘트를 채운 증기선 일곱 척을 해협 깊숙이 가라앉혀 여순항을 봉쇄하려 하였으나 배가 너무 깊이 가라앉아 실패하였다. 3월, 부제독 마카로프는 러시아 제국의 제1 태평양 소함대를 맡아 여순항의 봉쇄를 돌파하려 하였다.

1904년 4월 12일, 러시아 제국의 노급전함 두 척과 기함 페트로파블로프스크와 포베다 호가 여순항 밖으로 빠져나갔으나 일본 제국군의 기뢰가 폭발하여 페트로파블롭스크는 곧바로 침몰하고 포베다는 수리하고자 항구로 견인되어야 했다. 가장 유능한 러시아의 전략가였던 마카로프 제독은 페트로파블롭스크에서 전사하였다.

러시아 군대는 일본의 방어성 기뢰 설치 전술을 수용하였다. 1904년 5월 14일, 일본의 전함 두 척, 야시마와 후츠다가 여순항 바깥쪽에 러시아군이 설치한 기뢰에 피해를 보았다. 각각은 적어도 기뢰 두 발씩과 충돌하였다. 야시마는 승조원 450명과 함께 수 분 내에 침몰하였고 후츠다는 수 시간 뒤에 견인되었다.

6월 23일, 러시아 제국의 제독 빌헬름 비트게프트의 지휘하에 소함대가 전투가 시작되었으나 실패하였다. 6월 말, 일본의 포병이 항구를 포격하였고 오랫동안 여순항을 봉쇄하였다.

1904년 8월 10일, 러시아 제국의 함대는 포위를 돌파하여 블라디보스토크로 가려고 재시도하였지만, 공해에 닿기 전에 도고 헤이하치로의 전함으로 구성된 소함대와 마주친다. 러시아 제국에는 '8월 10일의 전투', 흔히 '황해 해전'으로 불리는 이 전투에서 양측은 포격을 주고받는다.

도고 헤이하치로 제독은 러시아 제국의 또 다른 전함이 태평양으로 파견될 것임을 알았지만, 이 전투는 일본이 승리할 결정적인 요소가 있었다. 일본은 두 척의 전함을 러시아 기뢰로 잃어, 한 척만이 남아 있었다. 러시아와 일본의 전함들은 함포를 계속 주고받았으며, 러시아의 기함인 전함 체사레비치가 함교에 직격탄을 맞아 함대 사령관인 빌헬름 비트게프트 제독이 사망하게 된다. 이 때문에 러시아 함대는 다시 여순항으로 향하게 되어, 양측 모두 침몰한 전함이 없었지만, 러시아는 다시 여순항에 머무르게 되었고, 일본 해군은 러시아 함대에 대항할 전함이 여전히 건재했다.

끝내 여순항에 있던 러시아 제국의 여러 전함은 포위한 일본 제국 육군이 한 포격으로 말미암아 침몰하였다. 육지로 포위된 도시를 빠져나가려는 시도도 실패하였다. 8월 말의 요동 전투 후 러시아 제국군은 봉천(현재의 선양)으로 후퇴하였다. 여순항은 주둔군 지휘관이 상부와 의논 없이 일본 제국에 항구를 양도하여 1905년 1월 2일에 결국 함락되었다.

발트 함대의 이동
전투가 벌어지는 동안, 러시아 제국은 제독 지노비 로제스트벤스키 지휘하에 희망봉을 거쳐 아시아로 향하는 발트함대를 보내어 러시아 함대를 지원하려 하였다.

수에즈 운하를 통과할 수 있는 일부 함대는 수에즈 운하를 통과하여 마다가스카르섬의 노스베항에서 합류하였다.

울릉도와 독도

1904년 8월, 일본 정부는 동해에서 러시아 군함을 감시하기 위해 울릉도와 독도에 군사용 망루를 설치하려 하였다. 이에 따라 1905년 1월 28일 일본 내각 회의에서 '다케시마'라는 이름으로 시마네 현 담당으로 지정하였으며, 2월 22일에 독도를 일본 영토로 편입하는 내용의 시마네 현 고시 제40호를 발표하였다. 울릉도에는 1904년 9월, 독도에는 1905년 8월에 망루를 세웠다.

1905년의 전투

여순항이 함락되자 일본 제국 제3군은 북진할 수 있었고, 남방의 러시아 제국이 점령한 선양에 지원군을 파견할 수도 있었다. 매서운 추위가 닥쳐와 1904년의 '사하 전투' 이후로는 육지에서는 전투가 없었다. 양측은 선양 남쪽 전선 110km를 따라 야영하였다.

흑구대와 선양 전투
선양의 러시아군(제55연대)

오스카르 그리펜베르크가 지휘하는 러시아 제2군이 1905년 1월 25일~29일에 흑구대시 부근에서 일본군의 왼쪽 측면을 공격하여, 거의 돌파하였다. 이는 일본군을 놀라게 하였으나, 다른 러시아 부대의 지원 없이 공격은 교착상태에 빠졌고, 그리펜베르그는 총사령관 알렉세이 쿠로팟킨으로부터 중지 명령을 받아 전투는 승패를 가르지 못했다. 일본군은 시베리아 횡단철도를 통해 러시아 지원군이 도착하기 전에 만주의 러시아군을 괴멸시켜야 함을 알고 있었다.

봉천 전투는 1905년 2월 20일에 시작되었다. 이어지는 날에는 일본군이 80km 전선을 따라 선양을 둘러싼 러시아군의 우측과 좌측면을 습격하기 위해 진행하였다. 양측은 참호를 파고 수백 대의 대포에 의해 지원되고 있었다. 며칠간의 격렬한 전투 뒤에, 양 측면에 가해지는 압박은 러시아군의 양쪽 끝의 방어선이 안쪽으로 휘어지게 하였다. 포위될 것을 알아차리고, 러시아군은 퇴각을 시작하여, 수차례의 지연작전을 하였으나, 곧 혼란과 러시아군의 붕괴 속에서 상황은 더욱 나빠졌다. 3월 10일, 전투 후 3주가 지났을 때, 쿠로파트킨 장군은 선양 북쪽으로의 철수를 결정하였다.

　철수하는 러시아 제국의 만주군의 대형은 전투 부대로 분해되었으나 일본군은 이들을 완벽히 괴멸시키지 못했다. 일본군도 희생자가 많아서 추격할 상태가 아니었다. 러시아 제국군이 패배한 선양의 전투는 중요한 전투였으나 결정적이지는 않았고 마지막 승리는 해군에 달려 있었다.

쓰시마 해전
　러시아 '제2 태평양함대'(발트 함대)는 여순항을 구하기 위해 29,000km를 여행하였지만, 뤼순항 함락 소식은 마다가스카르에 있었던 함대 사기를 꺾었다.

　지노비 로제스트벤스키 제독의 유일한 희망은 블라디보스토크에 도착하는 것이었다. 블라디보스토크로 향하는 경로는 3가지가 있었는데, 한국과 일본 사이 대한 해협을 통과하는 길은 가장 가까운 지름길이었으나 일본과 매우 가까워서 위험한 길이었다.

　제독 도고 헤이하치로는 러시아 제국군의 진행을 간파했고 여순항이 함락되어 제2·제3 태평양함대는 극동의 유일한 러시아 제국의 항구인 블라디보스토크로 향하리라는 계획을 알았다. 전투 계획을 세웠고, 여러 군함은 러시아 제국 함대를 격멸하고자 수리되었다.

　일본 연합함대는 최초 전함 6척으로 구성했으나 당시에는 4척이 남아 있었으며, 순양함, 구축함, 어뢰정은 그대로였다. 제2 태평양함대는 보로디노급 신형 전함 네 척을 포함하여 8척의 전함, 순양함, 구축함, 기타 함선까지 총 38척을 보유하고 있었다.

　5월 말, 제2 태평양함대는 블라디보스토크를 향한 여행의 막바지였다. 불행하게도, 러시아 제국군의 병원선이 불빛을 노출하여 일본의 무장한 가장순양함 시나노마루에 발견되었다. 이 사실은 무선으로 도고 사령부에 알려졌고 일본의 연합함대는 곧 출격을 명령받았다.

　여전히 정찰에서 정보를 받으면서 일본군은 러시아 제국 함대 위치를 알 수 있었고 러시아 제국 함대의 "T"를 가로지를 수 있었다.

　일본군은 5월 27일부터 5월 28일에 러시아 제국 군대와 교전하였다. 러시아 제국 함대는 전멸했고 전함 8척과 많은 작은 함정, 5,000명 이상 인원을 잃었고, 일본군은 어뢰정 3척과 116명을 잃었다. 러시아 제국군은 함정 3척만 블라디보스토크로 빠져나갔다. 쓰시마 해전에서 승리에도 전쟁 수행을 위한 일본의 재정 지출이 너무 커 결국 일본 수뇌부는 미국 중재하에 러시아에 강화 협정을 요청하였다.

전쟁 종료
포츠머스 강화조약

1905년 9월 5일, 미국의 주선으로 포츠머스에서 강화조약이 체결되었다. 미국 대통령 시어도어 루스벨트는 이 일로 말미암아 노벨 평화상을 받았다.

사상자

전쟁 사상자 수에 동의는 이루어지지 않는다. 일본 측 사망자는 약 47,000명, 질병 사망자가 포함되면 약 80,000명 정도다. 러시아 제국 측 사망자는 40,000명~70,000명, 전체적으로는 약 130,000명 정도로 추산된다. 일본군은 5월 27일부터 5월 28일에 러시아 제국 군대와 교전하였다. 러시아 제국 함대는 전멸했고 전함 8척과 많은 작은 함정, 5,000명 이상 인원을 잃었고, 일본군은 어뢰정 3척과 116명을 잃었다. 러시아 제국군은 함정 3척만 블라디보스토크로 빠져나갔다. 쓰시마 해전에서 승리에도 전쟁 수행을 위한 일본의 재정 지출이 너무 커 결국 일본 수뇌부는 미국 중재하에 러시아에 강화 협정을 요청하였다.

[출처 ☞ https://ko.wikipedia.org/wiki/러일전쟁]

#11. 인터내셔널(International)167)의 역사

가. 개요

사회주의 단체의 국제적 조직으로, 공식 명칭은 국제노동자협회(International Workingmen's Association)이지만, 일반적으로 첫 단어만 빌려와서 인터내셔널이라고 부르는 경우가 가장 흔하다.

나. 역사

1) 탄생

19세기 중반으로 접어들면서 유럽 전역에는 산업혁명의 물결이 가속화되기 시작했고, 이에 따라 노동자들의 계급의식과 사회주의 이념 역시 점차 발달하기 시작한다. 하지만 노동자들의 계급의식의 성장은 여전히 미약한 상황이어서 기껏해야 같은 직종에 국한되고 있는 판국이었다. 또한 어렵사리 파업과 같은 계급투쟁 운동이 성사된 경우에도, 자본가들은 외국인 노동자들을 동원하여 쉽사리 어려움을 극복하곤 하였다. 이에 따라 보다 효율적인 계급투쟁을 위하여 국제적인 단위의 사회주의 조직을 결성할 필요성을 촉구하는 목소리가 커져갔고, 1863년 1월 발생한 폴란드의 독립 항쟁을 기념하기 위한 명분으로 같은 해 7월 영국 런던에서 유럽의 사회주의자들이 회합을 갖는다. 카를 마르크스에서부터 오언주의자, 프루동주의자, 블랑키주의자에 이르기까지 다양한 분파의 좌파 세력이 모인 이 회합을 통하여 마침내 국제노동자협회가 탄생하게 된다.

2) 제1차 인터내셔널(1864~1876)

1차 인터내셔널에 이론적 기반을 제공한 것은 카를 마르크스와 프리드리

---

167) 공식명칭은 국제노동자협회(International Workingmen's Association)

히 엥겔스였다. 특히 마르크스는 창립선언을 비롯한 주요 문서를 작성했다. 1차 인터내셔널은 1872년까지 6차례 대회를 열었으며, 이를 통해 노동조합 운동을 비롯하여 지금까지도 실행되고 있는 계급투쟁의 기본적인 운영 방안이 정립됐다. 또한 1일 8시간 노동, 보통 선거권 쟁취 운동, 민족자결주의 지지 등의 활동도 병행했다.

마르크스주의에서부터 아나키즘[168], 오언주의[169], 블랑키주의[170] 등 온갖 다양한 세력이 이합집산했던 만큼 1차 인터내셔널은 1864년에서부터 1876년에 이르는 12년의 존속 기간 내내 다양한 분파들간의 치열한 헤게모니 다툼을 겪게 된다. 그중에서도 가장 치열하게 싸움을 벌였던 것은 카를 마르크스가 이끄는 마르크스주의와 미하일 바쿠닌이 이끄는 아나키즘 세력이었다. 아나키스트들은 즉각적인 혁명을 통한 체제 전복을 주장하였던 반면, 마르크스주의자들은 역사적 발전단계에 입각한 점진적인 체제 개혁을 주장하였고, 투쟁에서 궁극적으로 승리한 것은 마르크스주의자들이었다. 바쿠닌을 비롯한 아나키스트 세력은 인터내셔널에서 축출되어서 자신들만의 독자적인 조직을 결성한다.

마침내 마르크스주의자들이 인터내셔널을 장악했지만 이는 오래가지 못했다. 1871년 파리 코뮌의 등장을 목도한 유럽의 각국들은 공산주의 체제의 등장에 대해 진지하게 공포심을 느끼기 시작했고, 인터내셔널을 비롯한 사회주의 운동에 대해 적극적인 탄압을 실시한다. 1876년 필라델피아에서 개최되기로 예정됐던 7차 인터내셔널 대회가 미국 당국의 탄압으로 무산된 것이 가장 단적인 예이다. 또한 마르크스 본인 역시 다른 좌파 세력들과의 오랜

---

168) 개인을 지배하는 모든 정치 조직이나 권력, 사회적 권위를 부정하고 개인의 자유와 평등, 정의, 형제애를 실현하고자 하는 사상이나 운동
169) 영국의 감리교 신자인 로버트 오언(Robert Owen, 1771~1858) 에 의해 창시된 공상적 사회주의 또는 이상적 사회주의 또는 초기 사회주의는 카를 마르크스 이전의 사회주의 사상을 가리키는 표현이다. 즉, 마르크스에 의해 논리를 갖춘 사회주의인 마르크스주의(과학적 사회주의)가 등장하기 이전에 존재하던 원류 사회주의를 일컫는다. 공상적 사회주의의 시초는 영국 노동운동가인 로버트 오언과 잉글랜드의 토머스 모어의 사회주의부터 시작되었다고 볼 수 있다.
170) 블랑키주의(極左冒險主義, Blanquism)는 루이 오귀스트 블랑키가 견지한 사회주의 혁명의 개념으로써 소규모의 비밀결사가 조직적이고 비밀스런 공모로 혁명을 달성해야 한다는 개념을 가리킨다. 혁명을 통한 국가 권력의 장악 이후, 이것은 국가권력을 동원해 사회주의를 실현하는 것을 목표로 한다. 후일에 등장하게 되는 레닌주의 이론은 이 사상과 상당히 유사한 면모를 갖게 되었으며, 공산주의자 행동 강령의 기원이 되었다.

키보드 배틀에 지쳐 인터내셔널 초창기만큼의 열정을 보여주지 못했고, 파리 코뮌에 대한 지원 여부에서 프랑스계 사회주의자들이 자국 방어를 내세우며 반대하자 심해진 인터내셔널 내부 갈등에 의해 결국 1876년 1차 인터내셔널은 해체된다.

3) 제2차 인터내셔널(1889~1916)

프랑스 혁명 100주년을 기념하여 1889년 창설되었다. 1차 인터내셔널을 이끈 카를 마르크스는 이미 6년 전이었던 1883년에 사망했고, 이에 따라 마르크스의 사상적 동지였던 프리드리히 엥겔스가 2차 인터내셔널의 이념적인 기반을 뒷받침해 주었다. 총평의회를 중심으로 하는 중앙집권적인 구조를 가졌던 1차 인터내셔널과 달리, 2차 인터내셔널은 각국의 노조 및 사회주의 정당들의 느슨한 연합체에 가까웠다. 그렇지만 산업화가 서서히 마무리되어가던 당대 유럽의 사회적 배경과 결부되었고, 독일 사회민주당, 오스트리아 사회민주당, 노동자 인터내셔널 프랑스 지부, 영국 노동당을 비롯한 유럽 각지의 사회주의 정당 또한 차차 의석을 확보하여 주류 정치권에 진입했기때문에 2차 인터내셔널은 세계 곳곳에 사회주의 운동을 성장시키는데 성공할 수 있었다.

1차 인터내셔널만큼은 아니었지만 2차 인터내셔널 역시 정치적 노선을 둘러싸고 상당한 내홍을 겪는다. 19세기 후반이 되면서 제국주의 및 독점자본주의 시대가 본격적으로 개막했고, 이러한 상황에 어떻게 대응할지에 대하여 의견이 첨예하게 갈렸기 때문. 그리고 1914년 발발한 제1차 세계대전이 2차 인터내셔널의 숨통을 끊어놓는다. 민족과 계급의 선택길에서 제2인터내셔널을 이끌던 쌍두마차 독일 사민당과 SFIO[171]는 나란히 민족을 선택했고, 1차대전의 발발과 동시에 제2 인터내셔널은 사실상 유명무실해졌다가 1916년 결국 해체된다.

---

171) 노동자 인터내셔널 프랑스 지부 (SFIO: Section française de l'Internationale ouvrière,, 영문, French Section of the Workers' International) : 프랑스의 오늘날 사회당과 공산당의 전신이 되는 정당으로 1905년부터 1969년까지 이어진 정당이다.

다만 '선거 등의 합법적 수단을 중심으로 한 점진주의적, 개혁주의적 사회주의 노선'(흔히 말하는 사민주의, 또는 민주사회주의 노선)이라는 정치적 정체성과 각국의 노조 및 사회주의 정당들의 느슨한 연합체라는 조직 구성상의 특성을 가진 국제조직의 명맥 자체가 1916년에 단절된 것은 아니다. 1916년 해체되었던 제2 인터내셔널의 경우 제3 인터내셔널(코민테른)에 대항하는 의미에서 1920년 재결성되었고, 이후 1921년 제2 인터내셔널에 대해 비판적이지만 제3인터내셔널에도 반대하여 통칭 2.5 인터내셔널이라고 불린 사회당 국제노동연맹(International Working Union of Socialist Parties)이 결성되었다가 1923년 제2 인터내셔널과 합병되는 등, 제2 인터내셔널을 재건하기 위한 시도 자체는 20년대 중반까지 지속적으로 이루어졌던 것이다.

그러나 20년대의 제2 인터내셔널 재건 시도는 결국 실패로 돌아가고, 이후 약 20년간 합법적 개혁주의 노선의 사회주의 인터내셔널 활동은 중단 상태에 이르게 된다. 하지만 47년 국제 사회주의자 회의 위원회(Committee of the International Socialist Conference)의 결성으로 제2 인터내셔널의 재건 시도가 다시 시작되고 결국 51년 사회주의 인터내셔널(Socialist International)의 재건에 이르게 되는 것. 물론 51년의 사회주의 인터내셔널과 1889년의 제2 인터내셔널을 같은 조직으로 볼 수는 없지만 사회주의 인터내셔널 자신이 제2 인터내셔널의 후계조직임을 자처하고 있고 성향 및 노선의 공통점을 생각한다면 계승자 정도로는 인정해 줄 만 하다. 이 계승성을 인정할 경우, 60년대 후반의 전성기에는 서유럽의 부유한 선진국을 중심으로 20개에 육박하는 국가에서 가맹 정당이 정권을 차지했고, 21세기 이후에도 나름 강력한 조직으로 남아 있는 사회주의 인터내셔널을 통해 그나마 역사적 전통과 흔적이 잘 보존된 사례라고 볼 수도 있다.

4) 제3차 인터내셔널(1919~1943)

가) 개요

국가의 완전한 철폐를 위해 무장 군대를 포함하여 가능한 모든 수단을 통해 세계 부르주아 국가의 철폐와 과도기(이행기)적 프롤레타리아 독재 국가인 세계 소비에트 사회주의 공화국을 세우기 위해 투쟁해야 한다.

마르크스주의, 레닌주의 정당의 국제적 조직체다. 제3 인터내셔널[172]로 불리기도 한다. 블라디미르 레닌의 발기로 1919년 3월 2일에 창당했다가 1943년 5월 15일 이오시프 스탈린이 해체했다. 1919년 창당 이후 스탈린이 권력을 완전히 장악할 때까지 약 10여 년 동안 전 세계 공산주의 활동에 있어서 중추적인 역할을 했다. 그러나 스탈린이 집권하고 나서 약화되어 유명무실해졌다.

목적은 각국 공산당들을 강하게 연계하고 그 활동을 통일적으로 지도함으로써, 1국 1당 주의에 따라 각국에 지부를 하나씩은 두었다.

중화민국의 1차 국공합작이나 국내의 신간회 등이 성립할 수 있었던 것에는 이 코민테른의 지시가 있었기 때문이다. 이후 코민테른의 노선 변화에 따라 국공합작도 결렬되고 신간회도 해소된다.

나) 정확한 명칭과 그 의미

코민테른은 약칭이고, 정식 명칭은 공산주의 인터내셔널(Коммунисти́ческий интернациона́л, 콤무니스찌체스키 인쩨르나치오날)이며, 제3 인터내셔널이라고 불리는 경우도 있고, 국제공산당이라고 불리기도 한다. 이와 같은 각각의 명칭은 보통 해당 표현이 사용되는 맥락이나 사용자의 취향에 따라 구별되어 사용되지만 그 표현들이 지칭하는 조직은 결국 같다. 이러한 명칭들이 혼용되는 이유는 각각의 명칭들이 가진 의미가 이 조직의 특성 중 다른 측면을 설명하는데 유의미하기 때문이다. 대략적인 각 명칭의 의미는 다음과 같다.

코민테른의 성립

카를 마르크스와 미하일 바쿠닌 등의 주도하에 설립된 최초의 국제적 좌익 노동운동 연합체인 국제노동자협회(International Workingmen's Association)

---

172) 코민테른은 약칭이고, 정식 명칭은 공산주의 인터내셔널(Коммунистический интернациона́л, 콤무니스찌체스키 인쩨르나치오날)이며, 제3인터내셔널이라고 불리는 경우도 있고, 국제공산당이라고 불리기도 한다.

를 제1 인터내셔널이라고 지칭하고, 1889년 독일의 사회민주당과 카를 카우츠키를 비롯한 유럽 각국의 노동운동 지도자 및 좌익 정당들에 의해 창설된 단체인 '국제사회주의자 회의(International Socialist Congress)'를 제2 인터내셔널이라고 지칭하는데 대하여 코민테른(제3 인터내셔널)은 「공산주의 인터내셔널」이라고도 불리우며 역사상 세 번째로 창설된 사회주의/공산주의 정치세력의 국제적 조직체라는 의미에서 사용되는 이름으로서 1919년 레닌과 소련공산당(이 당시에는 '全 러시아공산당'이라는 명칭을 사용하고 있었지만)의 주도하에 창설되었다.

① 제3인터내셔널

1864년 카를 마르크스와 미하일 바쿠닌 등의 주도하에 설립된 최초의 국제적 좌익 노동운동 연합체인 국제노동자협회(International Workingmen's Association)를 제1 인터내셔널이라고 지칭하고, 1889년 독일의 사회민주당과 카를 카우츠키를 비롯한 유럽 각국의 노동운동 지도자 및 좌익정당들에 의해 창설된 단체(정식 명칭은 국제 사회주의자 회의: International Socialist Congress)를 제2 인터내셔널이라고 지칭하는데 대하여 역사상 세번째로 창설된 사회주의/공산주의 정치세력의 국제적 조직체라는 의미에서 사용되는 이름으로서 '공산주의 인터내셔널'로도 불린다.

② 공산주의 인터내셔널

1876년 해체된 제1 인터내셔널과는 달리, 코민테른이 창설된 1919년 당시에는 제2 인터내셔널이 존재하는 상태였다. 이 때문에 흔히 '사회주의 인터내셔널'이라고 불린 제2 인터내셔널과 구별하는 의미에서 '공산주의 인터내셔널'이라는 명칭 역시 자주 사용된다. 명칭부터 제2 인터내셔널의 공식명칭이 '국제 사회주의자 회의'인데 비해, 제3 인터내셔널의 정식 명칭은 '국제공산주의'이다. 정치적 노선 측면에서 사회민주주의적 특성이 강하게 드러난 제2 인터내셔널에 비해 제3 인터내셔널은 폭력혁명을 지향하는 경향을 강하게 드러냈다.

③ 국제공산당

제1,2 인터내셔널이 각 국가의 노동조합 조직이나 사회주의 정당들간의 연합체나 협의조직 형태로 만들어진 데 비해, 공산주의 인터내셔널은 통일된 조직을 갖춘 정당을 지향하는 형태로 창설되었으며 명목상 각 국가별 공산당들의 상위에 있는 국제적 공산주의 정치조직이었으며, '공산주의 인터내셔널'을 주도하던 소련공산당 조차 명목상으로는 '공산주의 인터내셔널'의 지휘하에 있는 일개 공산당이었다. 다만 코민테른의 활동 전성기였던 소련 건국 초기에 소련은 스스로를 영토 개념에 구애받지 않는 전 세계 노동자의 조국이라고 규정하고 공산주의 국제 혁명을 통하여 해방된 각 국가들이 소비에트 공화국화되어 소비에트 공화국 연합에 합류할 것이라고 주장했다는 점에서 정말 소련 공산당을 코민테른 휘하의 일개 당이라고 간주했는지 상당한 이론의 여지가 있다.

어쨌든 동등한 정치조직들 사이의 협의 조직이었던 제1,2 인터내셔널에 비해 공산주의 인터내셔널은 민주집중제에 의거하여 (소련 이외의) 각 국가의 공산당들을 지도하는 통일된 상위 조직을 지향하고 있었고, 이 점을 강조할 때 흔히 사용되는 명칭이 바로 국제공산당이다. 위에 서술된 1국 1당 주의 같은 경우도 각 국가의 공산당을 일종의 지역당으로 간주하는 논리에 따라 한 국가에서 공산주의 인터내셔널의 입장을 대변하는 정당은 하나만 인정한다는 논리에서 탄생한 것. 현대의 정당 조직에서 한 지역에 복수의 지역당을 두는 경우가 거의 없는 것과 비슷한 맥락으로 이해할 수 있다.

다만 '국제공산당'이라는 명칭을 사용하는 것은 주로 한자 문화권이고(영어 등으로 International communist party 같은 명칭을 쓰는 사례는 없다.), 이 역시 주로 반공주의자들이 공산주의자의 활동을 '소련의 지령에 따라 움직이는 놈들'이라고 깔 때 사용된 경우가 많았다는 점을 참고해 둘 필요가 있다.

다) 역사(코민테른의 발전과 해체)

코민테른은 1919년 레닌과 소련 공산당(이 당시에는 전 러시아 공산당이라는 명칭을 사용하고 있었지만)의 주도하에 창설되었다. 그러나, 이 당시 서유럽의 사회당이나 공산당들은 이미 제2 인터내셔널이라는 국제적 연합 조직을 가지고 있었고, 코민테른은 창설 당시부터 제2 인터내셔널과의 갈등을 겪었으며, 이로 인하여 당시의 국제 사회주의/공산주의 운동은 대분열을 겪게 되었다. 이 갈등 국면에서 사민주의와 온건 노선을 지향하는 제2 인터내셔널에 대하여 코민테른은 혁명적 사회주의와 강경 노선을 주장하였다.

초기의 코민테른은 후발주자라는 불리함을 가지고 있었지만 어쨌든 세계 최초로, 그리고 유일하게 공산주의혁명을 성공시킨 국가인 소련의 막대한 영향력에 힘입어 세력을 크게 확대할 수 있었다. 또한, 제1차 세계대전에서 유럽 각국의 사회당이나 공산당들이 자국의 전쟁수행 노력에 동참함으로써 제2 인터내셔널의 응집력은 크게 약화된 상태였으며 평화주의를 주장하던 국제주의적 좌파의 신뢰도 잃은 상태였다. 이로 인하여 이탈한 지지 세력들을 흡수함으로써 코민테른은 급속하게 세를 불리게 된다.

또한 당시 유럽국가들의 제국주의적 침략에 시달리던 지역, 특히 아시아 지역의 공산주의자 사이에서는 코민테른에 대한 지지가 더욱 확고했다. 이는 서유럽 열강국가의 공산당들이 자국의 식민지정책에 정면으로 반대하기 힘든 데 비해, 일단 캅카스, 중앙아시아 등의 러시아 제국의 기존 지배 지역들을 일단 형식상 연방제로 재편한 소련은 제국주의적 침략에 대한 반대 입장을 명확히 드러내고 있었고, 단순한 합의체인 제2 인터내셔널이 영향력을 외부에 투사하기 어려웠던 데 비해 소련을 중심으로 통일된 행동이 가능한 코민테른은 공산주의자가 참여한 각 식민지 국가의 독립운동을 직접적으로 지원할 수 있었으며, 소련이라는 국가(=돈 나올 구멍)를 지배하고 있었기 때문에 이런 지원에 필요한 비용 역시 마련하기 쉬운 입장이었다.

따라서 1920년대에서 1930년대까지 십여 년이 실질적인 코민테른의 황금 시기이었다. 당시 서유럽 최대의 공산주의 정당이던 프랑스 공산당은 사실상 코민테른 요원인 오이겐 프리트의 통제하에 있었고, 당 서기장인 모리스 토레즈 등 간부진들 역시 소련 공산당에 대한 충성심을 가지고 있는 사람들로 구성되어 있었다. 그리고 비 유럽지역의 경우를 보더라도 식민지로 강점된 국가의 공산주의 계열 독립운동가들이 코민테른의 인정을 받은 1국 1당이 되기 위해 서로 암투를 벌일 정도의 영향력을 가지고 있었다.

한국의 경우에도 국제공산당 자금사건 등의 사례가 있다. 또 이 제2 인터내셔널의 모습을 담은 기록 사진 중에는 태극기가 발견되기도 한다. 즉 한국인 또한 코민테른에 참여했다는 증명이다.

그리고 인권운동이나 인종차별 반대 운동, 각종 사회운동이나 문화적 운동에도 코민테른을 중심으로 한 국제공산주의의 영향력은 막대하게 성장하여 노골적인 공산주의자들 뿐 아니라 진보적인 지식인들이나 예술가들 사이에서도 친소적인 분위기가 크게 신장되었으며 특히 이사도라 덩컨, 랭스턴 휴즈 등의 미국 예술가들이 문화교류 사업의 일환으로 소련을 방문하는 등의 성과를 이루기까지 하였다.

그러나 1928년 제6차 코민테른 대회에서 '기존의 국제연대 노선에서 벗어나 스탈린주의 노선으로 변경'을 채택한 이 시점부터 코민테른은 초심을 잃게 되었다. 그리고 30년대 중반 이후, 스탈린의 공포 정치와 대숙청 등으로 소련 체제의 잔인함이 알려지면서 코민테른의 인기 역시 감소하기 시작하였고, 1939년 독소 불가침조약이 조인되면서 코민테른의 정당성은 치명적인 타격을 입게 된다. 말 그대로 전쟁 반대로 흥한 코민테른은 전쟁 반대를 외치면서 망한 셈이다. 특히 서유럽에서 코민테른의 최대 세력 근거지였던 프랑스 공산당의 경우, 전쟁으로 이익을 얻으려고 하는 소련에 대한 실망과 적국인 독일과 소련이 동맹을 맺었다는 것에 대한 충격으로 그야말로 풍비박산이 났을 정도이다. 더구나 소련이 자기 땅 지키는 데 바빠서 코민테른의 활동을 더 이상 지원하지 못하게 되면서 코민테른의 활동은 유명무실해졌으며, 결국 1943년 해체되었다.

라) 해체 이후

코민포름
코민테른이 1943년 해체됨으로써 국제공산주의 운동을 추진하는 국제기구가 사라지게 되었고, 이는 당시 국제공산주의자들에게 상당한 불만을 안겨주었다. 그리고 제2차 세계대전 종전 이후 마셜플랜을 중심으로 한 미국의 반공, 반소주의 공세가 강화되자 이에 대한 대응책으로서 1947년에 일명 '즈다노프 독트린'으로 창설한 것이 국제공산당 정보국, 즉 코민포름이다.

그러나 국제 혁명의 지도기관이었던 코민테른에 비해 코민포름은 정보 및 경험의 교류와 활동의 조정을 목적으로 하는 조직에 지나지 않았고, 참가 국가 역시 소련, 폴란드 인민공화국, 체코슬로바키아 사회주의 공화국, 헝가리 인민공화국, 루마니아 인민공화국, 불가리아 인민공화국, 유고슬라비아 사회주의 연방 공화국, 프랑스 제4공화국, 이탈리아의 9개국에 지나지 않았던 셈이다. 즉 동유럽 국가, 프랑스, 그리고 이탈리아로 구성된 지역 조직에 지나지 않았던 셈이다. 그나마도 48년에 티토주의 논쟁으로 유고슬라비아가 짤리고 나서는 8개국밖에 안 남았으며, 뭣보다, 비 공산주의 국가에 공산주의혁명을 전파하는 것을 목적으로 하던 코민테른에 비해 이미 공산당이 집권한 국가들+공산당이 제도권 내에서 큰 지분을 가지고 있어서 공산주의혁명의 가능성이 오히려 없는 나라 2개로 이뤄진 조직이라 말 그대로 대형 공산당 간의 협의 조직에 지나지 않는다는 한계를 가지고 있었다. 그나마도 소련의 독주가 두드러지면서 국제공산주의 운동의 발전을 저해한다는 이유로 1956년 해체한다. 회의도 47, 48, 49년에 한 번씩 열린 것 말고는 특별히 안 열렸고, 그냥 기관지를 통한 각국 정세 분석이나 소속 정당의 활동 방침에 대한 보도나 논평밖에는 한 게 없으니 있으나 없으나 했다.

평화와 사회주의 제 문제

이후 소련은 코민포른의 기관지였던 '영구평화를 위하여, 인민민주주의를 위하여'의 편집부를 개편하여 새로운 잡지인 '평화와 사회주의 제 문제'를 창간하고 이 잡지의 편집부를 각 국가의 공산당들 사이의 연락 기구로 삼았다. 당시 프라하에 소재한 이 잡지의 편집부는 각 국가의 공산당들이 파견한 대표들이 모여서 구성되었고, 공산당이 집권한 소련 및 동유럽 국가들뿐만 아니라 중국이나 북한, 쿠바 등에서도 대표를 파견하였으며 일본이나 프랑스, 이탈리아 등 비 집권 공산당도 대표를 파견하고, 심지어 그리스나 칠레 등 자국 내에서는 탄압으로 인하여 공산당의 활동이 불가능한 국가들에서도 해외 망명자들을 중심으로 조직된 공산당에서 대표를 파견하는 등 참여국가의 범위 측면에서는 코민포름보다 훨씬 넓었지만, 이 잡지 자체는 공식적으로 어떤 정치적 권한도 갖지 못한 그냥 잡지일 뿐이었다. 코민포름의 해체 이후 유일하게 남은 범세계적 공산주의 정당의 협의체라는 상징성 때문에 이 잡지 편집부에 파견되는 대표는 이론이나 토론기술 측면에서 능력이 공인된 각 국공산당의 최고위 간부들이었고, 당시 체코 내에서도 대사급 외교관에 준하는 예우를 받기는 했지만 공식적인 정치적 영향력이 없었다. 이나마도 참여 국가의 폭을 확 넓힌 것 때문인지 화기애애하게 유지되지 못했다.

중소분쟁 이후 중국이 화나서 대표를 철수하고, 북한도 중국 따라서 대표를 철수하고, 소련의 영향력 아래 있는 동유럽 위성국가 대표들과 프랑스나 이탈리아, 일본등 부유한 국가의 공산당 대표들은 시도 때도 없이 싸웠으며, 또한 당시 동구권 공산주의 국가들의 폐쇄성 때문에 현실사회주의 국가의 대표들이 자본주의 국가의 공산당에서 온 대표와의 교류를 꺼리기까지 했다. 결국 이 편집부조차 68년 바르샤바 조약기구군의 프라하 진주 당시 사실상 와해됨으로서, 국제공산주의 운동을 추진하는 국제기구는 완전히 사라졌다.

5) 인터내셔널의 후예들

코민테른(제3 인터내셔널)의 창설 이후 50여 년 만에 그 후예라고 볼 수 있을지도 모르는 평화와 사회주의 제 문제의 편집부가 와해되고 다시 30년 가까운 시간이 흐른 1995년, 공산주의 인터내셔널이 재건되기는 했다. 주요 참여 정당은 서유럽 등 자본주의 선진국의 공산당들이고, 초대 의장당은 미국 공산당. 구 현실사회주의 국가 중에서 아직 존속중인 국가들, 즉 중국, 쿠바, 북한, 베트남의 공산당은 불참했다기 보다는 안 받아줬다. 그리고 재건은 했지만 각 공산당들이 대부분 자기 버티기도 급급한 처지라 사실상 활동은 없다.

공산당-노동자당 국제회의라는 기구도 있다. 이쪽은 중국, 쿠바, 북한 등 구 현실사회주의 국가와 네팔 공산당(통합 마르크스-레닌주의), 인도 공산당, 일본 공산당 등 민주주의 국가의 집권공산당이나 서방 선진국의 야당 역시 참여했지만, 의장단조차 딱히 없는 등 코민포름에 더 가까운 모습을 보이고 있다.

반면 제2 인터내셔널의 경우 1차 세계대전 발발 직후 사실상 붕괴되었다가, 1920년 제3 인터내셔널에 대항하여 재결성하고, 또 다시 1921년에는 제2 인터내셔널에 대해 비판적이지만 제3 인터내셔널과도 대립하는 조직인 사회당 국제노동동맹(International Working Union of Socialist Parties, 일명 2½ 인터내셔널)이 결성되었다가 23년에 제2 인터내셔널에 합병되는 난리통을 거친 끝에 20년대 중반 이후 실질적으로 활동이 소강상태에 이르게 되었다. 하지만 결국 20년 후인 47년에 국제 사회주의자 회의 위원회(Committee of the International Socialist Conference)를 결성하고 51년 사회주의 인터내셔널(Socialist International)이라는 명칭으로 제2인터내셔널의 부활을 선언함으로써 부활하게 되었다.

마침 사회주의 인터내셔널의 부활 시기가 공산주의 인터내셔널의 퇴조 시기와 겹친 덕분에, 사회주의 인터내셔널의 역습은 대성공하였으며, 각국의 사회당 및 사회민주주의 정당을 중심으로 운영되고 있다. 이념적으로는 온건한 사회주의, 또는 사회민주주의와 반 관료독재 노선을 지향하며 소련을 중심으로 한 국제적 공산주의 운동에 반대함을 명확히 하고, 민주주의적 원칙을 타협이나 양보가 불가능한 대원칙으로 규정한 것이 중요한 특징. 조직 측면에서는 소속 정당들간의 느슨한 연합체로 운영되며, 한국에서도 1970년대 유일한 제도권 사회주의 정당이었던 통일사회당과 2000년대 이후 잠깐 존속되었던 민주노동당이 여기 소속되어 있었다.

51년 재건 이후에는 반소노선을 내세우면서 계속 성장하여 결국 공산당을 제외한 대부분의 좌파정당을 포용하게 되었으며, 60년대 말의 전성기에는 서유럽의 부유한 국가들을 중심으로 20개에 가까운 국가들에서 소속정당이 민주적인 선거를 통해 정권을 장악함으로써 저력을 과시하기도 하였다. 이후, 세력에 다소의 부침은 있었으나 대체적으로 공산주의 인터내셔널의 후예들보다 큰 영향력을 가지고 있다고 평가받는 경우가 많으며, 특히 90년대 동구권 붕괴 이후에는 비교할 의미도 없을 정도.

그리고 물론 제1 인터내셔널은 재건된 바가 없다. 정확히 말하면 제2, 제3인터내셔널 양쪽이 자신들이야말로 제1 인터내셔널의 정통 계승자라고 주장하고 있는 상황이긴 한데, 이것도 20세기 초반에 두 조직이 건설되던 시기의 얘기고, 제1 인터내셔널이 완전히 역사의 유물이 되어버린 현대에는 의미가 없다.

제4 인터내셔널도 있다. 이건 레프 트로츠키가 소련에서 추방된 후 스탈린이 주도하는 제3 인터내셔널에 대항하기 위해 만든 트로츠키주의자들의 국제조직. 1940년에 트로츠키가 암살당한 뒤 쇠퇴하였으나, 2차 세계대전 후 다시 활동을 시작하기는 했는데, 트로츠키주의 자체가 국제 좌파 내에서 썩 다수는 아니고 그나마 있는 세력조차 제4 인터내셔널과 국제사회주의경향(International Socialist Tendency)으로 나뉘어 있어서 두드러지는 활동 사항은 없다. 어쨌든 없어지지는 않고 있다.

인터내셔널은 제5 인터내셔널까지 있다. 68운동 이후 신좌파가 대두하면서 70년대 무렵부터 새로운 인터내셔널, 다섯 번째 인터내셔널을 창설하자는 주장이 대두된 것이다. 제2, 제3 인터내셔널이야 거대 정당들의 모임이고, 제4인터내셔널은 트로츠키주의자들만 모여있는 곳이니 이에 속할 수 없는 소규모 급진좌파들의 범 정파적 연합체로 새로운 국제조직을 만들자는 이야기만 나왔다. 90년대 후반에서 2000년대 초반에는 꽤 진지하게 논의되기도 했지만 모두 불발로 끝났다. 여기 모인 당파들 자체가 독자적으로는 세력 구성이 힘든 무수한 소규모 당파들의 모임이다 보니 이들을 모두 포용할 수 있는 조직을 만들기도 어렵고, 통일된 행보를 취하는 것도 거의 불가능하다. 진보는 분열로 망하니까 일단 협력하자는 것도 협력을 통해 나름의 지분을 나눠 가질 수 있는 세력은 돼야 가능하고, 자신들의 주장과 이념, 이상을 가지고 있다는 게 유일한 존재 가치인 당파들이 그 존재 가치까지 포기하면서 협력을 하는 게 힘들다. 더구나 큰 당파가 작은 당파들을 업고 가는 형태도 아니고, 이런 작은 당파들만 잔뜩 모여있는 상황에서는 어째 의견 차이를 해결하고 조직을 만들려고 해 봤자 조직을 만들고 유지하는데 필요한 비용도 마련하기 힘든 것이 현실이다.

#12. 중국공산당과 코민테른

1. 중국공산당

주요 연표

1920년 8월: 중화민국 상하이에서 코민테른 지도로 중국공산당 창당

1920년 10월: 중화민국 베이징에 공산당 조직 설립

1920년 10~11월: 중화민국 후난성에 공산당 조직 설립

1921년 7월 1일: 제1차 공산당 당대회 개최

1922년 7월: 레닌의 코민테른(공산주의 제3 인터내셔널) 정식가입

1924년~1927년: 제1차 국공 합작

1927년: 국공 합작 결렬, 국공 내전,

1931년: 중화소비에트공화국 설립

1934년: 2만5천리 대장정

1937년~1945년 : 제2차 국공 합작으로 중일 전쟁에 중화민국 국군과 참전

1946년: 제2차 국공 내전 시작

1948년 12월: 베이징 함락

1949년 3월: 난징 함락

중국공산당은 2014년 기준으로 86,700,000명의 당원을 거느릴 정도로 매우 거대한 규모의 정당이다. 중국은 대학생이 공산당 당원이 되는 경우가 많은데, 실제 사례로 베이징 대학 대학생들은 1991년에는 5%, 2009년에는 10%가 공산당 당원으로 입당하였다. 대학생이 공산당 당원으로 입당하는 이유는 공산주의자일 뿐 아니라, 공산당 당원이 됨으로써 좋은 일자리를 구할 수 있기 때문이다. 중공이 국가의 정치와 사회를 통제하는 독재적인 구조와

이데올로기를 지닌 이 정당은 중화인민공화국의 정권을 계속 잡고 있다. 덩샤오핑 의 개혁개방 정책과 현대화 이후 상대적으로 자본주의화가 진행되고 있는 현재 상황, 특히 경제적인 영역에서 중국공산당 이외의 인물과 조직의 공식적인 영향력이 증가하고 있다. 이러한 현상은 최근에 급속하게 발전하고 있는 해안 지역에서 더욱 두드러진다. 그럼에도 불구하고 중국 공산당 및 그 산하 위원회가 모든 중요한 정부 기구들을 장악하고 있고 이들에 대해 정치적인 지침을 내리고 있으므로 비당원들이 중국공산당의 규율에 도전하는 자치기구를 만들지는 못한다. 정부 조직은 물론 경제, 사회, 문화 전반에 걸쳐 중국공산당의 통제력은 굉장히 강력하며 노동조합도 중국공산당에 속해 있다.

2. 코민테른과의 연계

코민테른은 1920년에 중국공산당이 창당되었다고 해도 그 힘으로는 중국 혁명을 이끌어 낼 수 없다고 보았다. 따라서, 중국 안에서 협조자를 물색하였는데, 오패부와 같은 군벌도 고려되었지만 그동안 혁명을 이끌어 온 쑨원을 지목해 관심을 가졌다. 때문에 보이틴스키는 상하이에 와서 쑨원을 만났고, 쑨원도 소련의 혁명 사정에 대하여 관심을 표명하였다. 1921년 7월, 레닌의 비서인 마링도 중국에 도착하자마자 쑨원과 만나 중국 국민당 개조를 촉구하고, 군사학교를 세워 혁명을 위한 무력을 키워야 한다고 건의하였다. 이때 쑨원은 소련이 실시하고 있는 신경제정책(NEP)과 자신의 실업 계획이 별 차이가 없음을 밝히고, 처음에는 중국공산당이나 코민테른과의 합작을 거부하였다. 그 이유는 당시 쑨원은 북벌을 준비하고 있어 양쯔강을 건너지 않으면 안되었는데, 이 지역은 영국의 세력권이어서 그 방해를 받을까 우려되었고, 당시 '반(反)직예파 삼각동맹'의 안휘파나 봉천파는 모두 일본과 가까운 관계여서 소련과의 합작은 곤란하였으며, 또한 중국공산당의 힘이 당시로서는 너무 미약하였기 때문이었다. 그러나 쑨원은 중국공산당이 창당되면서 이들의 주도 아래 노동운동이 확산되고 노동자의 요구가 관철되는 모습을 목격하며, 만일 중국공산당 당원이 개인적으로 가입을 원한다면 받아들일 생각을 가지고 있었다. 이를 감지한 코민테른은 중국공산당과 중국 국민당과의 관계를 조절할 필요가 있다고 결의하고, 소련은 외교가인 요페(Adolf Abramovich Joffe)를 파견하여 북양 정부와 새로운 관계를 맺는다고 하면서 베이징으로 왔다가 다시 병을 치료한다는 명분으로 남쪽으로 내려와 쑨원을 만나 중국 국민당의 개조문제, 코민테른의 중국혁명 원조 문제 등을 협의하여 1923년 1월 16일 이른바 '쑨원-요페 공동선언'을 발표하였다. 이 선언으로 쑨원은 '연소용공' 정책의 기본이 되었으며, 이른바 '제1차 국공합작'의 기초가 되었다. 이를 계기로 쑨원과 소련과의 관계가 급속도로 진행되어 1923년 1월 1일에 쑨원은 '중국 국민당 개조 선언'을 발표하여 당의 개조 작업에 들어갔다. 따라서, 공산당 당원들이 개인 자격으로 중국 국민당에 입당하게 되었으며, 또 프랑스에 유학 중인 학생들로 조직된 중국 공산주의 청년단의 단원은 단체로 중국 국민당 프랑스 지부에 입당하였다. 그리고 소련의 초청으로 8월 16일에 장제스를 단장으로 '쑨원(일선) 박사 대표단'을 모스크바로 파견하여 소비에트 제도와 군사 조직을 살펴보도록 하였다. 이들은 약 4개월 동안 소련의 각 도시를 돌면서 소비에트 조직과 군사학교 등을 시찰하고 12월 15일에 귀국하였다.

소련 정부도 쑨원에게 재정 원조와 고문단을 보내기로 결정하여 정치 고문 미하일 보로딘과 군사전문가를 중국에 파견하였다.

[출처 ☞ https://ko.wikipedia.org/wiki/중국공산당]

#13. 국공합작

가. 1차 국공합작(1924~1927)

제1차 국공합작(第1次國共合作)은 중국국민당과 중국공산당 사이의 첫 번째 합작이다. 코민테른은 〈민족 및 식민지문제에 관한 결의〉(1920)에 따라 소수 지식인집단에 지나지 않은 중국공산당에게 중국 국민당에 들어가 조직 기반을 확대하도록 지시하였다. 중국공산당은 중국 국민당과의 대등한 당외합작을 원했지만 손문의 거부로 중국 국민당에 중국 공산당이 입당하는 당내합작을 수용하였다. 이러한 지령에 따라 중국 공산당의 진독수가 중국공산당 제3차 전국대표대회에서 낸 제안에 따라 전체 공산당원이 개인 자격으로 중국 국민당에 가입하여 혁명 통일 전선을 구축하기로 결의한 결과에 따라 이루어졌다.

개요

1923년 8월, 중국공산당의 원조 아래 국민당은 장제스, 이장달, 장태뢰 등으로 구성된 대표단을 소련에 파견하여 소련 공산당과 소련 붉은 군대의 조직을 관찰하게 하였다. 대표단은 육군·해군학교를 참관하고 소련 공산당 지도자와 코민테른 책임자를 만난 후 12월 중순에 귀국하였다.

1923년 9월, 소련 정부는 미하일 보로딘을 광저우 주재 상설대표로 위임하여 파견하였다. 곧이어 보로딘은 상하이에서 진독수와 중국공산당 지도자를 회견하였다. 또한 광저우에서 중국 공산당·사회주의청년단·광저우 중앙집행위원과 회의를 열어 국민당의 개조방법을 토론하고, 쑨원에게 국민당 개조회의를 소집할 것을 건의하였다.

1923년 10월 25일, 쑨원은 광저우에서 중국국민당 개조 특별회의를 열고 국민당 개조의 필요성 과 개조 계획을 토론하여, 국민당 개조선언과 국민당 강령과 규약을 기초하였다. 회의에서 쑨원은 랴오중카이, 담평산 등 9명을 임시중앙집행위원으로, 왕징웨이, 리다자오 등 5명을 임시중앙집행위원 후보로 파견하여 국민당 임시중앙집행위원회를 조직하고, 보로딘을 고문으로 초빙하여 국민당 개조작업에 착수하였다. 1924년 1월에 국민당 제1차 전국대표 대회 (1대)를 개최할 것을 결정하였다.

11월, 국민당은 ≪중국 국민당 개조선언≫을 발표하여 국민당 개조의 필요성과 개조의 기본적인 요구사항을 설명하였는데, 여기에서도 쑨원의 국민당 개조의 결심과 용기를 논하였다. 국민당 1대 폐막 후 쑨원의 주관 아래 1월 31일, 국민당 중앙집행위원·감찰위원 제1차 전체 회의가 열려, 랴오중카이, 다이지타오, 담평산 3명을 상무위원으로 추천하고 각 부의 부장 인선을 확정하였으며, 중앙위원을 상하이, 베이징 등의 특별구에 각각 보내 집행부를 조직할 것을 결정하였다. 회의 후 각 성시의 국민당 당부에서도 개조가 진행되었다. 대다수의 공산 당원과 사회주의청년단원은 국민당에 가입하여, 국민당의 조직발전과 노동자·농민·혁명 지 식인의 국민당 입당을 원조하였다. 개조를 거친 후의 국민당은 부르주아 성격의 정당에서 노동자·농민·쁘띠부르주아와 민족 부르주아의 민주혁명연맹으로 전환하기 시작하였다. 이것은 혁명 통일 전선이 정식으로 구축된 것을 알리는 것이었으며, 이를 통해 제1차 국공합작이 이루어졌다.

결렬

1925년 쑨원이 사망하고, 1926년에 중산함 사건으로 장제스가 공산당원을 구속하는 등의 알력이 있었지만, 그 후 국민혁명군 총사령관이 되고 실권을 잡은 장제스는 동년 북벌을 시작하였다. 1927년에 난징에 국민정부가 성립되고, 1927년 4월의 상하이 쿠데타에 의해서 국공 합작은 사실상 붕괴되었다.

1927년 7월 13일, 중국공산당은 대시국 선언을 발표해 제1차 국공 합작의 종료를 선언하고, 또다시 국공 내전에 돌입했다.

나. 2차 국공합작(1937~1946)

국민당은 1927년 제1차 국공합작이 결렬된 이후 수차례에 걸쳐 공산당이 지배하는 소비에트 지역을 포위·공격했다. 제5차 토벌전 공격으로 타격을 입은 홍군은 서남부에서 중국 북서부로 근거지를 옮기는 장정을 단행하고 산시 북부지역으로 옮겨 새로운 근거지를 마련하였다. 이에 장제스의 국민당 정부군은 대대적인 제6차 공산당 토벌전을 준비했다. 한편 일본군의 허베이 지방으로 침략이 노골화되자 중국에는 항일여론이 들끓고 공산당은 장정 도중에, 코민테른의 반(反)파시즘을 위한 인민전선 채택에 부응하여 거국적인 항일을 호소하는 8·1선언을 발표하고 국민당에 내전 중지와 항일을 위한 제휴를 제안했다. 이 제안은 장제스로부터 즉각 거부되었으나 동북군사령관 장쉐량이 시안사건을 일으켰고 이를 계기로 내전이 정지되었고, 양측은 공동 항일투쟁을 위한 협상에 들어갔다.

    1937년 7월 7일 노구교 사건으로 중일전쟁이 본격적으로 발발하자 국공합작이 성립되었다.

    내용: 2차 합작으로 국민당 정부는 이제까지 불법화했던 공산당을 합법화했다. 공산당의 합법적인 지위를 인정하고 정치범을 석방하였으며 1938년 일종의 민주의회인 국민참정회를 설치하여 국민당 1당 독재에서 벗어나 공산당을 비롯한 다른 당파, 각계인사들을 참여시켰다. 반면 공산당은 토지개혁의 중지, 소비에트 정부 해체, 국민당 정부의 통치를 받는 지방정부로의 편입(사실상 자치) 등을 골자로 하는 국민당의 제안을 받아들였다. 그리고 공산군인 홍군은 국민혁명군 제8로군(八路軍)과 국민혁명군 신편제4군(新四軍)으로 재편성되었다. 팔로군과 신사군은 국민혁명군 소속이긴 하지만 독자적으로 작전권과 지휘권을 가졌고 장제스의 지시를 받지 않았다. 대일 항전초기에 장제스의 국민혁명군이 일본군의 기계화 병력에 패배하고 후퇴를 거듭했다. 그러나 팔로군과 신사군 등 특유의 유격 전술로 일본군 후방에서 활약하면서 주력 부대를 고스란히 살릴 수 있었고 그 세력을 넓혀갔다. 공산당의 세력이 점차 강해지자 위기를 느낀 장제스는 1938년 10월 우한 함락을 계기로 공산당에 비협조적으로 나왔고 은근하게 때로는 노골적으로 공산당을 탄압하기 시작했다. 1940년 12월 장제스는 신사군을 안후이성과 장쑤성에서 소개하라는 명령을 내렸고 이에 신사군 장교들이 반발하자 국민혁명군을 동원하여 포위 공격한 신사군 사건이 발생하였다. 이로써 양측의 긴장관계는 점차 악화되었고 서로를 믿지 않게 되었다.

    1945년 8월 15일 일본의 패망으로 종전되자 국민당과 공산당은 일본의 점령지에 대한 배분을 둘러싸고 국공 내전이 재개하면서 팔로군은 더욱 큰 힘을 발휘하게 된다. 만주의 할힌골 전투(러시아어: Бои на Халхин-Голе)에서 승리한 소련군은 관동군의 장비를 접수하였고 이것을 그대로 팔로군에게 주었다. 또 일본군의 군인이나 민간인을 팔로군에 가세하는 것으로 군사기술이나 전문 기술을 얻을 수 있었다. 공군이 없었던 팔로군은 일본군의 항공 부대의 장교를 회유하여 항공대원을 양성하였고, 포병 전술, 전략 측이 미비하여 기본적으로 체계화된 일본군의 포병 전략을 베이스로 삼았다. 또한 팔로군 내 조선인이 간호, 의사들 그리고 좌익 아나키스트 계열의 항일군이었던 조선의용대를 필두로 국공 내전의 여러 전투에서 승리했다. 승리하고도 팔로군은 긴 세월에 걸쳐 징용을 계속했고 팔로군은 국민당군과의 싸움에서 최종 승리하여 1949년 10월의 중화인민공화국 건국에 큰 역할을 완수했다.

[출처 ☞ https://ko.wikipedia.org/wiki/국공합작]

#14. 동청철도 부설권, 남만주철도 부설권

    1차 세계대전에 협상국173)에 가담한 대가로 미국, 영국, 일본 등은 극동에 진출하였으며 러시아 제국은 치타를 출발해 만주 북부를 횡단, 블라디보스토크에 이르는 철도 노선을 계획하였다. 그리고 러시아는 청일전쟁에서 이긴 일본이 요동반도를 영유하는 것을 막은 대가로 청나라와 협상해 동청철도 부설권을 얻는다. 1898년 3월 러시아는 여순과 대련 일대를 조차(租借)하고 하얼빈에서 대련에 이르는 남만주철도의 부설권도 얻었다. 하지만 1905년 러일전쟁174)에서 러시아가 지고, 그에 따라 맺어진 포츠머스 조약에 의해 장춘 이남의 남만주철도는 일본의 소유가 되었다. 1918년 러시아 제국이 멸망하자, 소비에트 연방(소련)이 동청철도의 이권을 계승했다. 1924년 5월 중화민국과 소련 양국은 국교를 맺기 위해 수교 협정을 체결하였다. 이 수교 협정에서 동청철도의 소련 소유가 인정되었다. 하지만 이 협정에 불만을 가진 장작림 군벌 정권은 중화민국 정부와 별도로 1924년 9월 소련과 협정을 체결하였다. 1929년 장학량은 소련의 협정 위반을 이유로 동청철도 이권 회수를 시도했으나 소련군의 방해에 의해 실패하게 되었다. 1931년 만주사변이 발발하고, 1932년 일본에 의해 괴뢰국인 만주국이 성립하자 소련은 일본과의 무력 충돌을 피하기 위해 동청철도에 관한 권리를 만주국 정부에게 팔았다. 동청철도를 판 소련은 1935년 3월 만주에서 철수하였다. 동청철도가 만주국의 국유 철도가 되자, 일본은 중국 대륙 침공을 원활히 하기 위해 광궤였던 궤도를 표준궤로 바꾸었다. 1945년 8월 소련은 일본에게 선전포고를 하는 동시에 만주에 침공하면서 동청철도 및 남만주철도를 차지하였다. 그리고 이 두 철도를 합해

---

173) 극동의 협상국 진출: 협상국들은 1차대전에서 함께 연합해서 싸우다가 독일하고 화해해서 전선을 이탈한 소련을 러시아 제국과 동일 주체로 보았기에 러시아의 배신을 응징한다는 명목으로 백군을 지원했다. 미국과 영국이 해군을 파견하거나 일본 제국이 데라우치 마사타케 총리에 의해 7만 명을 동원하여 시베리아를 공격하는 등 대규모의 병력을 투입하여 러시아 동부 해안의 주요 항구들을 점령하고 이르쿠츠크 지역까지 진출했으나 기나긴 전쟁을 이미 치른 터에 새로운 전쟁을 하기엔 어려운 처지였던데다 간섭군 내부에서도 불협화음이 터져 나왔다. 미국의 경우 일본이 러일전쟁을 정산할 요량으로 원래 주둔해야 할 블라디보스토크를 벗어나 북진하자 크게 반발, 무력 충돌 직전까지 갔다. 여하간 1920년, 러시아국 해체를 계기로 백군의 조직적 저항은 완전히 분쇄되었고, 이에 명분을 잃은 간섭군은 동시베리아의 일본을 제외하고는 모조리 철수하고 만다.
174) 러일 전쟁은 1904년 2월 8일에 발발하여 1905년 가을까지 계속된 전쟁

명칭을 장춘철도라고 개칭하였다. 1945년 8월 소련은 중화민국 국민정부의 장제스와 동맹조약을 맺어 장춘철도를 소련과 중국이 30여 년간 공동으로 사용하는 것을 합의하였다. 그러나 1949년 중국 공산당이 중화인민공화국을 성립하고 장제스의 중화민국 정부가 타이완으로 이전하자, 소련과 중공은 1949년 동맹 조약을 개정해 장춘 철도의 소유권을 중화인민공화국이 갖는다는 것을 합의함으로써 장춘철도의 모든 권리는 중화인민공화국으로 넘어갔다. 중화인민공화국 성립 후 만저우리~하얼빈 구간은 빈저우 철로로, 하얼빈~쑤이펀허 구간은 빈쑤이 철로로, 하얼빈~다롄 구간은 하다 철로로 분할되었다.

[출처 ☞ https://ko.wikipedia.org/wiki/동청철도]

#15. 크림 전쟁

1. 개요

1853년 10월 4일부터 1856년 3월 30일까지 러시아 제국과 오스만 제국, 그레이트브리튼 아일랜드 연합왕국, 프랑스 제국, 사르데냐-피에몬테 왕국 간에 벌어진 전쟁이다.

전쟁 이름은 전쟁 중후반기 이후의 주전장인 크림반도에서 따온 것인데 실제로는 크림반도에서만 싸웠던 것은 아니다. 1877년~1878년의 제12차 러시아-튀르크 전쟁이 또 있기 때문에 제1차 동방전쟁이라고도 부른다.

2. 배경

근본적인 배경은 러시아의 지중해 출구 확보 문제였다. 러시아는 1771년 흑해를 지배하고 있던 오스만 제국과의 전쟁에서 승리한 이래로 크림반도를 거점 삼아 흑해에서 세력 확대에 나섰다(남하정책). 16세기 이래 흑해는 크림 칸국과 상전국인 오스만 제국의 바다였는데, 크림반도를 확보한 러시아가 이 지역에 요새와 항구를 건설하고 해군을 양성하며 본격적인 남하를 시작한 것이다.

동유럽과 캅카스를 놓고 수백 년간 충돌해 온 앙숙인 러시아와 오스만 제국은 나폴레옹 전쟁 동안 잠시 對 프랑스 동맹의 일원으로 손을 잡았지만 나폴레옹의 몰락 이후 다시 적대 관계로 변했다. 러시아는 동방정교회의 보호자로서 오스만 제국 치하 정교도들에 대한 보호 등을 구실로 오스만과 사사건건 충돌하며 보스포루스 해협, 다르다넬스 양 해협의 통행권 확보에 나섰다.

그러나 당대의 패권국인 대영제국은 나폴레옹 몰락 이후 급부상한 러시아의 해양 진출을 호락호락 지켜보지 않았다. 영국은 1838년 메흐메트 알리의 반란을 진압해 주는 대가로 오스만과 통상 협정을 맺어 정치적·경제적 영향력을 확보한 뒤, 적극적인 지원을 아끼지 않고 군사·경제·정치·외교 등 모든 분야에서 러시아의 남하를 견제했다. 결국 1841년, 이집트 문제의 사후 처리를 위해 주요 당사국인 오스만 제국과 러시아, 여기에 프랑스와 오스트리아 제국, 프로이센 왕국까지 끌어들인 영국이 런던 해협 조약을 체결하면서, 오스만 제국의 보스포루스, 다르다넬스 해협 통제권을 국제적으로 공인시켰다.

한편 1851년 쿠데타를 통해 제정을 부활시킨 프랑스의 나폴레옹 3세는 가톨릭 세력의 지지를 얻어 정치적 기반을 다지기 위해 오스만 제국에 성지관할권, 요컨대 예루살렘과 팔레스타인에 대한 지배적 권리를 요구하였다. 오스만 제국이 이를 받아들이자 이전부터 동방정교회의 보호자로서 성지의 관할권을 주장하고 있었던 러시아와 충돌은 더욱 불가피해졌다.

영국의 압력으로 일단 해협의 통제는 포기했지만 러시아는 결코 포기하려 하지 않았고, 오스만 제국과 국경을 접한 캅카스 및 발칸반도 지역에서 계속적으로 국경분쟁을 유도하며 국지적 분쟁을 전면전으로 확대시킬 기회를 엿봤다. 결국 1853년 7월, 러시아가 오스만에 예속된 도나우강 연안의 공국들을 공격, 점령하는 사태가 벌어지자 일촉즉발의 위기가 터졌다.

오스만제국은 전 유럽을 공포에 떨게 했던 전성기의 국력을 오래전에 잃어버리고 유럽의 환자로 전락했던 반면, 러시아는 나폴레옹을 꺾은 후 적어도 군사력에 있어서는 세계에서 손꼽히는 열강으로 성장했기 때문에 누구도 오스만이 러시아의 위협에 정면으로 도전할 것이라고 예상하지 않았다. 그러나 러시아의 남하정책을 가만히 지켜볼 생각이 없던 영국은, 전면적인 참전을 포함한 모든 지원을 아끼지 않을 것을 약속하며 오스만 정부에 강경대응을 권유했다. 또한 오스만 정부도 도나우강 유역의 속국(왈라키아 공국, 몰다비아 공국)들을 내주면 수도인 코스탄티니예가 코 앞인 터라, 군사적으로 이를 격퇴할 필요성을 절감하고 전쟁을 결심했다. 여기에 팔레스타인 지역의 교회 및 성지 관할권을 놓고 러시아와 경쟁하던 프랑스도 러시아의 남하를 막기 위해 영국과 손을 잡았다.

결국 1853년 10월 4일, 오스만 제국은 러시아 제국에 전쟁을 선포했다.

3. 전개

선전포고는 기세등등하게 했지만, 오스만 제국군은 나폴레옹을 꺾고 한껏 기세가 오른 러시아 제국군의 적수가 못 되었다.

1853년 11월 30일, 아나톨리아 북부의 항구 도시인 시노페에서 해전이 벌어졌다. 오스만 해군은 나히모프 제독이 이끄는 러시아 해군에게 참패, 11척의 함선 중에서 단 1척의 코르벳만이 살아남아 도망쳤다. 뒤이어 캅카스에서의 국지전에서도 오스만군은 러시아군에 참패했다.

해가 바뀐 1854년, 시노페 해전에서 사실상 와해된 오스만 해군을 대신하여 영·프 연합 함대가 흑해에 진입, 오스만 제국의 흑해 통상로를 보호해주기 시작했다. 그리고 영·프 양국은 3월 28일, 정식으로 러시아 제국에 선전포고하고 대규모 병력을 파견했다. 이에 당황한 러시아는 공세를 중단하고 방어전으로 전환했다.

흑해 전역
4월 22일, 영-프 해군 연합함대가 오데사 항구를 포격했고 러시아 선박 24척이 격파되면서 오데사 항은 해군 기지로서의 기능을 완전히 상실했다. 10월 17일에는 영-프 연합해군이 흑해의 킨부른 반도를 포격했다. 이때 해안포대가 저항했으나 연합국 해군 주력 함선은 철갑선이어서 큰 피해는 없었다. 결국 킨부른 반도의 수비 병력은 항복해야 했다.

크림반도 전역
같은 해 9월, 영·프·오 3국 연합군 20만이 크림반도 칼라미타 만에 상륙했고 총 병력과 물자의 이동을 포함한 상륙작전은 9월 14일이 되어서야 완료되었다. 러시아군은 3만 여명의 병력을 동원했고 9월 20일, 알마강 전투에서 연합군과 격돌했다. 러시아 방어군은 초기에 고지대를 점해 전략적으로 유리한 위치를 점했으나 사거리가 긴 연합군 포병대는 인근의 절벽에서 일방적으로 적 진지를 포격해 러시아군을 공황상태에 빠트렸다. 결국 영국군의 공세와 프랑스군에 의한 좌익의 궤멸로 인해 첫 번째 전투는 러시아군의 패배로 끝났다. 그러나 의약품의 부족으로 인해 연합군의 피해도 적지 않았다.

10월 17일, 크림반도의 핵심 전략요충지인 세바스토폴 요새가 연합군에 포위

당했다. 포위된 요새를 구원하기 위한 시도가 곳곳에서 이루어졌으나 모두 연합군에게 격퇴되었으며, 오히려 연합군은 아조프 해 연안에 위치한 러시아군의 다른 요새를 추가적으로 포위 공략하는 등의 적극적인 공세를 펼치기도 했다.

10월 25일, 발라클라바 전투에서 연합국은 러시아군에 패배했다. 그러나 연합국의 전략적 우세는 뒤집어지지 않았고 결정적으로 11월 5일, 인케르만 전투에서 러시아군은 연합국 병력의 4배나 되는 4만 여명의 병력을 동원해 세바스토폴 포위를 풀기 위한 공세를 했음에도 화기 성능 차이에 의한 전투력 격차로 인해 1만 5,000명이 넘는 사망자가 발생한 채 패퇴해야만 했다.

11월 14일, 연합군의 수송선 30척이 폭풍에 침몰했고 설상가상으로 겨울철 혹한이 들이닥치면서 연합군의 공세는 중단될 수밖에 없었다. 적지에서 겨울을 나게 된 연합군은 추위와 질병으로 인해 비전투 사상자가 속출했다.

1855년 1월에는 사르데냐-피에몬테 왕국이 훗날의 이탈리아 통일에 있어 열강의 지원을 얻기 위한 목적에서 러시아에 선전포고, 연합국에 가담하였다. 사르데냐-피에몬테 왕국은 약 1만의 정예 병력을 파병했다. 2월 17일, 러시아군이 유파토리아의 오스만군 진지를 공격해 연합국의 측면을 공격하려 했지만 도리어 오스만군에 의해 격퇴당했다.

1855년 3월 2일 러시아 제국의 차르 니콜라이 1세의 서거로 러시아의 사기가 꺾였고, 전쟁의 승패를 가르는 세바스토폴 공방전은 시간이 갈수록 러시아에 불리해졌다. 5월 24일, 연합군이 케르치에 상륙하면서 러시아군의 보급로가 악화되었고 세바스토폴 공방전의 영웅이었던 나히모프 제독도 7월 16일, 적의 유탄에 맞아 전사했다. 8월 16일, 러시아군은 체르나야강 인근에서 공격을 시도했지만 여기서도 패퇴하고 말았다. 9월, 연합군이 세바스토폴을 향해 최종 공세를 취했고 마침내 9월 11일 세바스토폴도 함락되었다. 핵심 전선인 크림반도에서의 결정적 승리로 전세는 연합군에게 완전히 기울었다.

아조프 해 전역
연합군은 러시아군의 보급망을 악화시키기 위해 우세한 해군력을 토대로 아조

프해의 주요 항구들을 포격했다. 이로 인해 항구에 축적된 막대한 식량이 전선에 전달되지 못했다. 러시아군은 함선과 항구가 파괴되는 큰 피해를 입었으나, 카자크 기병대의 분전 덕분에 연합국의 상륙 작전은 실패했다.

캅카스 전역

캅카스 전역에서는 오스만군이 지리멸렬한 패배를 거듭하고 있었고 설상가상으로 질병으로 인해 수많은 사상자가 발생했다. 러시아군의 카르스 요새 포위로 인해 도시 전체가 경제난에 시달리다 결국 1855년 11월 29일, 카르스 수비군이 항복했다. 러시아군이 승전을 거듭하던 유일한 전역이었다.

발트 해 전역

나폴레옹 전쟁 이후 최초로 발트해에 작전을 개시한 영국 함대는 핀란드 대공국 남부 해안과 수도 상트페테르부르크 인근 요새들을 박살냈다. 핀란드의 올란드 제도와 헬싱키 항구의 조선소도 영국 해군의 무자비한 포격을 받았다. 러시아 함대는 대응은 커녕 제대로 요격조차 하지 못하고 상트페테르부르크 진입만 겨우 저지했으며 백해에서도 아르항겔스크, 콜라 등이 영국군에게 포격을 당했다. 영국의 전방위적 공세에 러시아는 속수무책으로 당했지만 연합국의 상륙은 이루어지지 않았다.

태평양 전역

태평양에서는 캄차카 반도의 요충지인 페트로파블롭스크 요새도 2차에 걸친 공격으로 인해 점령되었다. 1856년이 되자 러시아는 전쟁 수행 의지를 상실했다. 연합군이 크림반도를 넘어 우크라이나 지방까지 밀고 올 가능성이 있었으며, 수도 일대의 해상 물류는 영국 해군의 봉쇄로 마비되었다. 여기에 오스트리아 제국이 공개적으로 참전 위협을 했고, 프로이센 왕국과 스웨덴도 이에 동조할 조짐을 보이자 더이상의 전쟁 수행이 불가능해졌다. 결국 3월 30일, 파리 강화조약이 체결되면서 전쟁이 끝났다.

4. 결과: 러시아 제국의 패배

인명 피해가 유달리 큰 전쟁이었는데, 러시아만 해도 최소 14만에서 최대 50만에 가까운 사상자를 냈으며, 오스만 제국이 10만~17만, 프랑스가 10만, 영국이 2만에 가까운 피해를 입었다.

이런 대규모 인명 피해로 유럽은 큰 충격에 빠졌다. 유럽이 겪은 최근의 전쟁 중 이 정도 인명 피해를 낸 것은 나폴레옹 전쟁뿐이었는데, 크림 전쟁은 단기간에 60만이 넘는 피해를 냈던 것이다.

러시아 제국: 개혁의 시작

패전한 러시아는 파리 강화 회의에서 엄청난 양보를 해야 했다. 국경은 전쟁 이전으로 강제 조정당했으며 흑해 함대를 해산하고 흑해 연안의 요새들도 철거해야 했다. 도나우 공국에 대해 영유권은 영구히 포기하고, 이 지역은 세르비아와 함께 오스만에 형식상 예속된 자치령이 되었다. 또한 러시아는 도나우강 유역의 자유 통행권도 인접국에게 내주고 오스만 제국 내부의 기독교인들에 대한 권리도 포기했다. 이런 굴욕적인 결과는 표트르 대제 이래로 스웨덴도 밟고 나폴레옹도 몰락시키며 패배를 모른다고 자부하던 러시아인들에게 엄청난 충격이었다. 개전 초기에는 자신만만하던 니콜라이 1세도 날이 갈수록 전세가 불리해지고 결국에는 패전이 확실해지자 이로 인해 모든 의욕을 상실하고 실의에 빠졌다. 그의 강철 같은 의지는 완전히 꺾여버렸으며 황태자 알렉산드르가 연합국과 치욕적인 협상에 임하는 것을 바라만 봐야 했다. 심신이 쇠약해지던 니콜라이 1세는 결국 폐렴으로 사망했다.

그나마 러시아는 크림 전쟁 직후에 벌어진 제2차 아편전쟁에서 고전하던 청나라를 압박하는데 성공해 1860년 연해주와 외만주를 포함한 300만 평방 킬로미터가 넘는 엄청난 규모의 영토를 손에 넣고 동해를 거쳐 남진할 수 있는 발판을 마련하는 데 성공함으로써 크림 전쟁의 패배로 인한 아쉬움을 달랠 수 있었다.

패전으로 러시아에 불리했던 여러 조항들은 1871년에 런던 의정서를 체결함으로써 대부분 무력화되고 러시아는 프로이센의 지지를 받아 거의 15년 만에 크림 전쟁의 상처를 씻어내고 흑해 함대를 재건할 수 있었다. 그리고 러시아는 크림 전쟁 후 20여 년 만에 러시아-튀르크 전쟁(일명 제2차 동방전쟁)에서 압승하여 크림 전쟁 때의 복수를 하고 염원하던 발칸으로 진출하려 했다. 그러나 러시아가 압승했음에도 불구하고 영국의 군사 개입 위협과 외교적 균형을 목표로 한 오토 폰 비스마르크의 노련한 외교술로 인해 러시아는 베를린 회의에서 산 스테파노 조약으로 얻어낸 권리의 상당수를 포기해야 해야 했다.

전후의 러시아는 패전 원인을 분석해 근본적인 국가 개혁이 필요하다는 것을 절감하고, 황제 알렉산드르 2세가 농노 해방령을 비롯한 대대적인 개혁을 추진했다. 특히 운송 인프라 부족이 패전의 주요 원인이라 봐서 19세기 후반 내내 전국적으로 철도 건설, 정비 붐이 일었다. 전장이던 흑해 연안에도 철도망이 촘촘하게 깔렸고 우크라이나 지역에서 광업, 제철업도 발달했다. 돈바스의 공업화는 유럽 전체로 봐도 가장 급격한 공업화였다. 이 시기를 지나면서 오스만 제국은 단독으로는 러시아에 확실히 상대가 안 된다고 봐도 될 정도로 국력 차이가 벌어졌다.

그러나 러시아의 개혁은 구체제를 완전 뜯어고치진 못하고 오랜 시간이 걸렸으며, 귀족 지주들을 비롯한 기득권의 저항도 거세었다. 그리고 알렉산드르 2세 역시 개혁을 일관성 있게 추진하지 못했고, 내부적으로 보수파와 개혁파의 갈등도 심했다. 거기다 제2차 동방전쟁의 승전으로 얻어낸 대가마저 비스마르크에게 농락당해 날려버리자, 지식인들의 불만이 급증하고 차르 체제에 대한 불신이 팽배해졌다. 그리고 이러한 분위기 속에서 인민주의, 사회주의, 아나키즘에 기반한 반정부 세력이 급성장하고, 알렉산드르 2세도 인민주의 단체의 폭탄 테러로 사망했다.

[출처 ☞ https://namu.wiki/w/크림전쟁]

에듀컨텐츠·휴피아
Educontents Huepia

Ⅶ. 참고문헌

1. 단행본

2. 학술지

3. 논문 및 기타

4. 인터넷 사이트 자료

1. 단행본

서상문, 『혁명러시아와 중국공산당(1917-1923)』, 백산서당. 2008.
김성윤, 『코민테른과 세계혁명Ⅰ,Ⅱ』, 기획출판 거름, 1991.
향청, 임상범 역, 『코민테른과 중국혁명관계사』, 고려원, 1992.
박노자, 『러시아혁명사 강의=다른 미래를 꿈꾸는 사람들에게』, 서울:나무연필, 2018.
신용하, 한국 항일독립운동사연구.
레온 트로츠키. 『러시아혁명사: Trotsky collection』, 파주:Agora(아고라), 2017.
E.H. 카. 『러시아혁명 : 1917-1929』/ 유강은 역』 서울 : 이데아, 2017.
올랜도 파이지스 『혁명의 러시아 1891~1991』, 조준래 역』 서울 : 어크로스, 2017.
최일붕. 『러시아혁명 : 희망과 좌절』, 서울 : 책갈피, 2017.
윤용선. 『러시아 10월혁명과 독일 보수혁명(1920년대 민족볼셰비즘(National bolschewismus)을 중심으로)』 서울, 한국독일사학회, 2018.
알렉스 캘리니코스, 크리스 하먼 외. 『1917년 10월 러시아 혁명과 그 유산』, 이정구 역』 2017.
이오씨프 쓰딸린, 『10월 혁명과 러시아 공산주의자들. 상,하』, 신재길 역. 서울 : 책갈피, 2018.
레온 트로츠키. 『러시아혁명사 : Trotsky collection 』, 신재길 역 』. 2017.
반병율, 『러시아 원동지역 초기 한인마을 형성과 러시아의 정책에 대한 재해석』 용인 : 韓國外國語大學校歷史文化硏究所, 2011.
코민테른과 세계혁명. 1-2 / 김성윤 편, 서울 : 거름, 1991.
Robert A. Scalapino, 李庭植,
1. 『韓國共産主義運動의 起源』, 한홍구역 , 서울 : 韓國硏究圖書館, 1961.
2. 『한국 공산주의운동사』, 韓洪九 譯 , 파주 : 돌베개, 2015.
金昌順, 『韓國共産主義運動史. 上,下』, 서울 : 北韓硏究所, 1999北韓硏究所 1999.
역사학연구소, 『한국공산주의운동사 연구 : 현황과 전망』, 서울 : 아세아문화사, 1997.
서대숙, 『한국 공산주의 운동사 연구』, 현대사연구회 옮김, 서울 : 이론과 실천, 1989 이론과 실천, 1989.

김진만, 『북한학 : 북한체제의 운영과 원리와 메커니즘』, 서울, 良書閣, 2013.
윤병석, 『조선인의 간도 개척과 조선인 사회』, 서울 : 일조각, 2001, 한국사 시민강좌 28, 43-64.
김동화, 『중국조선족 독립운동사』, 서울, 느티나무, 1991.
한국민족운동사연구회, 『한국독립운동과 중국, 국학자료실』, 1997.
신주백, 『만주지역 한인의 민족운동사(1920-45)』, 아세아문화사, 1999.
염인호, 『조선의용군의 독립운동』, 서울 나남출판, 2003.
李相俊, 『光復軍戰史』, 기문당, 서울, 1993.
國防部戰史編纂委員會, 『獨立軍抗爭史』, 서울, 1985.
李二寧, 『실록 독립운동사. 1-15』, 서울, 대한교육문화원, 2016.
반병률, 『통합임시정부와 안창호, 이동휘, 이승만 (삼각정부의 세 지도자)』, 서울, 신서원 2019.
정행산, 『노령(露領)임시정부 탄생 : 대한민국임시정부 수립 100년의 탄생과 그 의의』, 서울, 21세기안보전략연구원, 군사저널 통권 152호, 2019.

2. 학술지

손승희, "중국공산당의 성립과 코민테른(보이틴스키활동을중심으로)", 서울대 동양사학과논집16, 1992.
이규태, "중국에서 한국독립운동과 현대한중관계", 동북아연구논총, 1995.
이진영, "중국 공산당의 조선족 정책의 기원에 대하여", 1927-1949/在外韓人硏究. 9(2000).
윤상원, "1920년대 초반러시아의 한인사회주의자들과 코민테른"(김민겸의 활동을 중심으로), 역사연구 16, 2006.
김수영, "보이틴스키와 초기 동아시아 공산주의 운동", 중국현대사연구36, 2008.
"제2차 국공합작시기 중국공산당과 코민테른의 관계", 호서대학 제33집 (2000.6).

구범모. "러시아 혁명과 내전 시기 시베리아지역주의자의 활동과 사상적 변화"(The Siberian Regionalist's Activities and Ideological Changes during the Russian Revolution and the Civil War)." Journal of western history. 제59집(2018.11).

조관희. "조관희 교수의 중국 현대사 : 신해혁명부터 홍콩 반환까지" (2019).

박종효. "레닌이 임시정부에 준 자금의 행방", 月刊朝鮮. 통권 제470호 (2019.5).

임경석. "피지배 민족 위한 인터내셔널리즘(한국독립운동 510억 원어치 금괴 지원한 레닌, 활발한 활동으로 지원 끌어낸 주체는 한인사회당", 한겨레 21. 통권1209호(2018.4).

이용운, "쑨원(孫文)의 러시아10월혁명 인식과 국민당 개조", 中國近現代史硏究, 제80집(2018년 12월).

김정현, 김홍길, 연해주 지역 항일독립운동 기록자료의 수집과 관리, 전남대학교 세계한상 문화 연구단 국내학술회의, 2006. 9, 60-85p(26page).

강광문, "중국공산당의 조선족(조선인) 정책에 대한 일고찰" (중국공산당의 민족정책 변화과정과 조선족의 특수성을 중심으로), 인터넷자료, 서울 : 안민정책포럼, 201.

윤상원, "홍범도의 러시아 적군 활동과 자유시사변"『韓國史硏究』 178(2017.9).
"시베리아내 전기 러시아지역 한인의 군사활동('한인사회당 적위군'과 '에호한인 부대'를 중심으로)", 한국민족운동사연구. 제66집(2011.3).

조철행. "1920년대 전반기 고려중앙국의 조직과정과 운영", 한국 독립운동사연구. 제30집 (2008.6).

최 발렌틴 발렌티노비치, 신 드미트리 블라디미로비치, "(사진으로 본) 러시아 한인의 항일 독립운동".

안동진, 이재훈, 신동혁 역 : "3·1운동 100주년 기념. 제3권, 2019.

김선호 ,"1940년 전후 동북항일연군·조선의용군의 변화와 중국·소련관계" 정신문화 연구. 제40권 제2호 통권147호(2017.6).

"소련 극동군 제88여단의 조선인 공산주의자들" 역사연구 제30호(2016.6).

김용삼, "김일성, 中공산당원으로 중국 공산혁명 참여 "민족해방을 위해 투쟁"은 역사의 날조 ", 자유마당. 통권83호(2016.6).

박영규, "한국 독립운동사, 비극과 갈등의 기록", 독립기념관. 통권 제365호 (2018.7).

조형곤, "자유시참변을 아십니까?", 미래한국. 528호(2016.7.20).

박민영, "러시아 한인의 독립운동. 3, 러시아혁명과 한인사회 동향", 독립기념관. 통권 제268호(2010년 6월).

조규태, "3·1운동후 노령지역의 무장독립운동과 자유시참변", 2000.6.

장세윤, "한국 독립군의 항일무장투쟁연구", 한국독립운동사연구3, 1989.11, 317-374.

조민, "중국동북지역의 항일무장투쟁운동", 한국민속시민교육학회보(4), 1999.12, 27-39p.

3. 논문 및 기타

가. 논문

구범모. "러시아 내전기 크라스노쇼코프의 시베리아 활동과 극동공화국"(역대정치에서 지정학으로의 초점변화를 중심으로), 학위논문(석사), 2018.

방철주, "대한민국 건국과정에서 공산세력의 역할"('제주 4.3사건'을 중심으로), 학위논문(석사), 2012.

문성한, "한국 초기공산주의운동의 성격에 관한 연구"(운동의 기원에서 신간회 창립까지를 중심으로), 학위논문(석사), 1988.

장선화, "중국공산당의 조선족 정책 : 1927~1949", 학위논문(석사), 2007.

신효승, "20세기초 국제정세변동과 한인무장독립운동", 학위논문(박사), 2018.

4. 인터넷 사이트 자료

다음백과: https://100.daum.net/encyclopedia/view
    (다음백과 100.daum.net)

위키백과: https://ko.wikipedia.org/wiki/위키백과
    (위키백과 ko.wikipedia.org)

나무위키: https://namu.wiki/w/나무위키
    (나무위키 namu.wiki)

한국민족문화대백과사전: http://encykorea.aks.ac.kr

우리역사넷: http://contents.history.go.kr/front/view

세계한민족문화대전: http://www.okpedia.kr/Contents/ContentsView

네이버 지식백과: https://terms.naver.com

【 저 자 소 개 】

『20세기 초 동아시아 국제정세 및 코민테른의 공산주의혁명』

1. 저자소개

- 著者 : 서 점 교 (문학박사)
- 육군 및 육본 군사연구소 근무
- 국립 공주대, 대구대 등에서 강의

- 저서로는 『아프가니스탄 분쟁사』, 『미국의 대아프가니스탄 전략』, 『세계의 지역분쟁 사례집』, 『한국고전사』, 『호주군의 미량산 전투』, 『맞춤형 소부대 전례집』, 『지역분쟁사 연구』 등과 『아프가니스탄의 역사와 분쟁』, 『소련 공산주의의 동진과 항일독립운동』 등 역사 및 전쟁사 분야 논문 및 저서를 다수 집필하였음.

- 본서는 『20세기 초 동아시아 국제정세와 코민테른의 공산주의혁명』은 『한국연구재단』의 학술연구과제로 집필한 연구 산물임.

- 과제선정 및 연구동기

  본서 연구주제 "20세기 초 동아시아 국제정세와 코민테른의 공산주의혁명"은 유럽 열강의 제국주의 추진과정에서 촉발된 1차 세계대전 등 강대국 간의 무력충돌을 최대 이슈로 보던 종전의 일반적인 역사관점에서 벗어나 기존의 제국주의 세력과 다른 또 하나의 세력인 공산주의 세력과의 대립과 갈등, 투쟁과 전쟁의 관점에서 20세기 초·중반의 역사를 분석하는 새로운 방향의 연구주제를 설정하게 되었음. 즉 지금까지의 유럽 등 세계 분쟁과 전쟁의 원인이자 목적인 영토나 자원 등 경제적인 이익추구의 관점이 아닌, 새로운 관점에서의 분쟁, 즉 자본주의와 공산주의의 대결 즉 이념전쟁이라는 명확한 관점에서 연구를 해본다는 새로운 관점에서의 연구임.

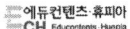

20세기 초
동아시아 국제정세와 코민테른의 공산주의혁명

2025년 5월 10일 초판 1쇄 인쇄
2025년 5월 15일 초판 1쇄 발행

저　　자	**서 점 교** 지음
발 행 처	도서출판 에듀컨텐츠휴피아
발 행 인	李 相 烈
등록번호	제2017-000042호 (2002년 1월 9일 신고등록)
주　　소	서울 광진구 자양로 28길 98, 동양빌딩
전　　화	(02) 443-6366
팩　　스	(02) 443-6376
e-mail	iknowledge@naver.com
web	http://cafe.naver.com/eduhuepia
만든사람들	기획·김수아 / 책임편집·이진훈 하지수 정민경 박현경 디자인·유충현 / 영업·이순우
I S B N	978-89-6356-496-8 (93300)
정　　가	18,000원

ⓒ 2025, 서점교, 도서출판 에듀컨텐츠휴피아

> 이 책은 저작권법에 따라 보호받는 저작물이므로 무단전재와 무단복제를 금지하며, 책 내용의 전부 또는 일부를 이용하려면 반드시 저작권자 및 도서출판 에듀컨텐츠휴피아의 서면 동의를 받아야 합니다.

본 저서는 2022년 대한민국 교육부와 한국연구재단의 지원을 받아 수행된 연구임
(NRF-과제번호)(NRF-2022S1A5B5A17038393)